现代会展培训指定教材

现代会展招商推广

总顾问 王志平　主编 王彦华　本册编著 余　意

中国商务出版社
CHINA COMMERCE AND TRADE PRESS

图书在版编目（CIP）数据

现代会展招商推广/王彦华主编 .—北京：中国
商务出版社，2015.4
现代会展培训指定教材
ISBN 978-7-5103-1274-8

Ⅰ.①现…　Ⅱ.①王…　Ⅲ.①展览会-营销策划-技
术培训-教材　Ⅳ.①G245

中国版本图书馆 CIP 数据核字（2015）第 082691 号

现代会展培训指定教材
现代会展招商推广
XIANDAI HUIZHAN ZHAOSHANG TUIGUANG
总 顾 问　王志平
主　　编　王彦华
本册编著　余　意

出　版：中国商务出版社
发　行：北京中商图出版物发行有限责任公司
社　址：北京市东城区安定门外大街东后巷 28 号
邮　编：100710
电　话：010-64245686　64515140（编辑二室）
　　　　010-64266119（发行部）
　　　　010-64263201（零售、邮购）
网　址：http://www.cctpress.com
网　店：http://cctpress.taobao.com
邮　箱：cctp@cctpress.com；cctpress1980@163.com
照　排：北京科事洁技术开发有限责任公司
印　刷：北京松源印刷有限公司
开　本：787 毫米×980 毫米　　1/16
印　张：16.25　字　数：247 千字
版　次：2015 年 5 月第 1 版　　2015 年 5 月第 1 次印刷
书　号：ISBN 978-7-5103-1274-8
定　价：38.00 元

现代会展培训指定教材
编 委 会

序

中国加入世贸组织以来的十多年间，会展业作为联系生产与消费的中介，在中国也得到了迅猛发展，已经成为现代服务业的一个重要分支并呈现出一系列新特征：

一是境内展会数量和规模快速增长。据商务部统计，2013年全国共举办各类展览7 319场，同比2008年的4 490场增长63%；2013年展览面积9 391万平方米，同比2008年的4 517万平方米增长108%。展览范围涵盖机械、化工、印刷、家电、家具、服装、通信、生物医药、汽车、珠宝、建材、美容、文化等各个行业。

二是出国展览市场稳定发展。2013年全国102家组展单位共赴75个国家实施经贸展览会计划1 492项，比2009年的1 183项增长26%，其中参加国际博览会1 422项，占实施总量的95.3%，单独举办展览会70项，占实施总量的4.7%。2013年出展项目净展出面积64.7万平方米，比2009年的42.64万平方米增长51%。

三是展馆规模全球领先，布局更加科学。截至2012年年底，全国拥有5 000平方米以上会展场馆316个，可供展览面积1 237万平方米。2013年，全国在建会展场馆13个，面积154.49万平方米。预计全部建成后，全国会展场馆总数将达329个，可供展览面积达到1 391.49万平方米。随着展馆设施不断完善，全国已经形成长三角、珠三角、环渤海三个会展经济带。

四是办展主体呈多元化发展。在办展主体方面，我国形成了政府、商（协）会、事业单位、国有企业、民营展览公司、中外合资展览公司以及外资展览公司等多层次、多渠道办展的新格局。全国5 000平方米以上展会中，各类企业和行业协会举办展会约占全国展会总量的 77%（其中，企业办展占 57%，行业协会办展占 20%），已成为行业主流，为各行业企业提供了产品展示、信息交流、贸易合作的平台，对扩消费、促流通、推动对外经贸发展发挥了积极作用。

五是社会经济效益日益明显。会展业是连接生产与消费的桥梁和纽带，各类展会汇聚人流、物流、资金流、技术流，有效拉动餐饮、住宿、交通、零售、旅游等众多服务业增长，促进城市完善基础设施和配套服务，对于转变经济发展方式、增加服务业在国际经济中的比重、推动经济社会全面协调持续发展具有重要意义。会展业带动就业效果显著，2013 年我国会展行业带动就业人数达 2 777 万人次，综合拉动效益日益凸显。

目前，在产值、展馆数量、展馆面积、展会数量、展会面积、世界商展百强等六项主要指标上，中国在展馆面积和展会面积两项指标上居世界第一，其他指标也位居前列，中国已是名副其实的展览大国。同时，中国也是国际展览机构普遍关注及重点发展的市场，并成为其业务增长的主要来源国。随着中国经济持续稳定健康发展，对外开放进一步扩大，全球制造中心地位的形成，居民消费结构不断升级，形成了巨大的现实和潜在的市场，这些都将为会展业的发展提供广阔的发展空间。当然，从国际比较观察，我国会展业目前尚处在"大而不强，多而不精"的阶段，与欧美会展强国相比，我国会展业仍存在发展模式不清、产业规划滞后、资源相对分散、发展方式过于粗放等问题，中国会展业的可持续发展还面临着不少问题与挑战。

商务部是中国会展业的行业主管部门，始终重视、支持这一行业的健康发展和国际竞争力的增强。中国对外贸易中心作为国家商务部的直属单位，在承办广交会的发展历程中，积累了丰富的办展经验，培养了一支专业素质较高的会展人才队伍。随着上海国家会展中心项目的建设完成，外贸中心已经成为名副其实的航母级会展企业集团，成为中国会展行业应对国际竞争的主要依靠力量和迎接国际会展中心向中国转移的重要载体。为适应会展业发展趋势与规律的这些新变化，外贸中心加大了在干部培训培养、企业大学建设、宏观经济政策研究、会展业发展规律研究等方面的投入。他们围绕国内外会展业发展面临的热点、难点问题，理论联系实际，深入调查研究，完成了许多行业影响大、参考价值高的课题。历时两年、由多位同志利用业余时间编写的广交会现代会展培训指定教材(共七册)就是上述投入的重要成果之一。这套丛书有以下三个方面的突出特点:

1. 视角宽广、重点突出。丛书从政府与企业、从国际到国内,全方位论述了会展业发展面临的主要问题,提出了许多针对性强、可操作的建议措施,对政府制定政策有较高参考价值;涵盖了从策划、招商、招展到现场管理等会展业涉及的各个重要环节,对企业制定发展战略有较强指导意义。

2. 案例丰富、图文并茂。丛书的主要编著者都是有着多年实战经验的同志,丛书中许多展览项目的案例就是这些同志的亲身经历和切实体会,特别是《中国第一展——广交会文库》收录的所有文章,都是每位作者国内外调研的精品之作,首次结集出版。

3. 方法科学、结构严谨。丛书共七册,第一部分是导论,是全套丛书的基础和总纲。第二部分是现代展会核心业务读本,按照展会的主要内容分为组织策划、招商推介、现场服务、展示工程、专业展览五个分册,是展会业务链的全景展示。第三部分是《中国第一展——广交会文库》,是从近几年来外贸中心完成的几百份研究报告中精选而来并按不同专题归类整理的,是独具特色的知识库,具有较高的教学与科研价值。

王志平

2015 年 3 月

前　言

　　招商推广是现代展会的核心业务环节，它决定着一个展会的成败，因此，熟练掌握招商推广的理论和技巧是对从事展会营销工作人员的一项基本要求。

　　本书以"广交会"为主要研究和分析对象，站在展会招商推广组织者的角度，全面地阐述了现代大型展会招商推广的普遍规律。作为一本展览企业干部培训和人员进修的专业教材，本书在注重理论的前瞻性和系统性的同时，还特别讲求实用性和可操作性，旨在提高学员对招商推广理论与技巧的领会能力和在实际工作中的运用能力。

　　本书共分七章，包括展会招商推广概述、招商推广调研、展会宣传推广、展会观众邀请、展会观众促销、展会新闻活动和招商推广管理，内容涉及招商推广全过程。此外，本书撰写力求做到结构清晰，层次分明，图文并茂，通俗易懂。

余　意

2015 年 3 月于广州

目　录

第一章　展会招商推广概述 ………………………………………… 1
　第一节　展会内涵 ………………………………………………… 1
　第二节　招商推广内涵 …………………………………………… 2
　第三节　招商推广组织 …………………………………………… 6
　第四节　招商、招展与服务 ……………………………………… 14

第二章　招商推广调研 …………………………………………… 19
　第一节　招商推广调研内涵 ……………………………………… 19
　第二节　调研方法与途径 ………………………………………… 22
　第三节　调研组织与实施 ………………………………………… 29
　第四节　调研报告的撰写 ………………………………………… 49
　第五节　展会调研注意事项 ……………………………………… 57

第三章　展会宣传推广 …………………………………………… 60
　第一节　宣传推广概述 …………………………………………… 60
　第二节　宣传推广的特点及类型 ………………………………… 66
　第三节　展会广告与媒体 ………………………………………… 71
　第四节　宣传品的设计制作 ……………………………………… 84
　第五节　广告效果评估 …………………………………………… 94

第四章　展会观众邀请 …………………………………………… 105
　第一节　观众邀请内涵 …………………………………………… 105
　第二节　直接邀请 ………………………………………………… 107
　第三节　关联邀请 ………………………………………………… 119
　第四节　代理邀请 ………………………………………………… 125

第五章　展会观众促销 ·· 131
　第一节　促销渠道 ·· 131
　第二节　促销方式 ·· 138
　第三节　关系促销 ·· 147
　第四节　激励促销 ·· 158
　第五节　活动促销 ·· 161

第六章　展会新闻活动 ·· 175
　第一节　新闻活动类型 ·· 175
　第二节　新闻活动策划 ·· 178
　第三节　新闻发布会的组织 ···································· 182
　第四节　展会新闻报道 ·· 191

第七章　招商推广管理 ·· 210
　第一节　招商推广预算管理 ···································· 210
　第二节　招商推广时间管理 ···································· 222
　第三节　采购商信息管理 ······································ 231

参考文献 ·· 244

第一章　展会招商推广概述

展会招商推广是展会组织策划和实施运作的重要组成部分，是展会发展的重要引擎和助推器。招商推广工作的效果是决定一个展会成败的关键因素之一。面对日益激烈的竞争环境，展会主办者越来越重视招商推广的组织、策划、实施与评估，创新招商理念，加大资源投入，加强数据库和招商网络的建设，加大专业人才的培养，完善招商推广评估体系，培育展会的竞争优势。

第一节　展会内涵

要组织开展有效的招商推广工作，我们首先必须弄清楚展会的基本内涵。一般来说，展会是展览（exhibition）和会议（convention and conference）的总称，是人们以现场聚集的形式，进行产品展示、商务洽谈、信息交流、市场营销、品牌推广等商业活动的平台。展览和会议都是现代展会的重要组成部分，两者的内涵、概念和功能既有区别又有共性之处，目前在大多数展会上展览和会议同期进行，相互补充，彼此促进，为实现展会的综合功能发挥着不同的作用、扮演着不同的角色。

展览与会议在招商推广工作上存在许多共同之处，包括目标观众或听众的选择和邀请、宣传推广媒介应用、时间和任务管理、危机管理等。对于一些与展览同期举行的会议或与会议同期举行的展览，为了降低成本，提高协同效果，主办方通常将展览与会议的招商推广工作交叉进行，相互融合，但是在策略的应用、任务的设计和时间的安排上会有所侧重。但是，对于独立运作的大型国际专业会议，如达沃斯论坛、财富论坛、博鳌论坛等，主办方采取的招商推广策略和技巧与一般性展览的做法还是存在较大的差异。鉴于此，本书仅针对展览以及与其同期举行的会议提出一些招商推广策略和做法。

第二节　招商推广内涵

一、招商

一般而言，招商是指为展会招揽目标观众，包括专业观众和普通观众，"招揽"这一词强调用公开和主动的方式吸引观众前来参加展会。在国际会展界，招商通常用英文表示为 visitor recruitment。在国内会展界，不少学者和展会从业人员将"招商"定义为组织目标观众，与招揽这一词相比，组织目标观众体现出招商工作的计划性、专业性、整体性和系统性。无论是招揽观众还是组织观众，招商工作可定义为主办方、承办方及其他相关机构为吸引观众参加展会而必须采取一系列必要的策略和措施。

针对不同的展会，人们对招商有着不同的理解。一些规模较小的展会把招商定义为招揽参展商和参展观众的总称。一些融合投资和洽谈功能的政府型展会，甚至把招商与引资联系在一起，招商的对象远远超出展会目标观众的范畴。随着我国展会的专业化、国际化、市场化和信息化水平的不断提高，与国际会展业接轨的步伐不断加快，招商内涵在业界的界定更加清晰和准确。只有准确理解招商的内涵，主办机构才能认清展会招商工作的方向，抓住核心环节，突出工作重点，整合资源，进而提升招商效果。

二、推广

关于推广（promotion），会展业有不同的定义，不少展会组织机构将其等同于宣传或公关，而事实上，推广、宣传（publicity）和公关（public relation）有着各自不同的定义和含义。根据美国国际展会与项目协会（IAEE）定义，推广是指展会用于吸引受众或客户的策略；宣传是对事实的一种陈述，主要目的是向受众传达展会的信息，包括展会的时间、地点、展品、规模、主办机构、参展企业、参观商、相关活动等；公关是指为增强或改善主办机构、展会及其服务等在目标受众心目中形象而组织的一系列活动。

尽管定义不一，内涵各异，但是在展会的招商工作中，推广与宣传、公关等活动的部分功能通常是重叠的。展会举办一次成功的推广活动不仅是一次良好的宣传活动，而且也可以是一场有效的公共关系活动。在实际工作中，我们应根据展会招商推广的整体计划，统筹安排，各有侧重，突出重点，充分发挥推广、宣传和公关的整体功能和协同作用。例如，在展会招商的启动阶段，主办方可通过数据库向参观商直邮宣传资料、发布媒体广告达到广泛宣传的目的；到了中期，可选择在不同地域针对不同的群体组织不同形式的推广活动，包括专题推介会、项目说明会、参展同类型展会、路演等，巩固和强化宣传的效果；在展会开幕前，在展会举办地或产业集群所在地召开新闻发布会、媒体见面会、专访、媒体吹风会等公共关系活动，通过媒体舆论提升展会在目标受众心目中的形象。因此，成功的推广活动通常可以对展会整体活动产生宣传、推广、公关的叠加效应。

在实际操作中，招商工作与推广工作常常相互融合，协同推进。为了便于展会项目管理，提高招商推广效率，目前国内多数展会将宣传推广与招商工作统一归并为一个部门具体负责，取名为观众推广部、招商推广部或市场推广部等。但是，应该指出的是，宣传推广的任务不仅要吸引大批高素质的观众参加展会，提升招商工作水平，而且要促进各相关企业报名参展，推动招展业务的发展，扩大展会规模，提高展会的经济效益，因此，宣传推广任务具有双重性的特征。

三、观众

现代展会是由若干相互联系的要素有机构成的一个系统，观众是展会产品的基本要素之一，与参展厂商、展会组织者、展览场馆、展会市场共同构建展览会的基本体系。要准确了解观众的定义，必须先掌握参展厂商的含义。参展厂商（参展商）是展会产品最基础的要素，是指参加展会的企业、事业单位、团体及个人，他们向展会组织者申请购买或租赁展会展位，集中展示和推介产品或服务，并与前来与会的客商接洽，开展信息交流和贸易成交活动。参展商是展会举办的动力层次，是展会系统活动的前提，正是由于市场的需求和参展商的存在，特别是参展厂商的行为存在，才会产生展览组织者和观众。

从展会系统论来说，观众是与参展商相对立的一个群体，观众和参展商都是展会作为产品的消费者，如果把展会视为一个买卖平台，那么，参展商是平台的供应方，而观众则是平台的购买方。具体来说，观众是指以参观为主要目的展会参与群体，又称参展观众、采购商或买家，与参展商构成展会营销对象的两大群体。观众是展会发展的生命线，是主办方招商推广的重要对象之一。拥有一定数量与质量的观众是展会成功的关键，观众数量越多质量越高，展会就会给参展商带来更多商机，参展效果就更好，参展商满意度会更高，对下届参展的积极性也就越高。因此，展会主办方必须高度重视招商推广工作，必须认识到，做好招商推广工作是为参展商提供最好的服务。

根据展会的定位，观众一般分为专业观众和普通观众（一般观众）。专业观众是指专门从事展会所展示的某类展品或服务的设计、开发、生产、销售或服务等相关领域的人士。例如，家具展会的专业观众指的是专门从事家具生产、贸易、供应、设计及服务的人士，如家具制造企业、家具销售企业、家具零配件、生产设备供应商、设计师、与家具相关专业院校的专家、研究人员、各地政府主管家具产业的官员、相关行业协会及媒体记者等。除了专业观众，展会还会吸引普通观众，即那些从事与展会主题并不密切相关的行业但对展会具有一定兴趣的人士。与人们工作和生活息息相关的家具、建材、汽车、服装、食品、电子等展会通常会吸引大批普通百姓，他们以增长见识、开阔视野为目的前来参观展会，也是展会观众的群体之一。

德国在展览观众的定义及展览统计方面有一套成熟的做法。德国展览统计数据自愿控制组织（FKM）只将有兴趣与参展商建立商业关系的与会人员算作观众，并明确规定，凡购买入场或是在观众登记处登记了姓名和联系地址的人员才被称为观众，记者、参展商、馆内服务人员和没有登记的嘉宾不在观众之列。这个行规在欧洲展会普遍通用。但在美国，参展企业工作人员和其他团体被称为"展览参与者"，有时也计算在观众数量中。中国进出口商品交易会（以下简称广交会）对境外采购商也做出了明确的界定，只有持境外有效身份证件登记办证的采购商才算展会观众，采购商个人境外有效身份证件包括港、澳回乡证或身份证，台胞证，外国护照，华侨身份有效证件或有一年以上境外有效工作签证的中国护照原件。可见，不同展会对观众界定也有所不同。

鉴于展会市场不断细分，行业竞争加剧，不同性质和类型的展会对专业观众和普通观众的重视程度不一样。对于行业性展会来说，展会的主要目的是产品展示、商务洽谈、技术推广、信息交流等，吸引大批高素质的专业观众尤为重要，如普通观众过多，会对展会的正常商务活动和洽谈成交率造成一定的负面影响。因此，有些行业性展会已经开始限制甚至干脆不对普通观众开放，广交会即是其中之一。对于公众性的展会来说，普通观众对于增加展会人气、活跃展会气氛、扩大参展商的宣传效应和品牌知名度则起到关键作用。例如，提高公众对汽车品牌的认知度和美誉度是众多汽车制造厂商参加汽车展的主要目的之一，汽车展主办方总是不遗余力地扩大对公众宣传的投入，一些汽车展吸引到的普通观众可能远多于专业观众。据主办机构统计，每届广州车展到会观众达 50 万人之多，其中超过 80％的观众都属于普通观众。

随着专业化程度的不断提升，对于大型的行业性展会来说，主办机构会进一步细分展会主题，划分产品类别，并按主题和类别细分和组织专业观众，以提高专业观众与参展商的匹配度，促进成交效果。总之，无论是行业性展会还是公众性展会，主办方都应根据展会的总体定位，在充分调研的基础上确定目标观众群体，开展有效的招商推广工作。

案例：

汉诺威工业博览会招揽专业观众

德国汉诺威工业博览会（以下简称"工博会"）是世界上最大规模的工业博览会，荟萃各个工业领域的技术，引领世界工业的创新与发展，成为名副其实的"世界工业发展的晴雨表"。经过 60 多年的发展，工博会总面积达 50 多万平方米，在一个综合平台上成功搭建了 11 个主题展会，形成一个庞大的工业展家族（见图 1—1），包括动力传动与控制技术展（两年一届）、工业自动化展、工业零部件与分承包技术展、能源展、风能展（两年一届）、新能源汽车技术展、空压与真空技术展（两年一届）、表面处理技术暨欧洲粉末涂层技术展（两年一届）、研究与技术展、数字化工业展、环保技术和设备展。

作为全球工业贸易的旗舰展和影响力最为广泛的国际性工业贸易展会，工博会涵盖上千种产品，涉及数10个行业，包括机械和电器传动、流体传动与控制、压缩空气技术、机械零部件、紧固件、弹簧、轴承、内燃机、燃气轮机、能源、水及水处理、建筑工业、运输、物流、电信等行业。为提高每一个主题展会的专业性，采取有针对性的招商推广策略，招揽专业观众，工博会按展会主题进行产品细分。例如，工业自动化展聚焦于过程自动化、工厂自动化和工业建筑自动化等三个分主题，产品包括机器人技术、图像处理技术、能源传输和控制技术、无线传输技术。通过行业和产品的逐级细分，工博会的目标观众群越来越明确，招商推广的针对性更强，每届均吸引超过20万名专业观众与会。

图1-1 汉诺威工业博览会的11个主题展会

第三节 招商推广组织

招商推广是一项涉及展会全局的系统工程，招商推广能否成功，能否取得令人满意的成效，不仅是对一个展会综合实力的大检阅，也是对一个展览机构办展能力的总测评。与欧美发达国家相比，目前我国会展行业的专业化、国际化、市场化、信息化、法制化水平较低，国内办展机构在展会策划、展会营销、招商推广、展会服务、品牌经营等方面的能力和水平还不能与发达国家展览机构相提并论。就招商推广而言，展览机构只有清晰认识招商推广的具体任务、招商推广主体、招商推广组织体系以及人员素质要求，才能确保招商推广取得最大实效。

一、招商推广任务

招商推广是展会宣传和营销的重要手段，从这一角度上说，推广工作效果不仅关系到展会观众邀请工作，而且直接影响展会销售即招展工作，所以推广对展会目标受众的认知度具有很强的先导性。具体来说，招商推广任务包括两个主要部分：

一是展会推广，主要包括：

（1）负责展会宣传的策划、组织及实施，与媒体保持沟通及交流，建立良好的合作关系，包括展会宣传文案、新闻稿件的撰写，媒体广告计划的制订、实施及评估等。

（2）负责展会促销活动的策划及组织，并实施展会的各种推广活动和公关活动，包括新闻发布会、展会推介会等。

（3）负责展会品牌规划和品牌形象建设，制订展会品牌推广和传播计划，并负责实施与评估。

（4）负责展会宣传资料的制作，包括与资料设计及印刷外包商沟通及交流。

（5）负责展会宣传、促销、品牌推广、资料制作等有关预算计划的制订和控制。

二是展会招商，主要包括：

（1）负责展会观众邀请方案的制订、实施及评估，包括邀请对象、手段、渠道及途径的选择，邀请时间安排等。

（2）负责开拓展会招商合作伙伴，如政府部门、使领馆、工商团体、商旅机构等，维护并巩固双方的合作关系。

（3）负责展会招商方案的制订、实施、控制与评估，包括出访招商、市场化招商、参展招商等。

（4）负责展会观众的服务，包括展前、展中和展后的服务，以及对 VIP 观众、忠诚采购商的服务。

多数展会招商推广部门还承担着一些为展会招商和推广提供支持的辅助性工作。例如，展会市场调研计划的制订及实施，包括对宏观经济环境及行业状况的调研，对展会观众的调研，以及展会其他资讯的收集、整理、分析、交流及上报，为展会提供信息决策支持；展会观众数据的采集、加工、分析及维护，同时还负责展会网站的建设、维护和信息发布等。一些小型展览机构的招商推广工作更是包罗万象，几乎涵盖了除招展和服务以外的所有其他职能，如展会总结报告撰写、内部信息的交流等。

近年来，随着我国会展业与国际会展业的交流和合作不断扩大，国内展览机构积极学习和借鉴国际办展经验，对招商推广的内涵、任务、组织、策略的认识水平也进一步提升，并通过与国际展览同行的合作办展，招商推广的理念与策略也进一步加快与国际展览运作接轨，更加符合展会运作的市场规律。

二、招商推广主体

人们通常会认为招商推广只是展会组织机构的事，或者仅仅是主办机构和承办机构的事，这是一个常见的误区。广义的招商推广主体不仅包括组织机构（主办机构、承办机构、协办机构、支持机构），而且包括参展商、参展观众、服务商、展览场馆、会展城市、相关媒体等相关机构。作为一个服务性产品，展会产品具有典型的无形性和综合性，这就决定了展会的招商推广必然是一个资源综合利用的过程，涉及不同层面和不同范畴的利益主体，大到一个国家、城市或行业组织，小到一个参展企业、参展观众或合作媒体。

应该说，每个推广主体的核心利益不同，展会推广的内容、手段、渠道都存在着明显的差异性。不过，展会作为一个由多方利益体共同参与的开放平台，虽然各自承担的招商推广在深度和广度上有所不同，但目标与进度必须保持一致，各主体之间应密切沟通，保持紧密的合作。

狭义的招商推广主体指的是承办机构以及与之合作招商推广的机构，如商协会、媒体、公关公司等。承办机构作为展会运作的主要执行机构通常承担展会的策划、招展、招商、推广、服务及活动组织等一切具体工作。随着展会运作专业化和市场化程度不断提升，多数展会承办机构是专业的展览公司、行业协会或其他商业机构。他们为了提高招商推广的成效，通常建立广泛的营销网络，紧密型的营销网络主要由承办机构的分公司、办事处等分支机构组建而成，松散型的营销网络则由招商代理、商协会、媒体、公关公司等合作机构组建而成。展会承办及其分支机构、合作机构都被视为展会重要的招商推广主体。例如，德国法兰克福展览公司是全球最大的贸易展会组织机构之一，在海外设有 18 家子公司、5 家分支机构和 49 家国际营销伙伴。法兰克福展览公司的业务遍及 150 多个国家或地区和 40 多个展览场馆，每年举办 120 多项旗下展览，吸引了超过 6.5 万家参展商和 300 万参观商。法兰克福展览公司总裁兼首席执行官马赋康（Wolfgang Marzin）表示，公司在全球的国际营销机构和合作伙伴是其展会招商推广的重要网络。

案例：

法国国际专业展促进会

一个成功的展会需要建立一个长期高效的海外招商推广网络，以吸引全球采购商与会。但任何一家展览公司也很难单独负担一个全球网络，于是便诞生了多家展会联合共享的海外招商推广网络。法国国际专业展促进会就是一个典型的代表。该促进会由商会和政府牵头，主要成员为法国的部分展览公司。虽然只是一个民间团体，但成立 20 多年来，该机构为促进国外参展商和专业观众来法国参展、参观起到了重要的作用。目前，全法国共有 65 个展会加入了这一促进网络，他们都是法国最著名的国际性专业展会，通过该促进会在世界各地开展海外参展商的招展以及海外观众的招商推广工作。为了给会员提供优秀的国际促进业务，该机构在近 50 多个国家和地区建立了办事处。除少数办事处是由促进会总部投资以外，其他办事处都是财务独立的机构或公司。在经费来源方面，由巴黎工商会和展览场地公司等主要理事单位提供的年度补贴，占经费的一小部分；由加入促进会的展览公司按所需推广的展会项目数及宣传工作量而交纳的费用，占促销经费的绝大部分。

三、招商推广组织

招商推广是展会组织策划工作的重要组成部分，展览机构应根据展览业务实际建立一个科学、高效的招商推广组织体系，为观众组织工作提供有力保障。招商推广组织体系通常有如下几种：

（一）项目小组制

项目小组制指展览机构按展览项目成立项目部门，在部门内成立专门的招商推广工作小组（见图1—2）。这一组织形式的优势：有利于招商推广团队与招展团队、展览服务团队的沟通与协作；便于招商推广与展览所属行业的联系，了解行业动态，利用行业资源，提高工作的针对性。它的不足之处：不同项目招商推广职能重复，容易造成机构臃肿、资源浪费、成本增加等。项目小组制适合小型展览机构，如举办展览项目少，且展览题材关联度不高。

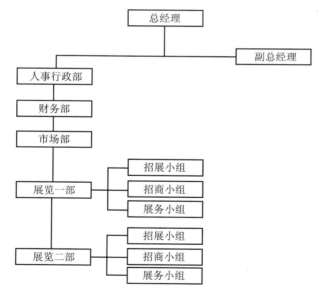

图1—2　项目小组制

（二）大部制

招商大部制是指展览机构设立专门的招商推广部门，统筹负责机构举办的全部展览项目的招商推广工作（见图1－3）。大部制的优势：有利于整合机构的招商推广资源，统筹规划，资源共享，提高不同展览项目之间的协同效应，同时降低招商推广的费用及成本。它的不足之处：不利于招商推广团队与招展、展务团队的沟通与衔接，缺乏与展览所属行业组织、媒体的交流。招商大部制适合举办多个相关题材展览会的大中型展览机构。例如，某大型展览机构每年均举办家具展、建材展、酒店展，三个展览的题材具有较高的相关性，目标观众群交叉较大，招商推广的渠道和资源亦有很多共同之处，因此，这三个展会适合采用招商大部制，设立专门的招商推广部门。

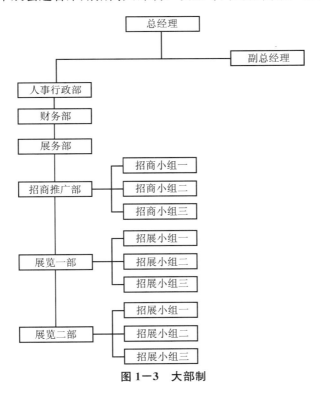

图1－3　大部制

（三）混合制

招商混合制是指一个展览机构同时采取项目小组制和大部制两种形式（见图1－4）。例如，一个区域性的展览机构举办多个相关题材展览会和少数其他的题材展览会，可以设立大部制的招商部门负责相关题材展览会的招商推广，为非相关题材展览会则设立独立的项目运作部门，在部门内设立招商推广小组。对于一个国际性的大型展览机构，招商混合也是一种常用的组织模式。在总部按项目设立招商小组统筹该项目全球的招商，而在全球的分支机构则采用大部制，统筹协调总部和世界其他地方举办的展览会招商推广工作。

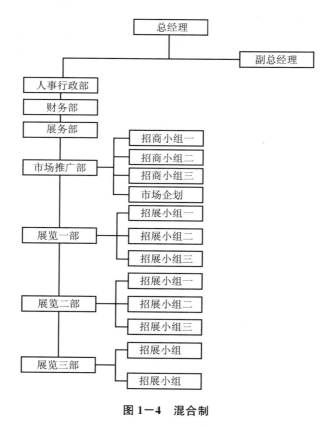

图1—4 混合制

除了以上三种组织模式外，一些每年仅负责举办一个大型展会的展览机构会专门为该展会设立招商推广部门。例如，中国对外贸易中心的主要职责是承办每年两届的广交会，基于广交会的规模和特殊性，中心设立了国际联络部，专门负责广交会的国际推广、采购商的邀请及服务。国内许多政府型展会如亚欧博览会、东盟博览会、西部博览会都设立了招商推广部门。在选择招商组织模式前，展览机构应全面分析展览项目的特点、现状和发展前景，比较各种模式的优势与不足之处，确保招商推广投入与产出的比例最大化。

四、招商推广人员素质

作为现代服务业的重要组成部分，会展业对人才素质提出较高的要求。会展业不仅是一个创意型的行业，而且是一个重实践的行业。因此，会展从业人员既需要丰富的理论知识，又需要具备较强的执行能力，不同岗位的从业人员在知识和能力方面要求也不同。一般来说，会展人才应具备宽泛的知识理论素养，即会展的相关知识，包括会展方面的知识、经济学、管理学和传播学方面的知识、技术方面的知识等；独特的策划创新能力，即具有开放性的思维方式和勇于创新的精神；严密的组织管理能力，尤其是对事件的组织和管理能力；娴熟的沟通协调能力及强烈的服务意识。

与招展、服务工作相比，招商推广工作点多面广，整体性和系统性较强，统筹协调和语言文字工作较多。除了会展从业人员的基本素养外，招商推广人员还应要具备如下几方面的能力：①文案撰写能力，即具备观点提炼并加以归纳整理的能力，熟练撰写各种展会招商推广方案的能力；②传播策略规划能力，即能够从展会或公司的长远战略出发，制订项目或公司的整合营销传播策略和方案；③广告创意理解、表现评判及传播管控能力，即能从展会相关受众的角度对各种广告的创意、设计、表现、传播做出科学的评价；④市场洞察能力，包括发现市场机会以及总结提炼招商推广经验的能力。此外，招商推广人员还应具有良好的外语能力、较高的计算机水平、较全面的市场调研、数据分析和统计学等方面知识，保持自信、积极的心态，养成细心严谨的工作习惯、良好的协作精神。

随着展会产业链的分工日趋专业化，不同类型的展会和同一展会的不同阶段对于招商推广人员的素质和能力要求也不一样，从业人员应根据展会的客观实际和发展目标，并结合展会所处的内外环境，不断完善自身的知识结构，提升招商推广所需要的各种能力。

第四节　招商、招展与服务

招商与招展和服务密不可分，在实施过程中三者互相融合、相互促进、相互影响。蒙哥马利展览集团终身主席蒙哥马利先生曾表示："展会成功的关键在于专业观众的质量。你的品牌是与观众的质量成正比的。要维护好与参展商的关系，你必须确保专业观众的质量"。可见，招商推广是招展工作的重要保证。

一、招商与招展

从供求关系来说，举办展会始终以目标市场为中心，参展商的存在是展会存在的必要前提，然而，参展商的存在又必须以参展观众的存在为前提，参展观众的存在是目标市场需求的体现，因此，展会主办机构、目标市场、参展商和参展观众构成一个相互联系的供求体系。参展商和参展观众是展会的两个助推器，一方面，展会需要一定数量和质量的参展商，这是由展会"看样成交"的特点所决定的，也是展会"有形性"的重要体现，还是用规模和品质来评价一个展会质量的重要原因；另一方面，展会需要拥有一定数量和质量的观众，这是每个展会主办方所追求的目标。当今，国际上衡量展会成功与否的标准就是它的参展商与观众的数量和质量。参展商参加一个展会，是因为专业观众的参加，专业观众就代表了参展企业所代表的产品市场需求。

正因为参展商是展会存在的首要前提，展会主办方往往优先考虑如何吸引企业参展，在人力、物力和财力上向招展倾斜，造成"重招展，轻招商"的现象严重。当今展览市场竞争激烈，展会营销的焦点已从争取参展商转为争取和组织参展观众，特别是专业观众。在实际运作中，展会营销是一个复杂而系统工程，招商和招展不仅是展会营销的出发点和落脚点，而且是一个展会腾飞的两翼，两者互相影响、互相促进。

事实上，招商与招展在一定条件下还可互相转换。有时候展会招商对象可能发展成为招展对象，招展对象又可能成为招商对象。一些企业在展会初期由于对展会了解不足，对效果缺少信心，往往会先派员参观考察展会，为在下一届参展做前期的调研。反过来，一些企业亦可能一改往届连续参展的习惯以专业观众的身份参观展会，因此，招商和招展对象通常你中有我，我中有你，相互转换，交替身份。如果展会就是"为买家找卖家"和"为卖家找买家"的平台，那么展会主办机构必须始终把招商和招展工作放在并重的位置。

二、招商与服务

（一）展会服务特点

展会服务不仅具有一般服务业所应该具有的共同特性，尤其还应具有过程性、人文性、综合性、差异性等自身的特点。

1. 过程性

展会服务是由一系列活动构成的过程，在为参观商服务的过程中，需要运用各种资源，包括人力、场馆、交通、物流、安保等，通过互动形式帮助参观商解决问题。

2. 人文性

展会不仅是信息交流、贸易成交的平台，还是人类交往的一种方式，这一特殊的交往形式决定了展会服务必须"以人为本"。在为参观商服务过程中，服务提供商应强调对人的关怀，强调个性化的服务，如参观商注册报名、展会开放时间、现场服务等。

3. 综合性

展会服务的对象多而复杂，参与提供服务的人员不仅要掌握政治、文化、营销、礼仪、服务心理等现代服务理论，还必须掌握沟通艺术、餐饮文化、现代设施及设备的使用等服务技能。做好展会服务，需要综合素质好、能力强的专业人员。

4. 差异性

展会服务涉及的部门很多，主办方、承办方、外包服务方以及为展会提供支持的公关服务部门。但由于服务人员工作经验不同，人员素质、修养和技术水平存在差异，其服务质量会出现很大的差异。

对于招商来说，保持服务的品质，力求服务始终如一，始终保持高水平的服务是非常重要的。全面理解展会服务的四大特点可以在招商工作中更好地贯彻落实服务营销理念。

（二）服务促招商

从展会创造价值来说，为参展观众提供的核心服务就是参展商的数量与质量。从服务形式上说，服务促招商的形式很多，包括基本资讯服务、注册登记服务、研讨会活动、会刊服务、网络服务、贸易配对服务、商旅服务等，这些服务既有配套服务又有附加服务，对提高参观商的满意度，增加参观商的忠诚度很有帮助。从服务过程上说，服务促招商可以分为展前服务、展中服务、展后服务三个部分。展前促招商服务是指展会举办前为招商工作所做的一系列准备性服务，如市场调查、策划、咨询、宣传、签证等。展中促招商服务是在展会开幕期间为参展观众提供的各种服务，包括展览、会议、报到注册、VIP 服务、贸易配对、知识产权纠纷、翻译、交通、餐饮、住宿、旅游等。展后促招商服务是在展会闭幕后，为参展观众提供跟踪服务，如展后总结、贸易促进、工厂考察、货物运输支持等。总之，展会主办机构必须善于运用各种对参展观众的服务手段，以促进招商取得更大成效。

案例：

广交会创新服务理念，提升招商水平

2012 年以来，广交会以提升服务质量和实现服务专业化为目标对工作进行认真梳理及细化，强化统筹和衔接，通过坚持做好重要客户日常咨询、函电往来、节日问候、广交会期间境外商会团组接待、境外贵宾俱乐部服务、境外合作伙伴服务中心、跨国公司采购服务和贸易配对服务等系列服务着力打造重要客户体验营销，为进一步提升招商水平打下坚实基础。

一、境外商会团组接待服务更完善

第 111 届广交会共有来自 27 个国家和地区的 59 个工商机构代表团约 1421 人与会，其中包括来自 32 家机构的 57 位副会长以上高层领导，安排大会领导与境外工商机构高层会见或宴请等重要外事活动 16 场。第 112 届广交会共有来自 32 个国家和地区的 58 个工商机构代表团 1200 多人与会，其中包

括来自 27 家机构的 41 位副会长以上高层领导，安排重要工商机构与大会领导会见和宴请等外事活动 13 场。主办单位坚持"客商至上"的精神和理念，从嘉宾的迎送、食宿、交通、活动安排、礼遇和办证等方面都进行周密安排，制定工作规范，确保接待工作运行高效顺畅，环环相扣，确保了各项接待任务万无一失。

主办单位还主动配合各部门工作，充分发挥广交会平台优势。积极配合广东省外经贸厅、市外经贸局举办的企业家交流会等活动，丰富客商与会活动安排。另外，为配合制作广交会招商宣传片和广交会通讯报道，主办单位协助联系了瑞典老广交会代表可可扎先生等多位老广交会客商接受媒体专访，让老广交会客商分享其美好的与会体验，为广交会宣传推广积累素材。在接待过程中，大客户地区管理员全面承担起所辖片区的大客户接待和联络工作，从对外联系、制订外事接待计划、制作背景资料、现场接待服务到撰写情况反馈，相关地区大客户管理员均独立完成，在为大客户提供专业服务的同时进一步熟悉地区市场和客户情况。

二、跨国公司采购服务及贸易配对活动更专业

第 111 届和第 112 届广交会分别有 11 家和 12 家公司参加跨国公司采购服务，两届广交会跨国采购服务吸引参展企业 1300 多家，意向洽谈近 3800 多宗。有关跨国公司包括法国欧尚集团、法国弓箭公司、美国中央采购有限公司、美国生牌公司、芬兰 Onninen 公司、德国 Clatronic 公司、日本 CAINZ 公司、日本似鸟株式会社、日本港南商社、日本唐吉诃德株式会社、日本 Trial 公司和韩国乐扣乐扣株式会社。其中，2014 年新增日本 CAINZ 公司、韩国乐扣乐扣公司和德国 Clatronic 公司参加跨采服务。日本 CAINZ 公司是一家超大型家用品连锁超市集团，在日本家居用品零售行业发挥着引领作用；韩国乐扣乐扣株式会社是目前韩国最大型的厨房用品企业，在韩国市场占有率在 60% 以上；德国 Clatronic 集团是一家大型家庭电器和消费类电子产品企业，每年采购、进口和销售超过 1000 多种产品到欧洲 50 多个国家。今年以来，主办单位还着重加强跨采招商力度，特别邀请了麦德龙采购（香港）有限公司、沃尔玛全球采购公司和南非 EDCON 纺织服装集团相关高层和代表与会。

主办单位继续为与会的重点国际采购企业和工商机构组织贸易配对活动，邀请广大参展商前往参加，全年两届共举办 8 场贸易配对活动，其中成功举办"沃尔玛采购日活动"，为参展企业和沃尔玛公司提供了面对面互动交流的平台，提升采购效率，促进大会成交。

三、广交会境外贵宾俱乐部更人性化

2012 年以来，境外贵宾俱乐部服务继续秉持"以客为尊，以人为本"服务宗旨，为广交会高端客户提供优质的差异化服务。第 111 届境外贵宾俱乐部报到忠诚客户共 4362 人；第 112 届广交会贵宾俱乐部报到忠诚客户 4672 人，与上届同比增加 2.51%。在当届广交会采购商数量出现一定下滑的情况下，忠诚客户依然维持一定规模，实属不易，这也体现了忠诚客户是广交会采购商群体的重要根基。

为进一步完善服务，广交会境外贵宾俱乐部不断进行服务创新和提升，丰富服务内容，取得了良好的效果。为了向贵宾俱乐部会员提供更好的休闲环境，C 区俱乐部服务点进行迁移并重新整饬，内部设计更人性化。此外，为方便与会俱乐部会员享用贵宾服务，从第 112 届广交会开始，为每位与会会员赠送全馆通用的咖啡券，受到客商好评。

四、广交会海外合作伙伴服务中心积极发挥平台作用

2012 年，中国—葡语国家经贸合作论坛（澳门）常设秘书处、巴中工商总会、乌兹别克斯坦工商会广州办事处、哥伦比亚中国商会、英中贸易协会、智利圣地亚哥商会、秘中商会和土耳其玻璃器皿协会等境外机构参与合作伙伴服务中心。服务中心作为一个沟通客商与商会合作的平台，为海外商会提供了一个宣传的机会，也为客商提供方便，实现了双赢，体现了主办单位以客为尊的服务理念。

第二章 招商推广调研

第一节 招商推广调研内涵

一、招商推广调研定义

调研是调查研究的简称，指通过各种调查方式，对某一事物、现象或对象所处环境进行的统计分析、调查研究等活动的总和，其目的是为了研究事物或环境的总的特征。

针对展会招商推广活动的目标、受众、效果等进行的调研活动称为招商推广调研。

二、调研的目的

针对展会招商推广进行的调研主要目的包括界定目标群体、识别推广机会、判断招商推广效果及客商与会、参展趋势等，从而为选择目标市场、设定推广目标、制定推广策略等招商推广活动提供参考依据。

（一）界定目标群体

根据市场细分原理，由于市场规模过大和激烈的市场竞争，企业难以服务总体市场上的所有消费者，因此有必要根据消费者需求的异质性，将消费者市场按照欲望与需求划分成若干具有共同特征的子市场，并选取其中与企业自身条件、战略目标等因素最契合的市场进行重点攻关。通过调研可以发现不同客户群在需求、素质、行为规律等方面的区别，从而实现对市场的细分和目标客户群的界定。比如，在采购商市场中，就有生产性企业、大型国际连锁企业、普通贸易型企业、进出口企业等，他们对展品、展商及所需服务等的诉求各不相同，与会习惯和行为规律也有差别，这就需要通过调研，识别这些不同的采购商群体，为进一步划分市场提供依据。

（二）识别市场机会

通过调研可以发现市场机会并促使企业开发新的会展题材和改善服务以抓住这些机会。企业只有通过调研，分析自身提供的会展活动（产品）在市场中的地位和所处市场周期的哪个阶段，并分析市场空缺，才能确定开发何种产品和如何进行推广。

（三）预测未来趋势

调研具有的预测功能是指通过调研，预测采购商/观众与会、市场变化等情况的趋势。例如，广交会根据采购商申领邀请函的数量，预测采购商与会的人数及增减趋势；专业展会则根据在展览开幕前观众预先登记的数量，预测观众与会的人数及增减趋势等。

三、调研的内容

（一）外部环境调研

企业的经营环境既可以给企业带来机会，也会形成威胁，市场环境调研的主要目的是认清会展企业所处的外部环境（包括政治环境、经济环境、文化环境等），以做到趋利避害，发现目标市场和进行市场定位。

外部环境调研主要包括宏观环境调研，微观环境调研，市场机会与威胁调研，市场规模和潜在规模调研，市场细分调研等。宏观环境主要包括政治、经济和文化环境，如某个国家的国民生产总值、进出口总值、政治形势、对华政策、当地的节日、民俗等；微观环境是指会展企业所处市场的情况，如市场规模、竞争对手实力等。

（二）招商推广活动调研

招商推广活动调研是围绕招商推广活动开展的，旨在了解招商推广活动的成效，主要包括营销组合结构的调研，广告主题效果调研，广告暴露率、到达率调研，消费者对广告及其他营销活动态度的调研、广告每届监测等。该类调研的主要目的是找到最佳的营销组合及营销方案，使营销的效果最大化。

（三）目标群体行为特征调研

该类调研主要针对消费者（展商和采购商/观众），目的在于了解消费者的行为特征，如采购商/观众选用的航空公司、酒店，确定与会的依据等，以便对展会内容、参展/采购商营销方案做出调整，以更好适应消费者的需求。

案例：

广交会广告效果调研方案

一．调研的背景

1. 2010 年 2—3 月，广交会在全球 30 个重点国家和地区对第 107 届广交会进行广告推广，以吸引更多客商参与。

2. 广告的媒体覆盖为网络和平面。

3. 推广的范围包括了全球 30 个主要贸易国家和地区，分重点市场及次重点市场。重点市场：美国、德国、俄罗斯、荷兰、英国、法国、意大利、丹麦、芬兰、加拿大、日本、巴西、印度、沙特、阿联酋；次重点市场：阿根廷、墨西哥、新西兰、澳大利亚、南非、埃及、土耳其、韩国、马来西亚、泰国、菲律宾、印度尼西亚、越南、中国台湾、中国香港。通过以上市场的投放，向中东、亚洲、欧洲乃至全球辐射。

二、调研的目的

通过对目标客商的调研，了解本次广告投放的效果，主要目的有两点：

1. 广告是否有效覆盖？广交会目标客商是否看到了发布的广交会广告？

2. 看到广告后，目标客商的反馈如何？广告是否对他们产生了积极的影响？是否刺激目标客商的进一步行动，如参加广交会？是否促成和他人谈及（口碑）？未来是否有可能更关注并来参加广交会？是否形成对广交会的正面评价？

三、调研方式

本次调研为网络调研，具体方式有：

1. 通过广交会的客商数据库，以电子邮件的形式，向数据库内的忠诚客商和活跃客商发出问卷。

2. 通过广交会官方网站，在网站首页挂 BANNER 链接的形式，捕捉非数据库内的目标客商参与。

四、调研时间

调研问卷设计及确认时间为 5 月 17 日—21 日；

调研执行前准备（问卷编辑）时间为 5 月 24 日—28 日；

问卷发放及回收时间为 6 月 1 日—6 月 30 日；

数据处理时间为 7 月 1 日—7 月 16 日；

报告撰写时间为 7 月 19 日—7 月 30 日；

报告提交时间为 7 月 30 日。

第二节　调研方法与途径

如按照收集信息的时效性，调研方法可以分为一手信息的收集和二手信息的收集，其中收集一手信息的方法主要有访问法、问卷调研法和深度访问法等，二手信息收集主要有案头分析法等。一般情况下，收集宏观信息和已有的公开信息，如一国的经济情况、展会到会人数等，适于采用案头分析法；如需收集微观信息或别人未收集过的信息，如采购商与会频率、经营范围等，以及一些主观信息，如对展会的评价等，则一般采用直接收集信息的方法。

一、案头调研法

对已经存在并已为某种目的而收集起来的信息进行的调研活动，也就是对二手资料进行搜集、筛选。案头调研是相对于实地调研而言的。通常是市场调研的第一步，为开始进一步调研先行收集已经存在的市场数据。案头调研法对于了解调研对象的基本情况（如企业规模、场馆面积等）和界定调研问题非常必要，具有时间周期短、费用低的优点，因此该方法一般用于宏观形势调研、展馆、展会基本情况调研、市场容量调研等，以及在调研一手资料前的准备工作。但该方法所得资料的准确性和真实性较难把握，因此不适于需要准确定性和定量的调研项目。

一般来讲，二手资料有两个重要来源，即会展企业内部和企业外部。内部来源主要包括企业的各种经营活动产生的记录，如业务资料（包括采购商信息、到会记录，参展企业信息、参会记录，参会的规模，展位销售记录，财务报表等），统计资料（包括各种统计报表、分析报告等）。外部来源主要有：

（1）大众媒体信息：新闻媒体（含大众媒体和某些专业媒体）的报道、网络论坛上的帖子等；

（2）政府部门及经贸管理服务机构（如贸促会、银监会、商会等）发布的公告、法令、统计数据等；

（3）相关生产经营机构（企业、企业办事处）提供的年报、商品目录、专利资料、价目表等；

（4）研究机构发布的研究报告等；

（5）其他渠道可以获取的信息和数据。

二手资料在大多数展会调研中都是必要的，国际展览机构通常向出版、咨询研究机构订阅行情快报，甚至定期购买行业研究报告。随着互联网技术的兴起，收集二手资料的效率有很大提升，其中利用网络搜索引擎寻找所需资料是最高效的一种。但是，由于在信息传递过程中的失真，以及信息提供者的能力和信誉，二手资料的质量和可靠性往往难以保证。因此在收集到资料后，需对其可靠性进行评估。具体方法主要有三种，一是常识判断法，即运用积累的常识对资料内容进行判断，二是验证法，即将不同渠道收集到的资料内容进行比对，如果可以推导出相同结论，则证明该资料为真，否则为假；三是咨询法，即将资料内容提供给专业或相关行业人士，让其根据专业知识进行判断。

在确定收集的资料为真后，就需要对资料进行整理。原始资料往往是杂乱无章的，必须对其去粗取精，抽取真正需要的信息，再按照一定的逻辑顺序将这些资料排列。最后，在收集二手资料时还要了解获得这些资料的方法，如调查地点、抽样方法、样本量等，因为这些都决定着资料的准确性和适用性，故一般应在备注中予以说明，此外，还应标注二手资料的出处，以便未来查验和阅读者了解更详细的信息。

二、询问法

询问法是指调研人员通过访谈的形式向被调查者就调研题目了解信

息的方法，常用于收集第一手资料。询问法回答率较高，灵活性强，出错率较低；但费用高，受访者易受调研人员态度、语气等影响，因此该方法一般用于满意度调研、客商流失原因调研等以了解主管态度等为目的的调研。

询问法又分直接询问和间接询问两种，直接询问即与被调查者面对面交流，而间接询问则是通过信息传播媒介（电话、网络聊天软件等）与被调查者进行交流。

（一）直接询问法

按询问地点分，直接询问法可分为街头询问和入户询问，街头询问是指由调研人员在公共场所对合乎要求的被调查者进行访问；入户访问则是调研人员对合乎要求的被调查者入户（针对家庭）或登门（针对企业）进行单独的访问。直接询问法的优点是可以获得较多的访问内容，可以从被调查者的语气、神态等判断其是否在说真话，并可以实时帮助被调查者解决回答问题时遇到的困难。但直接询问法也有调研时间长、费用高、过程控制难度高等缺点。

直接询问法的主要流程是：寻找被调查者—登门/拦截被调查者—询问—填写答案—致谢。做好直接询问法，需要注意以下几个问题。

1. 做好调研人员的培训

调研人员在寻找并让被调查者愿意合作及引导被调查者正确理解调研问卷的内容、确保调研质量方面起着至关重要的作用，在培训中需要就被调查者的选择原则做出明确说明，如在何时何地选择什么样的被调查者，并且要让其熟悉调研问题和意图，并辅导其正确的提问和奖励礼品等。

2. 严格监控样本的选取

由于调研者本身在素质、调研技能及个人偏好上的差异，在选取被调查者时往往会产生一些偏差，因此必须在调研过程中动态监控调研者对被调查者的选取，如发现明显偏差或带有倾向性，需予以纠正。

3. 问卷/问题务求简单明了

由于此种调研一般是通过一对一问答形式或由被调查者单独填写问卷形

式完成，过分冗长的问卷既不便于调研者向被调查者提问，也易于引起被调查者的反感，所以在设计问卷时问题需尽可能简单明了，保证被调查者不会感觉疲劳。

（二）间接询问法

间接询问法通常以调研对象的名录（如某行业的电话号码簿、厂家黄页等）为基础进行随机抽样，方法是先对电话号码或厂家按照序列编号，再采用 Excel 软件或 SPSS 软件中的随机数生成功能确定样本序号。间接法具有费用相对低廉、速度快等优点，但对通信手段依赖较高，因此在电信业发达的市场较为适用。

间接询问法的工作流程如下：首先是拨号（电话调研）或向被调查者发出请求（网络调研），待得到回应后对调研者身份、调研目的等信息介绍说明，并询问对方是否愿意接受调研，当得到对方肯定答复后即开始询问，并根据被调查者的回答做好记录，调研完成后向对方致谢。

间接询问法需注意以下几个问题：

（1）为提高调研成功率，在正式访问之前，最好提前预约，告知被调查者访问的时间，使被调查者做好心理准备；

（2）电话询问时间不宜过长，问题设计应以是否两项选择为宜；

（3）需提高调研者的语言沟通技巧及心理承受能力，因为该调研被拒绝的可能性非常高；

（4）以奖励方式引导被调查者的合作；

（5）为提高成功率，需确立严格的样本取舍标准，在电话访问中，一般以一个电话响铃 7 次为放弃标准，在网络询问中，以发出请求后 1 分钟为放弃标准，超过这个时间范围再追踪下去，成功率也不会很高。

三、问卷调研法

问卷法是调研人员将调研问卷发给被调研对象，说明填写要求，请被调查者自行填写，再进行回收的调研方法。其工作流程一般为：找到合适的被调查者—自我介绍并说明调研目的—分发问卷（如有必要对题目内容进行解释）—回收问卷—致谢。

问卷调研法分为现场问卷调研法和邮寄问卷调研法，现场问卷调研法是指在调研现场（如展馆内）调研人员将问卷直接发给被调查者当场填写后马上回收，邮寄问卷调研法是指通过邮政系统或其他信息传播媒介（互联网、传真等）将问卷发送给被调查者，让其填写完成后再通过传播媒介或由调研单位上门回收。

问卷法相比询问法具有效率高、客观性强的优点，但也有调研费用高、调研区域有限，问卷较易丢失等缺点。

四、其他调研方法

（一）观察法

指调查人员直接或借助观测、观察设备在现场对被调查者进行观察、测量并记录以获取第一手资料的一种方法。此法既适用于对人的观察，也适用于对环境、现象的观察；既可以通过调查人员直接观察，也可以通过摄像头等器材进行观察。一般情况下，观察法的运用有以下几种情况。

一是观察被调查者的需求，如观察采购商成交的参展商在产品品种、规格、花色等的特点以了解他们对哪类产品具有较大需求。

二是观察被调查者的行为。如观察采购商在参加配对活动时的表情、动作、语言等信息，了解他们的行为规律。

三是环境观察，如观察竞争者在报到现场的布置等了解其方便采购商与会报到的措施。

观察法具有调研的直观性、客观性较强，收集资料过程简单、快速等优点，但往往不够具体、深入，时间成本高，对调研人员业务素质要求高，因此一般适用于对微观事务的调研。

（二）深度访谈法

指事先不拟定调研问卷、调研提纲或调研的标准程序，而通过调研人员与被调查者自由交谈来获取信息的调研方法。深度访谈法由于消除了群体压力，可以获得较为真实全面的信息，也便于深入了解被调查者的感受、动机等，但成本较高，对调研人员的素质要求极高，且样本量较小，因此适用于了解复杂抽象的问题。

深度访谈法的基本流程是：

（1）明确询问主题和寻找到合适的访谈主持人；

（2）做询问前的准备，准备内容包括了解背景，确定合适受访对象的条件、特征，拟定初步的题目，预测可能的反应及询问方案等；

（3）寻找合适的对象，一般在客商数据库中将条件输入进行检索，对合乎条件的候选调研对象逐一进行联系，确定时间地点，可以一起访谈，也可以分开进行一对一访谈，被调查者人数以 10 人以下为宜；

（4）由主持人在约定的时间与被调查者进行访谈，访谈时主持人注意集中精力，不要轻易打断被调查者的话，不要流露出不耐烦的表情，在对方对问题理解有偏差或有疑问时，需要及时给予解说，将问题表述清楚，同时注意对方的表情，适当引导话题至被调查者的内心；

（5）当被调查者的谈话偏离主题时，主持人需在不被察觉的情况下，将话题引回到调研题目上来，但要注意态度，不要使气氛尴尬。

（三）实验法

是通过控制某些因素（自变量）的变化，观察其对调研对象（因变量）的影响。该方法主要用于因果性调研。

实验法便于寻找到导致现象产生的原因，明确被调研对象各个因素之间的关系以及相互作用的机理，但此方法也存在着调研成本高、保密性差等缺点。

（四）德尔菲法[①]

又称专家规定程序调查法。该方法主要是由调查者拟定调查表，按照既定程序，以背对背的方式分别向专家组成员进行征询；而专家组成员又以匿名的方式提交意见。经过几次反复征询和反馈，专家组成员的意见逐步趋于集中，最后获得具有很高准确率的集体判断结果。其基本流程为匿名征求专家意见—归纳、统计—匿名反馈—归纳、统计若干轮后停止。

德尔菲法可以避免群体决策的一些可能缺点，没有人有机会控制群体意志，因为每个人的观点都会被收集，管理者可以保证在征集意见以便做出决策时，没有忽视重要观点。

---

① http：//baike. baidu. com/view/41300. htm

案例：

第112届广交会客商与会趋势调研方案

进入2012年，我国外贸形势十分严峻。为准确预测第112届广交会采购商与会形势，2012年9月，主办单位通过多种渠道收集了部分宏观经济数据及采购商与会相关信息，采用现代统计学分析方法和SPSS数据分析软件，对采购商与会趋势进行了初步的分析和预测，具体情况如下。

一、预测方法

（一）预测工具

采用回归分析和LOGISTIC回归判别分析方法，使用SPSS数据分析软件对宏观经济数据与采购商与会人数进行回归分析，形成回归方程，通过分析2012年下半年的有关宏观预测数据预计采购商增长或减少的概率。

（二）数据收集

1. 我国部分宏观经济数据和近年全球采购商与会人数。

2. 部分主要客源国或地区的半年国内生产总值、进出口额、汇率等宏观经济数据及第99届～第111届采购商与会人数。

3. 广交会期间广州周边酒店、航班、港九直通车的预订情况，采购商成功申领电子邀请函数量以及我国驻部分国家（地区）经商机构、客户联络中心反馈的客商与会动态、商会组团与会情况。

二、实施过程

（1）向我国驻主要客源国大使馆的经商参处（室）、合作酒店、航空公司、外贸中心下属负责其他会展事务的展览公司等相关机构发送传真和调研问卷或表格，请其根据要求在规定时间内将填好的表格回传至国际联络部，其中发给驻外经商参处（室）的调研问卷主要关于他们对当地经贸形势和采购商与会趋势的判断，发给合作酒店、航空公司的问卷则主要关于其酒店、航班预订量与上届同期的变化情况，发给有关展览公司的问卷则主要集中了解类似题材的展会海外采购商增减情况。

（2）通过网络收集了我国上半年经贸形势、总体及各主要客源区海关进出口数据等。并委托工信部统计了采购商登录广交会网站情况和广交会请帖申请量。

（3）收集了以上数据的历史数据，并与当届采购商人数一起输入 SPSS，得到了各个不同变量与采购商人数的相关系数，选取相关度较高的指标作为预测自变量，建立了与采购商与会人数的回归方程和增减判别方程。

（4）将所收集到数据输入 SPSS 系统，代入回归方程后得出了增减判别结果和与会人数预测区间。

经实践检验，增减预测结果与事实相符，与会人数在预测范围内。

第三节　调研组织与实施

调研组织与实施工作一般包括 4 个步骤：调研目的目标确定阶段、方案设计阶段、实施阶段、跟踪调研阶段等。

一、调研目的及调研对象确定阶段

在调研开始之前，需要准确了解调研委托者（上级主管部门、兄弟单位等）需要了解什么情况（如客商增加/减少的原因，采购商的类别、采购商是否看到广告等），为什么要进行调研（是为了提高企业市场占有率，改进服务，还是评价招商效果等）以及调研的重点是什么（如研究采购商减少的调研中是主要研究发达国家减少的原因，还是新兴市场国家减少的原因等）。

在明确了以上这些信息后，就需要锁定调研目标和调研对象和渠道。由于调研任务提出单位的目标往往比较笼统，如"了解本届采购商减少的原因"，需要对其具体化和分解，以便明确任务和制订具体计划。具体化指将目标的内容表述更清晰更具体，与实际情况更符合，如对"了解本届采购商减少的原因"这个目标，实际情况是并非所有国家的采购商都出现减少，因此目标应该表述为"了解本届人数减少的那些国家地区的人数减少的原因"；分解是指将一个总体调研目的分解成小目标，如将"了解本届采购商减少的原因"分解成"了解客观原因"和"了解主观原因"，这样分解便于合理分配工作量，并明确各个职责部门的责任。

在完成以上工作后，还需要明确调研对象，即要向什么人或机构获取有关信息。一般讲，调研的事件发生在谁身上，谁就是主要的调研对象，如调研采购商减少原因，那么一般采购商为主要调研对象，但也有例外，如可以向商会或贸易促进部门了解采购商减少原因等。

二、调研方案设计阶段

主要解决从什么地方，以什么方式从调研对象获取有效信息的阶段。拟定调研方案涉及选择调研类型、确定调研方法、设计样本选择方案、估算费用、制订具体计划和拟定时间表等内容。

（一）选择调研类型

按照调研的作用，调研可以分为探索性调研、描述性调研和因果性调研。

1. 探索性调研

为了摸清调研具体范围和确定调研主要方向所做的调研，是一种试探性的、小规模的非正式调研活动。当需要明确表达问题并做出假设、准确定义概念、帮助调研人员熟悉问题时，可以采用此法。

2. 描述性调研

通常指描述事物的特征、功能和属性。如了解市场规模、采购商的结构、某个展会在市场中的地位等。其目的就是为了解日常说的 6 个问题，即：谁、什么事情、何时、何地、什么原因、什么方法。

3. 因果性调研

目的是确定各个现象或因素之间的因果关系，了解相互关联的机理和变化的数量关系，一般采用实验法。

上述三种调研的选择及顺序可以根据调研问题的特征来确定，不是所有调研任务都需要用到这三种调研，也不一定是必须先进行探索性调研才能进行描述性调研再到因果性调研。一般的，如果对调研问题或调研的对象所知较少，或是难以确定调研重点，可以考虑先使用探索性调研，如果已经对调研对象非常熟悉，可以不用进行探索性调研，如果在进行描述性调研和因果性调研后仍然没有摸清事物的本质或达到目标，可以采用探索性调研；如果在描述性调研中难以分清影响现象的主要因素，可以采用因果性调研。

（二）设计调研问卷/提纲（非必须）

在收集第一手资料过程中，为了方便调研人员向被调查者提问或被调查者回答问题，往往需要设计调研问卷或调研提纲。下面简单介绍一下如何设计调研问卷/提纲，为方便叙述，以下将调研问卷或提纲统一称为调研问卷。

1. 调研问卷的结构

调研问卷的结构一般包括三个部分：前言、正文和结束语。

（1）前言（说明语）：首先是问候语，并向被调查对象简要说明调查的宗旨、目的和对问题回答的要求等内容，引起被调查者的兴趣，同时打消他们回答问题的顾虑，并请求当事人予以协助（如果是留置调查，还应注明收回的时间）。

（2）正文：该部分是问卷的主体部分，主要包括被调查者信息、调查项目、调查者信息三个部分。

被调查者信息主要是了解被调查者的相关资料，以便对被调查者进行分类。一般包括被调查者的姓名、性别、年龄、职业、受教育程度等。这些内容可以了解不同年龄阶段、不同性别、不同文化程度的个体对待被调查事物的态度差异，在调查分析时能提供重要的参考作用，甚至能针对不同群体写出多篇有针对性的调研报告。

调查项目是调查问卷的核心内容，是组织单位将所要调查了解的内容，具体化为一些问题和备选答案。

调查者信息是用来证明调查作业的执行、完成，及调查人员的责任等情况，并方便于日后进行复查和修正。一般包括调查者姓名、电话，调查时间、地点，被调查者当时合作情况等。

（3）结束语：在调查问卷最后，简短地向被调查者强调本次调查活动的重要性以及再次表达谢意。如："为了保证调查结果的准确性，请您如实回答所有问题。您的回答对于我们得出正确的结论很重要，希望能得到您的配合和支持，谢谢！"

2. 问卷项目的设计

问卷项目按问题回答的形式一般可以分为封闭式问题和开放式问题。其中封闭式问题包括两项选择题、单项选择题、多项选择题、利克特量表等。

开放式问题一般有完全自由式、语句完成式等。

不同的题型都有各自的优缺点，在使用时怎样做到扬长避短是设计调查项目的重点所在。

确定型问题，两项选择题由被调查者在两个固定答案中选择其中一个，适用于"是"与"否"等互相排斥的二择一式问题。

两项选择题容易发问，也容易回答，便于统计调查结果。但被调查人在回答时不能讲原因，也不能表达出意见的深度和广度，因此一般用于询问一些比较简单的问题。并且两项选择必须是客观存在，不是设计者凭空臆造，需要注意其答案确实属于非 A 即 B 型，否则在分析研究时会导致主观偏差。

单项或多项选择题是对一个问题预先列出若干个答案，让被调查者从中选择一个或多个答案。

这类题型问题明确，便于资料的分类整理。但由于被调查者的意见并不一定包含在拟定的答案中，因此有可能没有反映出其真实意思。对于这类问题，我们可以采用添加一个灵活选项，如"其他"来避免。

程度型问题：当涉及被调查者的态度、意见等有关心理活动方面的问题，通常用表示程度的选项来加以判断和测定。

例如：

您认为电子商务对广交会的宣传作用如何：

A. 好　　　　　B. 较好　　　　　C. 差　　　　　D. 不了解

但这类问题的选项，对于不同的被调查者有可能对其程度理解不一致。因此有时可以采用评分的方式来衡量或在题目中进行一定的说明。

开放式问题是一种可以自由地用自己的语言来回答和解释有关想法的问题。即问卷题目没有可选择的答案，所提出的问题由被调查者自由回答，不加任何限制。

使用开放式问题，被调查者能够充分发表自己的意见，活跃调查气氛，尤其是可以收集到一些设计者事先估计不到的资料和建议性的意见。但在分析整理资料时由于被调查者的观点比较分散，有可能难以得出有规律性的信息，并会导致调查者的主观意识参与，使调查结果出现主观偏差。

3. 设计问题项目的注意事项

设计问题项目除需要根据调查目的来选择合适的题型外，还需要注意以下几个方面。

（1）必要性原则。为避免被调查者在答题时出现疲劳状态，随意作答或不愿合作，问卷篇幅一般尽可能短小精悍，问题不能过多，题目量最好限定在20～30道左右（控制在20分钟内答完），每个问题都必须与调研目标紧密联系。还需要考虑题目之间是否存在重复，相互矛盾等问题。问卷上所列问题应该都是必要的，可要可不要的问题不要列入。

（2）准确性原则。问卷用词要清楚明了，表达要简洁易懂，一般使用日常用语，避免俗语、缩写或专业术语。当涉及被调查者有可能不太了解的专业术语时，需对其做出阐释。

问题要提得清楚、明确、具体。语意表达要准确，不能模棱两可，不要转弯抹角，避免用"一般"、"大约"或"经常"等模糊性词语。否则容易造成误解，影响调查结果。

一个问题只能有一个问题点。一个问题如有若干问题点，不仅会使被访者难以作答，其结果的统计也会很不方便。例如："你为何不在学校饭堂吃饭而选择在校外吃饭？"，这个问题包含了"你为何不在学校饭堂吃饭？""你为何选择在校外吃饭"和"什么原因使你改在校外吃饭？"三方面内容。防止出现这类问题的最好方法，就是分离语句，使得一个语句只问一个要点。

（3）客观性原则。避免用引导性问题或带有暗示性或倾向性的问题。调查问句要保持客观性，提问不能有任何暗示，措辞要恰当，避免有引导性的话语。

这类问题带来两种后果：一是被访者会不假思索地同意引导问题中暗示的结论。二是使被访者产生反感。既然大多数人都这样认为，那么调研还有什么意义。或是拒答或是给予相反的答案。如"普遍认为""权威机构或人士认为"等。

在询问被调查者对某个展会的评价或态度时，如是该展会的主办方进行的调研，必须将调研者的身份隐藏，以避免被调查者因知道调研者身份而不敢或不愿表达真实想法。

（4）可行性原则。调查问题中可能会涉及一些令人尴尬的、隐私性的或有损自我形象的问题，对于这类问题，被调查者在回答时有可能不愿做出真实的回答。因此设计提问时，要灵活变通，可将这类敏感性的题目设计成间接问句，或采用第三人称方式提问来减轻被调查者的心理压力。比如，"你的年收入是多少？"可能导致被调查者难以回答，而影响调查结果的真实性，如改用"你们这一年龄阶段或职称的老师年收入是多少？"

另外，所问问题必须是被调查者所了解的，而不应是他不了解或难以答复的问题。使人感到困惑的问题会得到"我不知道"的答案。

同时，在调查时不要对任何答案做出负面反应。如果答案使你不高兴，不要显露出来。如果别人回答，"从未听说过你的产品"，那说明他们一定没听说过。这正是我们要做调查的原因。

案例：

第113届广交会采购商调研问卷

尊敬的采购商：

为更好为您服务，请您填写以下问卷，帮助我们了解采购商对广交会的意见和建议。

谨表谢意！

中国进出口商品交易会

2013年4月

采购商证件号码：＿＿＿＿＿＿＿　　　　　调研执行人：＿＿＿＿＿＿＿

一、贵公司经营的产品类别（多选）

A. 机械类□	B. 车辆及配件类□	C. 电子及家电类□
D. 照明类□	E. 建材类□	F. 化工产品类□
G. 五金工具类□	H. 家居□	I. 装饰品类□
J. 日用消费品类□	K. 礼品类□	L. 纺织服装类□
M. 鞋类□	N. 办公、箱包及休闲用品类□	
O. 食品类□	P. 医药及医疗保健类□	

二、贵公司的规模（长期雇员人数）：

A. 1~10□　　　　　B. 10~20□　　　　　C. 20~50□

D. 50~100□　　　　E. 100 以上□

您对贵公司的采购决定：

A. 有绝对决策权□　　B. 只有参与决策权□　　C. 只有建议权□

D. 只有执行权□

三、贵公司一般派人参加：

A. 春交会□　　　　　B. 秋交会□　　　　　C. 都参加□

四、您本届与会途径是：

A. 自行与会□　　　　B. 商会组织□　　　　C. 旅行社组织□

D. 广交会参展企业邀请并承担费用□

E. 广交会参展企业邀请但未承担费用□

F. 其他＿＿＿＿＿＿＿＿＿＿＿＿＿＿＿＿

五、您与会广交会的目的是（多选）：

A. 采购□　　　　　B. 结识新供应商□　　　C. 联系老供应商□

D. 获取市场信息□　　E. 其他（请详细注明）＿＿＿＿＿＿＿＿＿＿

本届您参加广交会是否达到了预期目标？

A. 全部□　　　　　B. 大部分□　　　　　C. 部分□

D. 没有□

如您选择"部分"或"没有"，原因是（请详细注明）：

＿＿＿＿＿＿＿＿＿＿＿＿＿＿＿＿＿＿＿＿＿＿＿＿＿

六、您是否参加了第 112 届广交会？

A. 是□　　　　　B. 否□

如果您选择了"B. 否"，请回答下面的问题，否则，请跳到第七题

您未与会 112 届广交会原因是什么（多选）？

A. 参加广交会成本太高□

B. 已通过其他途径采购或寻找供应商□

C. 贵国（地区）经济形势不好□

D. 您在广交会上采购的产品质量不能满足市场需求□

E. 广交会没有太多新产品供选择□

F. 广交会产品价格不具有竞争力□

G. 其他（请详细注明）：_____□

本届与会，原因是：（多选）

A. 贵国（地区）经济形势好转□

B. 广交会产品质量提升□

C. 广交会新产品增多□

D. 广交会产品价格竞争力增强□

E. 春季广交会举办的月份是我的采购季节□

F. 参加广交会的成本有所下降□

G. 其他_____

七、您是否接受电话邀请？

　　A. 是□　　　　　　　B. 否□

八、您是否愿意被参展企业邀请？

　　A. 是□　　　　　　　B. 否□

　　如果您选择了"B. 否"，请回答下面的问题，否则，请跳到第九题

　　您不愿意被参展企业邀请的原因是：（多选）

　　A. 邀请我的企业限制我的自由，我希望能参观更多企业□

　　B. 企业的邀请函办签证作用不大□

　　C. 我的隐私和公司信息不希望被参展企业知道□

　　D. 其他_____

九、您是否了解"采购商邀请新采购商"活动？

　　A. 是□　　　　　　　B. 否□

　　如果您选择"A. 是"，请继续回答下面的问题

　　您了解的途径是：

　　A. 朋友或生意伙伴介绍□　　B. 广交会官方网站□

　　C. 其他_____

　　您是否参与了该活动？

　　A. 是□　　　　　　　B. 否□

如您选择"B. 否",请继续回答下面的问题,否则,请跳到下一问。

您不参与该活动的原因是:(多选)

A. 没有时间或精力参与此项活动□

B. 通过广交会网站向其他采购商发送请帖太烦琐□

C. 不值得向别的采购商推荐广交会□

D. 广交会主办方提供的奖励对我没有吸引力□

E. 其他＿＿＿＿＿＿＿＿＿＿＿＿＿＿＿＿

您最希望得到什么样的奖励?

A. 免费的 VIP 餐券□

B. 免费或打折酒店客房□

C. 免费或打折机票□

D. 广交会主办方提供的实物奖品□

E. 其他＿＿＿＿＿＿＿＿＿＿＿＿＿＿＿＿

（三）设计样本选择方案

由于被调研对象往往数量众多(如在调研采购商与会人数减少原因时,调研对象往往有数万之众),因此不可能对所有的调研对象进行普查,此时就必须选取具有代表性的样本进行调研,用于推断总体特征,这个过程就是抽样调研。

1. 与抽样调研有关的概念

在抽样调研中,有几个概念必须要明确,一是总体和样本,总体即具有某些共同特征或共性的所有元素的集合,通常用 N 表示总体单位数。总体中的每一个元素被称为个体,当我们研究某届展会采购商在展馆内餐厅消费额时,参加该展会的所有采购商即为一个整体,该总体内每一个采购商为一个个体。样本是总体的一部分,由总体中按一定程序抽得的那部分或抽样单元组成,通常用 n 表示样本单位数,又称样本容量。如上面提到的例子中抽取美国的采购商就是一个样本,如果美国采购商有 1 万人,那么样本量为 1 万。

2. 重复抽样和不重复抽样

指从总体中抽取单位的方法,重复抽样又称回置抽样,是在总体中允许重复抽取样本单位的抽选方法，即从总体中随机抽取一个样本单位后又把它放回去，使它仍有被选中的机会，在抽样过程中总体单位数始终相同，被抽中样本单位的概率也完全相等。

不重复抽样又称不回置抽样，即先被选中的单位不再被放回总体中，任何单位一经抽出，就不会再有第二次被抽取的可能。

3. 精确度与准确度

精确度是用于衡量估计值精确可信赖的程度，即可信度；准确度是衡量总体特性与实际总体特性间的差异。

4. 抽样的方法

按照选择样本是否带有目的，可分为随机抽样和非随机抽样。

（1）随机抽样。随机抽样是指总体的全部基本单位都有同等被抽中的机会，进行随机抽样，首选按照随机原则从总体中选取调研样本，然后根据样本调研结果推算总体，并可以根据样本量、方差等数据估计抽样误差大小。随机抽样又分为简单随机抽样、分层随机抽样和整群随机抽样。其中经常使用的是简单随机抽样，下面就简单随机抽样做重点介绍，其他两种抽样方法可参考统计学相关书籍。

简单随机抽样是总体中每个基本单位（子体）都有相等的被选中的机会，样本抽取完全排除任何有目的的选择，按随机原则选取，优点是简便易行，对于总体特征分布均匀的总体较为适用，并具有较高可靠性。

进行简单随机抽样一般通过使用随机号码表或电脑中的有关程序实现。随机号码表是将 0～9 的 10 个自然数，按编码位数的要求（如两位一组，三位一组等）利用特制摇码器自动逐个摇出，这个表内任何号码的出现，都有同等的可能性。利用这个表抽取样本时，可以大大简化抽样的烦琐程序。

随机号码表法应用的具体步骤是：将调查总体单位一一编号；在随机号码表上任意规定抽样的起点和抽样的顺序；依次从随机号码表上抽取样本单位号码。凡是抽到编号范围内的号码，就是样本单位的号码，一直到抽满额为止。

下面举一具体例子。例如，某企业要调查采购商对某项服务的需求量，要从 100 位采购商中抽选 10 个样本。具体步骤如下：

第一步：将 100 位采购商编号，每个采购商一个编号，即 00～99。（每位采购商编号为二位数）

第二步：在随机数表中，随机确定抽样的起点和抽样的顺序。假定从第 1 行，第 5 列开始抽，抽样顺序从左往右抽。（横的数列称"行"，纵的数列称为"列"）

第三步：依次抽出号码分别是：86、45、96、47、45、61、46、98、63、71，共 10 个号码。

由此产生 10 个样本单位号码为：86、45、96、47、45、61、46、98、63、71。

编号为这些号码的采购商就是抽样调查的对象。

需要说明，编号为 45 的采购商两次出现在样本里。这属于重复抽样。所谓重复抽样，是指总体中某一单位被抽中作为样本后，再放回总体中，有可能第二次被抽中作为样本。

不重复抽样是指总体中的每个单位只可能抽中一次作为样本。即某一单位抽中作为样本后，不能再放回总体中，也就没有可能第二次被抽中作为样本。

上例中若要求是不重复抽样，10 个样本单位号码就应是：86、45、47、61、46、63、71、62、74、24。

采用随机号码表法抽取样本，完全排除主观挑选样本的可能性，使抽样调查有较强的科学性。

（2）非概率抽样技术。又称为不等概率抽样或非随机抽样，就是调查者根据自己的方便或主观判断抽取样本的方法。它不是严格按随机抽样原则来抽取样本，所以失去了大数定律[①]的存在基础，也就无法确定抽样误差，无法正确地说明样本的统计值在多大程度上适合于总体。虽然根据样本调查的结果也可在一定程度上说明总体的性质、特征，但不能从数量上推断总体。

---

① 大数定理就是"当试验次数足够多时，事件出现的频率无穷接近于该事件发生的概率"。该描述即贝努利大数定律。

非概率抽样主要有偶遇抽样、主观抽样、定额抽样、滚雪球抽样等类型。有关该类抽样的方法，由于在实际工作中使用较少，在此不再赘述，可参考相关统计学书籍。

5. 抽样误差的确定

抽样误差是指样本指标数值与总体相应的指标数值之间的差别。在抽样检查中，由于用样本指标代替总体指标所产生的误差可分为两种：一种是由于主观因素破坏了随机原则而产生的误差，称为系统性误差；另一种是由于抽样的随机性引起的偶然的代表性误差。抽样误差仅仅是指后一种由于抽样的随机性而带来的偶然的代表性误差，而不是指前一种因不遵循随机性原则而造成的系统性误差。抽样的方法不同，抽样误差的程度也不同。由于各种不同方法的抽样调查都是以简单随机抽样方法为基础的，一般来说，重复抽样的误差大于不重复抽样的误差，但当抽样单位数目很少，而总体单位数目很多时，不重复抽样的误差几乎等于重复抽样的误差，所以在实际运用时，计算不重复抽样误差常常可以用重复抽样误差的计算公式来替代。因此，采取重复抽样方法时，简单随机抽样平均误差的计算可以作为计算其他抽样误差的基础。抽样误差实际上计算的是抽样平均误差，抽样平均误差就是抽样平均数（抽样成数）的标准差，它反映的是抽样平均数（抽样成数）与总体平均数（总体成数）的平均误差程度，通常用 μ 表示。假设样本平均值为 $\bar{x}$，$\hat{\sigma}^2$ 为总体方差；$\hat{\sigma}$ 为总体标准差；n 为样本单位数；x_i 为样本中每个单元的数值。则在重复抽样情况下，样本与总体平均误差计算公式为

$$\hat{\mu}_{\bar{x}} = \sqrt{\frac{\sum (x_i - \bar{x})^2}{n}} = \frac{\hat{\sigma}}{\sqrt{n}}$$

不重复抽样的条件下：

$$\hat{\mu}_{\bar{x}} = \sqrt{\frac{\hat{\sigma}^2}{n} \left(\frac{N-n}{N-1} \right)}$$

在重复抽样的条件下，成数指标的抽样误差

$$\hat{\mu}_p = \sqrt{\frac{P(1-P)}{n}}$$

不重复抽样的条件下：

$$\hat{\mu}_p = \sqrt{\frac{P(1-P)}{n}\left(\frac{N-n}{N-1}\right)}$$

其中 P 为成数值，N 为总体容量，n 为样本容量。

从抽样误差的计算看，抽样误差与总体标准差成正比，与样本单位数成反比。这就是说，对于特定的调查总体而言，要减少抽样误差，必须增加样本单位的数量，当样本单位增加到与总体单位一样多即样本等于总体时，则不存在抽样误差。当然，由于成本等原因，实际的调查样本不可能与实际总体相同。

6. 样本容量的确定

调查要达到较好的成本收益比，样本量必须适当。那么，如何才能取得一个合适的样本容量呢？一般来说，样本容量的确定要受到调查总体的规模大小，调查总体内部的差异程度，对调查结果的可信度、精确度的要求和抽样方法等因素影响。每一种随机抽样方法都有自己的样本容量计算公式。当然，样本容量的确定也要考虑调查条件，如果人力、物力、财力及时间允许，样本容量可大一点。反之，就应当缩小样本容量。根据统计学的要求，样本数量一般不应低于50，具体数目则不可一概而论。

理论上，抽样数目是可以用公式进行计算的。如在重复抽样的条件下，平均数条件下的简单重复随机抽样所需样本的计算公式为：

$$n = \frac{t^2 \sigma^2}{\Delta^2}$$

公式中，t 在数理统计中称为概率度，表示相对误差范围，比如根据正态分布，当要求所抽取样本落在总体68%（可信度）的区间时，$t=1$。当要求可信度为95.5%时，$t=2$。当要求可信度为99.7%时，$t=3$ 为总体标准差。Δ 为误差范围，如 1%、2%等，σ 为总体标准差。可信度系数和误差范围通常由调查者自己确定，总体标准差可以利用该总体过去的资料、其他类似总体的资料或者试验性调查的资料来估计，在无法获得总体标准差时，可以用样本标准差代替。

例如，在一个拥有20万采购商的展会上进行采购商采购额状况调查，经小规模试验性调查，得知平均采购额为 1000 美元，标准差为 250 元。现要求可信度为 95.5％，允许误差为 2％，问在总体范围内用简单随机抽样方法，应当调查多少名采购商？

根据正态分布概率表，可信度 95.5％所对应的值为 2。另外，已知 $\sigma=$ 250（元），$\Delta=1000\times2\%=20$（元），运用重复抽样所需抽取的样本为：$n=$ 625 人。

平均数条件下不重复抽样的样本量计算公式为：

$$n=\frac{t^2\sigma^2N}{N\Delta^2+t^2\sigma^2}$$

其中 N 为总体单位数。

成数条件下不重复抽样的抽样容量计算公式为

$$n=\frac{t^2p(1-p)}{\Delta_p^2}$$

其中 p 为成数。

图 2-1 列出了在 95％置信度下，达到各种误差需要的样本量。

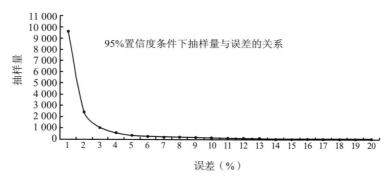

图 2-1 抽样量与误差关系图

需指出的是，以上确定误差和样本容量的方法均只适用于随机抽样法。

（四）确定调研所需费用

调研一般所需费用包含调研人员劳务费、问卷设计费、差旅费、邮寄费、电话费、被调查者礼品费、税金等，在保证实现调研目标前提下，要尽可能节省费用，但应留有余地，以便应对未知或突发事项，一般比估计所需费用多 20％为宜。

（五）拟定调研活动进度表

调研活动进度表应将调研过程分为几个阶段，每个阶段设置一个节点，并说明各阶段应完成的任务、时间限定以及人员安排等事项，应根据实际情况和调研人员的素质合理安排各阶段时间，既不能浪费时间，又不宜将节奏定得太快而使调研人员需超额工作，影响调研效果。在调研过程中，应根据情况的变化和调研进度对进度表进行修改，以保证调研活动顺利完成。

三、市场调研实施阶段

在市场调研方案完成后，就需要实施调研方案，这一阶段的工作主要是按计划和进度表进行各项工作，包括人员的培训、资料的收集和整理、资料的分析和解释以及撰写调研报告等。

（一）人员的选拔和培训

调研人员选拔的基本原则是必须具备强烈的责任心，较强的沟通能力和心理承受能力，除此以外，选拔标准还应根据调研工作强度、调研方法以及调研对象来确定，如调研强度较高，一般需身体素质较好的调研人员充当，如负责数据录入工作，则需要有一定的计算机操作常识，如调研对象是外籍人士，则要求具备一定的外语口语沟通能力等。

调研培训主要是向参与调研人员阐述调研任务、调研目标以及调研中应注意的问题，明确分工，以及进行沟通技巧和社交礼仪的培训，例如，如何提问，如何在对方拒绝的情况下尽可能获得对方的合作等，为了检查调研人员对调研技能的掌握程度，有时还需要通过情境模拟的方式让调研人员在模拟调研中运用调研技巧。

案例：

第113届广交会客商调研人员培训方案

为精确把握采购商行为动态，为广交会招商营销工作提供有价值的参考信息，主办单位在第113届广交会期间对境外采购商进行现场调研，拟对参与调研人员进行培训。具体方案如下：

一、培训对象

30 名具有一定英语口语能力的学生。

二、培训地点

外贸中心行政办公大楼 C507。

三、培训内容

着重介绍广交会及第 113 届广交会的新情况、理解问卷、熟悉展馆各展区的布局、熟悉各调研点、礼貌表达以及如何激发采购商的积极性和应答率。

四、培训方法

先由调研负责人向参与培训的学生介绍广交会基本情况，调研的重要性及内容，调研的技巧等。然后让学生自由组合，一个扮演客商一个扮演调研员模拟调研。最后让每一组上台表演，以检查培训效果。

五、培训时间

4 月 9 日 9：00—12：00，14：00—16：00。

（二）资料的收集

通常情况下包括原始资料的收集整理和二手资料的收集和整理等工作。

原始资料的收集工作是根据调研方案中所规定的方法、步骤，如个人访谈、问卷、电话访问等对调研对象的信息进行收集，收集过程中应该注意以下几个问题。

（1）如果被调查者信息收集的载体是问卷形式，必须由调研人员在问卷上注明问卷收集的时间、地点，以及被调查者的姓名/名称、联系方式等，以便于对问卷信息进行分类和复查，如在展馆内对采购商进行调研，为节省时间，可记下被调查者证件号码以便与数据库中信息比对，可不用填写姓名和联系方式，但必须有调研人员的签名，以便明确责任和了解进一步信息。

（2）在电话调研、访谈调研中，调研人员应详细记录被调查者的回答，最好事先制作调研信息收集表，将被调查者的回答内容记在相应问题下，并记录被调查者基本信息和调研时间、地点等，并签上调研者的名字。

（3）在选择被调查者时，调研人员必须严格按照事前选择的样本寻找被调查者，切忌根据个人喜好或被调查者是否积极配合随意增删改变被调查者名单，如果遇到选定的被调查者拒绝配合，则必须向负责人报告，重新根据随机原则或有关原则选定新的被调查者。

二手资料的收集和整理完成后，一般要写一个综述，对收集的资料有个大概的描述。

（三）资料的整理与分析

是指对收集到的资料进行整理和加工，即运用科学的方法，对调研所获得的各种原始资料进行分类处理和加工综合，使之系统化和条理化，从而以集中简明的方式反映调研对象总体情况的工作过程。包括两个阶段，即数据准备和数据分析阶段。

1. 数据准备：数据审核、数据录入和统计

由于被调查者的不配合或在原始数据在收集过程中可能存在失真等因素，有必要在录入数据前对搜集来的数据进行审核。审核内容包括：检查问卷或记录表是否填写完整；是否存在规律性回答问题，如在问卷中是否所有问题都选 A，或循环作答；是否没有按要求回答问题，如单选题选择多个选项等，并要了解原因。

对于问卷或记录表没有填写完整的，如缺失内容较少，可考虑保留问卷中填写的内容，未填写内容按缺失处理，如缺失内容较多，则剔除此份问卷；对于规律性回答问题，应直接剔除问卷；对于没有按要求回答问题，在条件允许时可进行回访，如样本量较多时可剔除问卷。

在完成数据审核后，将合乎条件的数据进行录入，随着电子信息科技的发展，这一工作主要借助计算机完成，在问卷或调研信息收集表信息录入阶段，为保证录入质量以及便于处理，需对录入格式做统一规定，如录入的选项统一用大写英文字母 ABCD 表示，中间不得用任何标点符号隔开，统一使用由调研负责人制作的含有调研问题的 Excel 表格，如涉及"其他"的内容需在表格中设专栏记录并由专人根据回答的文字归类成几大类并统计数量。在二手数据收集中，往往有一些数字的收集录入工作，这些数据需要根据数据性质进行分类，如绝对值、比率、增长率等，每条数据录入时必须注明数

据的内容，即是对何种事物在何时状态做出的描述以及数据的出处等，以便使用和查验。

接下来的工作是对数据进行统计。具体而言，在收集一手资料时是对各个问题的各种答案的数量以及各自所占的比例进行统计，如针对展会服务的满意度调查中对各个问题中选择各选项的数量和比例，有时为了便于分析，还需要针对不同群体进行分类统计，如在展会服务满意度调研中，需分别对不同行业、不同客源区各题选项比例进行统计；此外，如有必要，还需进行综合统计，如在甲题选择 A 的在乙题中选择 B 的比例，等等。需指出的是，在条件允许的情况下，数据的统计工作可以利用 Excel 等办公软件进行，其在 Excel 中可以使用筛选、排序等功能对数据进行统计。

2. 数据分析[①]：描述性分析、推断分析

数据分析需根据方案中确定的调研目的，采用一种或几种数据分析方法，对经过整理统计的数据进行分析，得到对所调研事物的特征的描述。根据目的不同，可以把分析大致分为描述性分析和推断性分析。

描述性分析是通过一些指标（如平均值、方差、增长率、比例、比率等）对事物的数量水平和特征及各事物之间的相互关系进行描述，目的在于将事物的全部或部分面貌呈现出来，而不具有推断性质。

在描述性分析中，用于描述事物的变量主要有以下几类：

平均值、中位数、众数，用于描述事物的集中趋势的指标。其中平均值的优点是能够充分利用数据的全部信息，比较稳定；缺点是易受极端值的影响；中位数不受极端值的影响，缺点是没有充分利用数据的全部信息，稳定性较差；众数不适用于未分组的连续变量，优点是不受极端值影响，尤其是分布明显呈偏态时，众数代表性最好，缺点是没有利用数据的全部信息，缺乏敏感性和稳定性，受分组变化影响较大且不唯一。

方差、标准差、四分位差和变异系数用来反映数据离散程度。其中方

---

① 受篇幅所限，关于统计分析所用指标、分析方法均只做简单介绍，具体的定义和公式请参阅相关统计学书籍。

差和标准差用来反映所有观测值对均值的离散关系，其数值大小与均值代表性呈反方向变化；四分位差与中位数一起用来描述定距或定序变量的分布；变异系数为标准差与均值的比值，主要用于不同类别数据离散程度的比较。

此外，当描述频数分布情况时还可使用频数分布表。其制作方法是将所有选项列表，并列明每个选项选取的频数和所占比例，即制成频数表。

推断统计分析主要通过对样本的研究推断总体的情况。变量的选择、总体各样本的变异度等必须满足一定条件。其结果可在一定可信度下对总体或未发生的事件进行描述。

推断统计分析常用方法主要有参数估计、假设检验、相关性与回归分析等。

参数估计是指在总体抽取一定数量样本，对其某几项指标（平均值、方差）进行测量，并根据一定方法推断总体的该几项指标的方法，参数估计分为参数点估计和参数区间估计。

假设检验是在总体的分布函数未知或只知其形式而不知其参数的情况下，为推断总体的某些性质，先对总体提出假设，然后根据样本资料对假设的正确性进行判断，决定接受还是拒绝这一假设。

相关性分析是指对两个或多个具备相关性的变量元素进行分析，从而衡量两个变量因素的相关密切程度。相关性的元素之间需要存在一定的联系才可以进行相关性分析。相关性不等于因果性，也不是简单的个性化，相关性所涵盖的范围和领域几乎覆盖了我们日常生活所见到的方方面面，相关性在不同学科里面的定义也有很大的差异。

回归分析是确定两种或两种以上变量间相互依赖的定量关系的一种统计分析方法。应用范围十分广泛，回归分析按照涉及自变量的多少，可分为一元回归分析和多元回归分析；按照自变量和因变量之间的关系类型，可分为线性回归分析和非线性回归分析。如果在回归分析中，只包括一个自变量和一个因变量，且二者的关系可用一条直线近似表示，这种回归分析称为一元线性回归分析。如果回归分析中包括两个或两个以上的自变量，且因变量和自变量之间呈线性关系，则称为多元线性回归分析。

相关性分析和回归分析相辅相成，只有在进行了相关性分析，确定变量间存在相关关系时，才可以进行回归分析，回归分析可以描述相关分析中各个变量之间的关系。

案例：

关于采购商对广交会第三期安排意见的调研方案

为全面了解采购商对广交会第三期展期安排的意见和建议，中国对外贸易中心对境外采购商就广交会第三期展期安排问题进行调研。具体方案如下：

一、明确调研目的

了解采购商对广交会第三期的安排是否满意，是否存在着时间安排不当而使部分采购商错过了采购季节的可能。如果答案是肯定的，那么计划于2013年4月15日—5月10日开展调研。

二、划定调研范围、选定调研对象

调研对象确定为数据库中经营范围涉及第三期展区的老采购商和主要客源区（第113届到会前二十位国家地区）的经营范围涉及第三期展区的客商。将采购商数据库中合条件的老采购商和从与第三期展期相关展会上收集来的客商名录中未有与会记录的企业分别编号，并运用随机数表分别抽出2000位和1000位采购商。

三、选择调研方法和拟定调研方案

由于调研对象均不在国内，故采用问卷法，通过网络向选中的调研对象发送含有问卷链接的电子邮件，向其说明调研目的，并说明如果积极参与并认真填写答卷将获得奖励积分，凭积分可在广交会现场领取 VIP 咖啡券奖励。计划该项目历时两个月，自2013年5月5日开始，于2013年6月20日回收问卷，7月5日提交报告。

四、选拔和培训调研人员

从广东某高校商英学院选取调研5位英语熟练、已获取计算机一级证书的大三学生充当调研员，对其进行培训。

五、分析调研结果

于 6 月 20 日回收有效问卷 2880 份，其中老采购商 1965 分，从展会上搜集的名录中找到采购商 915 份，首先将收集的问卷按照广交会老采购商和未曾与会的采购商归类，对问卷质量进行审核，剔除了其中规律性作答、不完整作答的问卷 34 份，将 23 份仅部分不完整作答问卷中已作答部分和其他完整正确作答问卷答案由调研人员录入 Excel 表格，为保证数据录入质量，统一制作了含各个问题的表头，并规定了录入格式要求。

数据录入后，对数据进行了统计，结果发现在老采购商中有 72% 赞成目前第三期的安排，在未与会的采购商中有 52% 采购商赞成目前第三期的安排，但同时也发现有 53% 的老采购商和 67% 的未与会采购商在第三期开幕前一个月进行采购。

六、提交调研分析报告

于 2013 年 7 月 5 日提交专题报告，报告中首先阐明了此次调研的目的和采用方法、样本量、调研对象，在正文中通过图表和文字阐述了调研的主要结果，分地区结果，在最后，根据调研结果得出结论：大部分采购商认可目前广交会第三期的展期安排（5 月 1 日/10 月 31 日—5 月 5 日/11 月 4 日），但大部分采购商在 4 月/10 月进行采购，所以为了吸引更多采购商，建议将展期提前至 4 月/10 月。

第四节　调研报告的撰写

撰写调研报告是调研工作的最后一个阶段，一份好的调研报告，能够对企业的营销活动起到有效的导向作用，也可以使决策者了解企业所处市场环境、问题的症结所在，为决策提供依据。

调研报告是在对调研所得资料进行整理、分析的基础上，记述调研成果的一类文书，一般可以分为综合报告、专题报告、研究性报告和说明性报告等类型。

一、综合报告

反映整个调研活动的全貌，详细给出调研的基本结果和主要发现。包含了大量统计数据的处理结果和图表。是对调研对象的总体概括性描述和总结。这类报告主要有采购商与会形势分析报告等。

二、专题报告

是针对某个问题或事物的某个方面撰写的报告。例如：针对部分国家采购商流失原因的调研、针对采购商跨期与会的困难的调研等。

三、说明性报告

也叫技术性报告，即对调研中的技术性问题进行说明的报告，如抽样方法、调研样本容量，数据处理方法等。主要用于证明调研方法的科学性和客观性。

调研报告一般分为前文、正文和结尾三部分，下面分别介绍这三部分的内容：

前文包括标题页和扉页、授权信、报告目录和图表目录、摘要等，其中摘要主要介绍报告的目的、主要的结果、结论和建议等。

正文包括引言、调研方法、结果和局限性、结论和建议等。

引言主要介绍开展此项调研的意义和目的，包括基本的授权内容（如根据总经理指示等）和相关的背景资料。

调研方法部分阐明在此项调研中所使用的所有调研方法，主要包括4个方面：调研的类型（探索性调研、描述性调研还是因果性调研）、资料采集方法（采集一手资料还是二手资料，采用的调研方法等）、抽样方法（包括目标总体、样本容量、样本选取方法等）、调研的时间地点。

结果在文中占主要部分，结果部分包括结果的推导过程，结果的数据及其代表的含义，结果包括基本结果、分组结果和关联性分析结果等几个方面，这部分内容要紧紧围绕调研主体展开，按照一定逻辑顺序展开，一般应该遵循先总体后部分再到关联关系的顺序。另外，由于客观条件限制，任何调研都不会是完美的，因此，必须在文中指出本次调研的局限性，以便报告使用者能正确评价调研成果和在使用调研成果时注意消除由于调研活动局限性所带来的负面影响。

结论和建议部分是根据调研结果得出的结论以及对报告使用者采取措施的建议，由于结论是基于调研结果给出的，所以在阐述结论时必须以调研结果为支撑，否则会让阅读者感到困惑。在提出建议时，必须引述相关的结论。

结尾包含的是报告的附录，一般过于庞大的表格和说明性文字（如经济区所包含的国家地区）都不适宜出现在正文中，而应编入附录。

在撰写调研报告时，应该遵循以下原则：

时效性：调研报告应及时提供给使用者，以便适时做出决策。

客观性：调研报告撰写者应以事实为依据，以调研分析方法和科学理论为准绳，客观公正地反映被调研事物的特征性质，而不应掺杂任何个人感情和先入为主的判断，也不应受到包括上级指示在内的任何因素的干扰。

准确性：调研报告撰写者应使用正规书面语言，在涉及专业内容时要使用专业术语，引用的资料必须真实，数据的定义必须清晰，数据必须尽可能准确，遇有无穷小数时，原则上应保留小数点后两位，不得随意变更数字计数方法、数值计算的方法和统计期、基期的统计时间以及调研对象的统计范围等。

简洁性：调研报告必须结构清晰，文字简练易读，避免使读者面对所有信息资料，避免生造词汇和使用生僻字、词。

案例：

关于某展会仅与会一次的采购商分析报告

为了解某展会采购商重新与会的相关信息，2011 年 9 月中下旬中国对外贸易中心以电子邮件问卷的形式对采购商数据库内近 10 届内仅与会一次的采购商进行了调研。此次调研共回收 2334 份有效答卷，受访者来自 93 个国家或地区，其中亚洲受访者占 47.56%，欧洲 9.51%，大洋洲 4.11%，美洲

19.54%，非洲 19.28%。具体分析如下：

一、真正的一次客商

在调研中发现，有 81% 的受访者表示近 10 届的展会他们曾与会一次以上。仅有 19% 表示仅与会一次。由此估计，某展会一次客商的数据量和比例要比数据库中记录的一次客商少很多。可能是客商与会报到时，未将其与会记录登记在原公司，或客商以新公司名义与会。

二、无需参加某展会的原因

无需与会的原因很多（见图 2—2），但没有一个选项超过 50%，排名比较靠前的几个原因为：采购商所在国家地区经济形势不好（35.87%），已经找到合适的供应商（31.56%），与会某展会的成本过高（26.37%）和参加了其他展会（24.01%）、某展会产品价格过高（19.47%）（详见附表）。

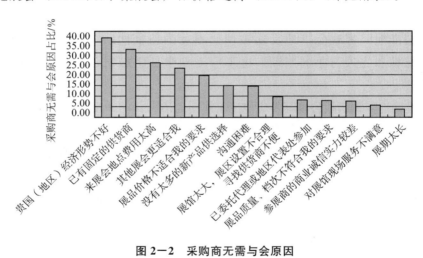

图 2—2　采购商无需与会原因

从图 2—2 中的数据可以看出，客观原因（经济形势不好、已找到合适的供应商）是采购商不与会的主要原因，而与某展会有关的原因中，与会成本高是最突出的问题，其他展会对某展会客商的分流作用也较明显。

三、无法参加某展会的原因

44.2% 受访者表示因为与会成本高无法与会，39.7% 是因为路途遥远，35.8% 是因为难以申请到签证，15.8% 是因为航班不足，10.9% 因为不能及时得到某展会的信息（见图2—3）。

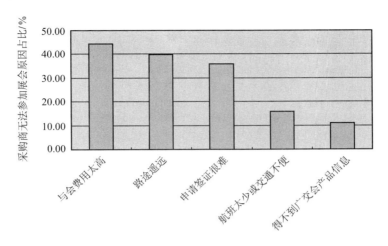

图2—3 采购商无法参加展会的原因

与会成本过高再一次成为了阻碍采购商与会的最重要原因，相比无需与会的原因，在无法与会的原因中，这一比例上升了18.83个百分点，说明无法与会的采购商中很多是经济实力不强的中小企业。因为签证原因无法与会的受访者占到35.85%，说明签证问题已经成为阻碍采购商与会的一道重要障碍。

四、放弃参加某展会的采购商的行为特点

（一）参加其他展会

有90%的受访者参加了其他的展会，参加最多的是在同一个地区举办的其他的展会，比例达到所有参加其他展会的39.34%，其次是中国香港的展会，占37.24%，再次是中国上海，占31.53%，法国占24.32%，中国成都占23.42%，美国占21.92%，中国北京占11.71%。这说明本地的展外展和香港展会已经对该展会构成了严重的威胁，另一方面，法国、美国这些会展发达国家的竞争力也较强。

地区方面，亚洲由于地缘原因参加本地和香港展会比例略高，分别为46.67%和40%，参加法国和美国的也达到33.33%；欧洲企业参加本土，即在法国举办的展览的展会比例明显高于其他洲企业参与法国展会的比例，也高于欧洲企业出国与会的比例，显示出欧洲较发达的会展市场；而在同为会展发达地区的北美洲，企业在该洲参与展会的比例却不及参加本地和香港展会的比例，显示出我们开发本土市场的必要性。

与某展会相比，受访者认为其他展会最大的优势是距离近（37.5％），其次是参展商素质高（27.14％）和展品档次高（27.14％），在选择本地周边展会、香港和上海展会的受访者中，选择参展商素质高、展品档次较高的比例明显高于选择其他展会。

（二）采购商找到供应商的其他途径

绝大部分受访者表示通过互联网寻找新供应商，比例达到了73.15％，优酷是他们最常用的，比例达到52.11％，占绝对优势，其次是当当，15.49％，再次是淘宝网，11.74％，其他网站比例较小（见图2－4）。

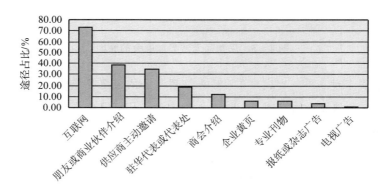

图2－4　采购商寻找供应商的其他途径

第二种较常用的途径是"经朋友或生意伙伴介绍"，为38.36％，第三种是供应商主动联系，占34.52％。值得注意的是，有18.9％的采购商表示他们通过驻华代表或代表处寻找供应商，还有11.78％通过行业商会。

从以上数据可以看出，网络媒体对展会的替代作用是明显的，而网络媒体中又以专业的B2C平台，如淘宝网等对采购商的吸引力最为明显。另一方面，由于采购商对供应商的资质、诚信、实力较为看重，因此往往相信熟人的介绍，如朋友、生意伙伴或驻华代表等。另外，商会的作用也是不容忽视的，有相当一部分采购商是通过商会寻找供应商的。

需要指出的是，有部分的受访者既通过展会，又通过互联网寻找供应商，因此我们可以考虑与天猫网这样实力较强但又不会在短时间内对某展会造成影响的网站合作，互相宣传，借以提高自身在通过网络寻找供应商群体中的知名度，尤其是一些欧美资讯较为发达的地区。

五、结论与启示

（一）客观经济原因和采购商自身的与会习惯是影响采购商不与会的最主要原因，某展会若想获得持续稳定的客源，就必须改变采购商的采购行为

调研显示，造成一次采购商不再与会的最主要原因主要是所在国家地区的经济形势不好和已经寻找到了稳定的供应商这两个客观原因。客观因素是我们无法改变的，但是我们可以通过改变采购商的行为模式来促进他们与会。根据经济学研究，当经济形势不好的时候，消费者就会放弃采购高档品和奢侈品，转而采购廉价商品，这称之为"口红效应"。某展会主要服务对象是中小企业，不论是参展商还是采购商，均是以经营廉价消费品为主，当经济大环境不好时，我们可以在广告宣传、市场推广、招商渠道建设等方面做出一系列调整，在广告宣传上，建议把某展会塑造成一个小商品交易的平台，可以跟参展企业签订协议，让其拿出一部分产品作为限价商品来争取订单，并在广告中突出宣传；在市场推广方面和招商渠道建设上，建议与中小企业接触较为密切的行业商会、中介组织等合作，如各国当地的中小企业联合会等，利用他们与中小企业的密切关系，拉近某展会与中小企业的距离。

另一方面，针对一次客商找到了供应商以后就不再与会的特点，我们应突出"看样成交"这一展会独有的优势，因为即使采购商寻找到了稳定的供应商，如果供应商推出了新产品，那么采购商也存在着需要看样订货的需求，通过网络寻找供应商虽然有方便快捷、省钱省时的优点，但也存在着产品品质把握较难，时间周期较长的缺点，而通过展会上的"看样成交"，采购商可以详细地对产品的品质、款式、价格等信息进行深入了解，有助于采购商提高采购效率。

建议积极鼓励参展企业邀请和联系采购商，可以让参展企业以某展会的名义向其客户发送商品信息，并为其产品联系产品认证机构，对其质量进行认证，对在展会上出现的产品质量和侵权违约案件，如有投诉，要积极协助采购商维权，争取一追到底，这样，可以提高某展会在境外中小企业中的公

信力和知名度。

（二）目前某展会的现场服务已比较完善，采购商不与会的主要原因是会展的专业性和与会成本太高

调研数据显示，即使是一次客商中，对某展会现场服务不满意的比例也仅占 5.6%，列众多原因中的倒数第二位，这表明某展会现场服务已经比较完善，客商主要不满意的地方，一个是与会成本过高，另一个是展会的专业性水平不够。主要体现在两点：一是无论无需或不想与会的受访者，还是不能与会的与某展会的受访者，与会成本过高都是首要理由，这是由于目前某展会的采购商中中小企业和来自新兴市场采购商较多，他们的经济实力较弱，距离展会所在地路程较远；二是有相当比例采购商去参加了其他展会，而他们认为其他展会相比某展会的最大优势就是专业性水平高，这说明某展会的专业性还有待进一步提高，不能说分了三期，每个展期的规模扩大了，专业性就自然上去了。提高专业性是一个系统性工程，包括参展商选择、展品的选择、展区布置、会展期间的活动等一系列的工作，如何提高专业性，是以后还需要深入研究的问题。

鉴于与会成本过高是阻碍采购商与会的重要因素，以后的招商工作可以转到如何帮助客商以较低成本与会上，要与广州市政府和酒店协会加强沟通，增加对某展会期间酒店价格的调控力度，对于那些合作酒店，建议把酒店房价作为考核的一个依据，如果房价过高，可考虑降低合作档次；可以与旅行社合作，在某展会网页上开设机票预订服务，通过提前预订机票带来的折扣，帮助客商降低与会成本；在一些有条件的重点客源区，可以考虑试点包机。

（三）加强在欧美展会上的宣传攻势

调研显示，很多一次采购商选择参加欧美的展会，尤其是北美本地的采购商，表明欧美会展业对某展会的竞争力较强，也表明过去我们参与欧美重要展会的措施是正确的，今后应进一步加强在欧美知名展会上的营销力度，适当增加参与的展会，并可考虑与一些欧美展会开展合作，互相授权允许对方参与自己展会。

（四）采购商采购的本土化已经成为一个明显的趋势，应提高采购代表的待遇

在本次调研的数据显示，有相当比例的采购商将采购业务委托给了其国内的代理人或代理机构,这说明在金融危机后时代,采购商为了节省成本,降低采购风险,已经越来越倾向于由工资较低、熟悉当地市场的当地人来完成采购,因此我们的招商和服务政策也要进行调整,对采购代表的营销和邀请应该也成为招商和市场推广的重要组成部分。包括在国内的外文媒体上发布广告,加强与国际连锁业巨头在华采购中心或办事处加强联系等。尤其是对一些受本国经济形势影响较大或对与会成本较敏感且路途遥远的北美、欧洲、大洋洲企业,需要加强对其驻华机构的公关力度,可以考虑增加这些欧美大企业免费采购代表的配额,以及给采购代表赠送 VIP 券,参加贸易配对活动等。

附表　采购商无需与会的原因

(单位:%)

不需参加某展会的原因	非洲	亚洲	欧洲	大洋洲	南美洲	北美洲	总体
贵国(地区)经济形势不好	26.67	27.95	57.58	60.00	50.00	42.11	36.87
已有固定的供货商	25.33	31.68	15.15	40.00	21.43	40.35	31.56
来展会地点费用太高	20.00	21.74	27.27	13.33	42.86	35.09	25.37
其他展会更适合我	8.00	25.47	18.18	20.00	21.43	35.09	23.01
展品价格不适合我的要求	9.33	22.98	6.06	13.33	14.29	28.07	19.47
没有太多的新产品供选择	5.33	16.77	15.15	33.33	21.43	12.28	14.75
沟通困难	12.00	19.25	12.12	13.33	0.00	7.02	14.45
展馆太大,展区设置不合理,寻找供货商不便	6.67	12.42	9.09	6.67	7.14	5.26	9.73
已委托代理或地区代表处参加	2.67	7.45	3.03	13.33	21.43	14.04	7.96
展品质量、档次不符合我的要求	4.00	7.45	12.12	13.33	7.14	7.02	7.67
参展商的商业诚信、实力较差	2.67	7.45	9.09	6.67	7.14	10.53	7.37
对展馆现场服务不满意	5.33	5.59	9.09	0.00	7.14	5.26	5.60
展期太长	2.67	3.11	9.09	0.00	7.14	3.51	3.83

第五节　展会调研注意事项

展会作为一种贸易服务活动,不仅具有服务的无形性、不可分割性、变异性和易消逝性,还具有广泛的社会性,这些特性决定了展会调研与产品调研有所不同,因应这些特性,在进行展会调研时,应注意以下几点。

1. 注意调研的时间性

由于展会服务的易消逝性和不可分割性，调研对象对各项服务的印象和感受也会随着展会的结束而逐渐淡化甚至扭曲，为了获得最准确的调研数据，涉及对展会服务评价的调研最好在调研对象刚体验完就进行。在有条件的情况下，应在展会或提供服务的现场进行。但要注意服务现场对受访者回答问题的客观性影响。

2. 尽量避免调研结果受主观因素的干扰

因为展会及其服务没有具体的形态、色泽等客观依据，难以进行比较，因此调研对象的评价往往受到心理状态、文化背景、理解能力等主观因素的干扰，如在评价食品质量时，同一种食物对不同饮食习惯的人来说有不同的感受。

在调研过程中，需尽量避免这些主观因素对调研结果的影响：在涉及评价的问题中，尽量采用打分制，而非概念模糊的"好"和"很好"等语句作为选项，并对每个分值具体代表的状态进行详细定义，最好附有图片或参照物作为依据，以使受访者能比较客观地做出评价；为防止不同的受访者对题目意思理解出现偏差，需对调研所涉及事物的范畴进行详细界定，如在调研与会成本的问题中，需界定与会成本仅包括机票、住宿、餐饮等，防止部分受访者将签证费这些与展会主办方关系不大的花销也纳入与会成本范围。

需要指出的是，完全剔除主观因素是困难的，因此在进行可能与文化、地域差异有较密切关系的课题时，应对受访者进行分类统计，以方便进行分析比较。在难以确定是否存在主观差异时，可采用差异性分析进行预调研。

3. 注意调研的社会影响

由于展会具有一定的社会影响力，在对一些有政府背景的展会进行调研时，如涉及办展模式、办展时间等重大事项的调整，为了不传递错误信号，造成社会对政府意图和形势的猜测误判，应隐藏调研目的，题目设置也应力争中性。

4. 注意数据的保密

相比有形产品，不同展会之间的差异性较小，竞争也更激烈，故相对于产品调研，展会调研的数据保密性要求更高。原则上应由展会主办方负责整个调研过程，如确有必要与第三方合作，展会主办方也应控制数据的整理、分析过程，并自主完成分析报告；要与第三方签订严格的保密条款，并派专人监督，防止泄密。

5. 注意离散变量和连续变量在数理统计中的区别

与会人数、与会次数等在展会调研中常涉及的指标均为离散变量，在对这些数据进行分析和预测时，不能使用连续变量的概率分布，或需对原概率分布进行一定的改进才可使用。具体可参阅统计学相关书籍。

第三章　展会宣传推广

第一节　宣传推广概述

随着国内外会展业竞争环境日益复杂，展会的生存与发展的压力越来越大，会展企业经营管理的难度也日益加大。面对激烈的竞争环境，展会主办方能否开展有效的招展和招商工作，宣传推广已经成为一个至关重要的因素和途径。展会宣传与推广指主办方有目的、有计划地开展一系列旨在促进招展、招商以及树立会展品牌形象的活动。

一、宣传推广的重要性

企业宣传推广作为一种沟通企业与社会、企业与消费者的桥梁，在现代商业竞争中的重要作用显而易见，有效的宣传推广已经成为企业促进销售、提高竞争力的重要手段。对于展会来说，宣传推广不仅是主办方向目标参展商和参展观众传播展会信息，塑造自身及展会品牌形象的一系列活动和过程，而且是促进招展和招商的重要途径。

宣传推广是传播展会信息的重要手段。从理论方面看，信息不对称是现实世界的常态，而宣传推广是解决这一问题的有效方法。主办方为扩大展会规模和收益，希望展会能吸引到更多企业参展，以及更多的客商与会，但是展会在举办之初其信息往往难以被企业所获取，因而宣传推广是展会营销的首要任务。另一方面，参展商和采购商也期望能从众多的展览会中选择最能达到预期目标的展览会，但是现实中由于信息不对称的问题，加上展会项目琳琅满目，品质参差不齐，使得参展商和采购商无法准确甄别对口展会。显然，谁能有效地向参展商和参展观众宣传推广展会，谁的展会就越有可能成为被选择的对象。因此，通过各种宣传推广手段将展览会的真实情况传播给目标观众，是展会招商工作的基本前提。

宣传推广是展会品牌推广的重要手段。作为现代服务业，展会品牌的推广与建设对于展会营销非常重要。展会品牌推广的任务包括：一是树立良好的展会和企业形象，提高品牌知名度和美誉度；二是最终要将有相应品牌名称的展会营销出去，也就是实现有效的招展和招商。展会主办方通过多种形式，如网络媒介、印刷资料、平面或户外广告等各种形式对展会进行营销，是展会建立品牌的必然过程。从品牌推广来说，宣传推广约目的是让更多的客商选择某个展会并成为忠诚客户，提高客户对展会的忠诚度，让某个展会成为行业内的品牌及市场动态风向标。

无论是传播展会信息，还是推广展会品牌，宣传推广对于吸引客商与会都非常重要。每个展会要结合自身的营销目标，研究长期、中期和短期的营销组合策略，制订具体的宣传推广计划。对展会项目进行成功的商业包装和市场推广，可以有效地传播会展品牌形象，提升展会品牌的知名度和美誉度，进而达到提升品牌竞争力和扩大市场份额的目的。有鉴于此，会展企业越来越重视会展项目的宣传与推广工作，并在实践中不断探索与创新。

二、展会宣传推广内容的构成要素

作为宣传推广人员，在开展任何形式的宣传和推广活动之前，首先需要明确"我们要向展会的目标受众宣传和推广什么"。尽管这是一个非常简单的问题，但是在具体工作中往往容易被忽视，导致客商对不少展会广告、展会宣传资料不知所云，甚至根本就不知道其为展会广告或展会资料。因此，宣传推广人员在实施宣传推广计划之前，首先要弄清楚展会要传递给目标客商什么信息，以及如何组织和呈现这些信息，然后通过各种行之有效的方式和渠道，将信息成功送达目标客商。传统的"5W"分析法能够清晰地描述展会宣传推广内容的各个构成要素。

（一）Why——为什么

展会宣传推广的目的是说服目标企业参展和客商参会，要说服目标受众，关键在于弄清楚展会能给企业和客商带来什么价值，只有牢牢把握住展会创造价值这一主线，才能给企业参展和客商与会的理由。企业参展要支付展位、运输、宣传、差旅、人员等一系列费用，客商与会也要付出机票、酒店、人员、门票等参观费用，如果展会不能真正带给他们利润或好处，特别是商业机会，企业和客商是不会轻易决定参加展会。

（二）Who——谁

展会是一个在集中时间内人流、物流、信息流高度汇聚和相互作用的平台。在宣传推广内容上，解决好"谁"这一问题非常关键。展会的"谁"指代很多，外延很广，不同的目标受众关注的对象不同。对于采购商来说，"Who"主要包括两方面的内容：一是指展览会的主办、承办和支持机构，二是展览会的参展企业。展会主办方或参与方如拥有实力强大的组织机构，在一定程度上能够提高采购商对展览会的认可度和信任度，特别是一些国际知名的展览机构和权威的行业组织。一般来说，采购商与会的最重要的目的是结识行业中的新供应商、巩固与老供应商的合作关系、获取行业资讯，了解潮流趋势等，所以参展企业在行业中的代表性显然是采购商关心的另一个重要因素。针对采购商的宣传推广，组织机构和参展商无疑是宣传内容突出的重点。

（三）What——什么

"What"是指宣传推广人员需要用最通俗易懂的语言告诉目标采购商展会的性质、产品和服务。一般来说，采购商需要了解的主要信息和内容包括：

（1）展览会的市场定位；

（2）展览会的产品类别和范围；

（3）参展企业信息；

（4）展览会期间的主要活动，如研讨会、贸易配对、买家之夜等；

（5）与采购商有关的商旅配套服务，如酒店、交通、签证、翻译等。

宣传推广人员应充分调研，准确了解采购商的信息需求，尤其是新采购商的信息需求，并把这些信息传达给目标受众。

（四）When——时间

"When"是指展览会举办的具体时间。多数展览会是周期性的，一年两届、一年一届、两年一届等，而且为了方便采购商安排与会计划，有些专业性展览会每届举办的日期也会相对固定，如广交会。展会周期的长短通常取决于行业的技术周期、流行变化、采购季节等因素。宣传推广人员必须把展览会的举办周期、本届展览会的举办时间及具体日程等信息告诉目标受众。

（五）Where——地点

"Where"是指展览会举办的地点和场馆。一般情况，地点需要具体到举办的国家或地区、城市及会展中心，乃至使用的场馆名称。举办地点是成功展会的关键要素之一。如果展览会举办地有特色，能够成为吸引客商与会的重要因素，那么宣传推广要用好城市特色这一名片。例如，在过去30年，美国拉斯维加斯利用博彩业有效地带动了其会议和展览业的发展，而展会主办方也积极宣传拉斯维加斯的城市优势，提升展会对客商的吸引力。

三、展会宣传推广工作流程

展会作为事件和活动的一种主要形态，其策划是一项复杂的组织和管理工作，具有很强的系统性和计划性。在具体实践中，宣传推广只有符合规范的工作流程，才能获得良好的宣传效果。一般来说，专业的宣传推广流程按照工作环节的时间顺序，通常包括制订宣传计划、实施宣传计划、测评宣传效果等三个部分。

（一）制订宣传计划

在制订宣传计划阶段，展会宣传推广人员的工作内容包括确定目标客户、选择宣传媒介、确定宣传预算、确定宣传进度。

确定目标客户是根据展会的市场定位确定目标客户，包括目标参展商和目标采购商，使本展会的客户与其他展会的客户严格区分开来。市场定位是对展会自身的再定位，包括展会作为产品的定位，如参展价格、展会特点、面向市场等；展会主办方的定位，如企业品牌形象、办展团队、企业管理及发展方向等；竞争定位，如展会及其主办方相对于竞争者的市场位置；客户定位，如展会的目标客户群。应该说展会的市场定位是确定目标客户的关键，只有清晰地确定目标客户，才能明确宣传推广的对象和目标。

选择宣传媒介是根据目标客户的特征选择宣传载体或平台进行信息传播。宣传载体和平台通常被称为宣传媒介，如印刷媒介、电视媒介、广播媒介、网络媒介、户外媒介及其他特种媒介。宣传媒介的选择是制订宣传推广计划的重点，直接关系到向目标参展商和参展观众传递信息的手段和方式，也是影响展会宣传推广效果的关键因素之一。当前，传播媒介种类很多，不同的展会因其目标受众不同，传播媒介的选择差异很大。选择好宣传媒介后，宣传推广人员要根据展会宣传推广的总体目标，研究宣传推广策略，制订翔实的选择媒介计划，内容包括媒介种类、名称、价格、频率、时间、地域等。

确定宣传预算是指根据选择的媒介及相关推广计划拟定本届展会的宣传推广费用计划。宣传推广预算是展会总体预算的重要组成部分，也是展会支出预算的主要内容。从成本支出角度来说，宣传推广预算与场地费用预算共同构成展会重要的两大块成本支出预算。

确定宣传进度是展会宣传推广任务管理的重要内容，与媒介计划和宣传预算密切联系，相辅相成。在具体实践中，展会宣传进度符合展会整体进度要求，特别是招展和招商的进度要求，如果广告宣传安排过早或过晚，都不能有效配合和促进招展和招商工作。

（二）实施宣传计划

在宣传计划实施阶段，展会宣传推广部门应培训宣传人员、准备宣传资料、选择合作伙伴、加强过程监控。

组织与监控是展会宣传推广实施阶段的主要工作。培训专业的展会宣传推广团队是执行宣传计划的前提，宣传推广是一项专业性较强的工作，宣传推广人员除了应具备广告、传播、媒介、新闻等专业知识外，还应熟悉展会宣传推广的运作特征，深入了解本展会的市场定位。当前，展会的竞争很大程度上取决于人才的竞争，展览机构应培养一批训练有素的展会宣传推广专业团队，以应对日益激烈的展会竞争环境。

准备宣传资料是展会宣传推广的基础工作，展会宣传资料通常包括展会招展书、宣传单张、海报、邀请函及各类报名表格等，专业性越高的展会，其宣传资料的功能和类别越清晰和明确，当然，不管是哪一类宣传资料，它的设计和制作都要紧扣展会或当届展会的主体视觉形象，因此，准备宣传资料的前提是设计和确定展会的视觉形象，而展会的主体视觉形象也通常是展会在各媒介发布广告的基本形象。

选择合作伙伴和加强过程监控也是实施宣传推广计划的重要因素，因为在推进落实一个展会的宣传推广工作过程中，主办方通常需要外包大批基础性业务，如宣传资料的设计、印刷、包装等，同时需要与媒体和公关公司的密切合作，确保媒体计划如期执行。过程监控包括内部监控和外部监控，内部监控指宣传推广项目负责人对团队在执行和落实宣传计划过程的监督和控制，外部监控指展会主办机构对外包机构和合作伙伴的监督和控制。只有完善的过程监控，展会宣传推广才能取得预期的效果。

（三）测评宣传效果

在测评效果阶段，展会主办方要确定测评目标、选择测评办法、提出改进意见。

如前所述，展会市场定位不同，其宣传推广的目标不同；同一个展会在不同阶段，宣传推广的目标亦不同，总体来说，宣传推广目标主要体现在促进招展和招商，树立展会形象，打造展会品牌。因此，测评目标应围绕宣传推广的既定目标，以效果为导向，主要评价展会目标受众对宣传推广效果的结果性反应，包括宣传推广对受众知晓、了解和偏好的心理影响与宣传对展会营销的影响，即宣传推广的传播效果和营销效果。

不同的测评目标，其测评办法也有所不同。展会营销效果测评主要是测评宣传推广对展会展位和相关服务销售的经济效果以及对客商与会的带动效果，这一类评价属于指标性测定，主要测定宣传推广前后展位销售和客商与会的变化情况。展会传播效果测评主要针对未参加展会的参展商和参展观众经过一些宣传推广后对展会了解和认知上发生的变化。

宣传效果测评的最终目的是对现有宣传推广策略、展会营销策略、甚至展会的市场定位提出改进意见。具体表现在几个方面，①测评是展会整体宣传推广活动的总结。在测评过程中，通过与计划方案设计的宣传目标进行对比，衡量其实现的程度，从中总结经验，吸取教训，为下一阶段的宣传推广打下良好的基础。②测评可以检验并促进宣传资料和广告等的设计与制作。通过效果测评，可以准确把握客商受众对宣传资料、广告等的反映情况，从而检验目标对象是否正确、媒介运用是否合适、宣传主题是否突出、是否符合客商受众的欲望与需求等，并有助于宣传推广团队改进宣传资料、广告的设计与制作。③测评是主办方进行宣传推广决策的依据。通过效果测评，可以检查宣传推广的目的与展会的目标市场、招展目标、招商目标及展会战略的吻合程度，从而可以正确地确定下一阶段的宣传推广的目标及内容。④测评可以促进展会整体营销目标的实现。宣传推广测评可以帮助主办方找到除宣传推广以外影响展会营销和客商与会的原因，通过对这些原因的分析和有效纠正，帮助主办方调整展会的市场定位和营销策略，最终达到扩大招展和招商效果、提升展会形象的目的。

第二节　宣传推广的特点及类型

展会作为现代服务业的一种形态，宣传推广与一般企业产品的宣传推广存在很大的差异性。展会宣传推广具有明显的行业特征和独特的行业类型。

一、展会宣传推广的特点

一般来说，展会的宣传推广具有整体性、阶段性、计划性、效益性等特点。

（一）整体性

整体性是指展会品牌的宣传与推广是一项长期性、系统性的工作，必须以系统的观点整合传播思路。主办方应根据展会的整体发展目标，从系统的整体与部分、部分与部分之间相互依存、相互制约的关系中把握展会宣传推广的内在规律，从而实现宣传推广效果的最优化，全方位地传播展会信息，树立展会形象，推广展会品牌。

展会宣传推广的整体性体现在4个方面：一是宣传推广与展会属于同一系统中的两个子系统，必须相互统一、相互协调，展会决定宣传，宣传服从展会，如宣传过度高于展会，会导致虚假信息；如宣传过度低于展会，会导致宣传不到位，这两者都不利于展会的宣传与推广；二是宣传推广的内容与形式要和谐统一，内容决定形式，形式服从内容，如要宣传展会的国际性，则在展会广告视觉形象、宣传资料设计、广告媒介选择上都要突出国际化的元素；三是宣传推广的各种手段相互配合，协调一致，每一个宣传推广活动之间应有内在联系，有机统一。有些展会同一时期出现不同主题，招展有招展的主题，招商有招商的主题，平面广告与户外广告采用不同广告词，甚至自相矛盾，这些现象都违背了展会宣传推广整体性要求；四是宣传推广与外部环境发生信息与能量交流，是一个更大的系统，也要统一。宣传推广要适应外部环境，要利用外界的各种有利因素，以提高宣传推广效能。例如，广交会奔赴海外举办推介会时，通常都会选择当地主流媒体同期发布广交会主题广告，并配合专访或软文，媒体宣传不仅可以为专题推介会预热和造势，而且通过推介活动的有利因素提高宣传效能。

（二）阶段性

展会的发展是一个循序发展的过程，每一个时期都有其固有的特性，这就是展会发展的阶段性特征。宣传推广的阶段性是指在展览会的不同发展阶段，宣传推广有不同的目标与任务，并需要据此制订相应的宣传推广方案与之配套。

展会作为服务性产品与任何产业及产品的发展相同，都会经历培育、成长、成熟和衰退4个阶段。由于受展览主题所在产业发展和展览机构自身发展的影响，面对激烈的展览竞争市场，主办方应针对展会所处的不同阶段制定相应的宣传推广策略，在展会的培育阶段，组合运用多种形式的广告宣传、软文介绍、人员推广等手段对提升展会知名度具有积极的意义与切实的效果。进入成长期的展会，其规模与影响迅速扩大，参展商数量快速增长，宣传推广的任务不仅是要努力保住展会品牌成长的势头和在会展行业中享有的声誉，更重要的是加强专业观众的组织与邀请，进一步完善市场推广的网络建设，提高市场的竞争优势。展会进入成熟期，营销的重点应是尽力做到延长展会成熟阶段，减缓进入衰退期的进程。因此，宣传推广的策略应是创新内涵，增强展会的活力与品牌的持续影响力。欧美一些国际品牌展会之所以强盛不衰，其原因一方面在于它有深邃的内涵，是前瞻性技术、时尚性标志、行业发展趋势、产业综合效应等标志，另一方面是主办方紧扣品牌形象，不断创新宣传推广策略，包括扩大海外宣传与推广活动、建立营销推广网络等。

从微观上说，主办方在每一届展会的不同阶段工作重点会有所不同，因此宣传推广策略和手段也会呈现阶段性的特征，其中最主要的特征体现在展前、展中、展后三个阶段。在新一届展会筹备启动初期，招展往往是大多数主办方的工作重点，展商推广通常优先于观众推广，因此，在选择宣传推广的媒介和渠道时应瞄准以潜在参展企业为主的受众群。随着招展工作的不断深入，招商工作也逐步启动，展会宣传推广的重心将向邀请客商转移。在展会开幕期间，宣传推广主要是通过各种新闻和公共关系活动为展会造势，营造良好的舆论氛围，提升展会品牌形象。展会闭幕后，宣传推广也不能停滞，主办方会通过专业媒体和自有展讯向新老参展商、采购商发布当届展会的总结情况。

（三）计划性

计划性与整体性密不可分，展会宣传推广工作涉及面广，要求从一开始就做好整体的规划，从目标的制定到具体步骤的实施以及后续评估，都要有通盘的计划。广交会招商推广的境外参展工作提前一年做好市场调研分析，根据当年采购商到会信息及经济形势制订第二年全年的计划。展会宣传推广的任务主要有促进展会招展、促进展会招商、建立展会的良好形象和创造展会竞争优势、协助业务代表和代理们顺利展开工作、指导内部员工如何对待客户等5个方面。随着筹备工作的进展和展会的实际需要而分步骤和分阶段逐步实现。在展会一开始筹备时就必须认真规划好展会的宣传推广工作，照顾到各方面的需要。

（四）效益性

宣传推广作为展会经营活动的一部分，必须服从于展会和展会主办方的发展目标，讲求效益。效益原则是展会宣传推广所必须遵从的一项基本原则。首先，展会宣传推广要讲求经济效益，也就是说，以最小的投入，包括人力、物力和财力的投入，获取最大经济效益，包括招展收入、客商与会、展会形象提升等，因此，宣传推广要从展会主办方、合作方、参展商、参展观众、媒体等多方的利益出发，认真进行经济核算，选择最佳方案。成功的宣传推广可以为展会创造需求、减少交易成本、树立展会品牌。其次，展会宣传推广讲求社会效益。展会不仅是一种经济活动，也是一种社会活动，甚至是一种文化活动，因此，宣传推广不仅要为展会的招展、招商、品牌形象服务，更要体现展会主办方的办展宗旨，正确引导企业和大众对展会的认识，宣传展会为推动经济发展的有力导向，倡导健康办展、参展和观展的理念和方式。

二、展会宣传推广类型

按照不同的目的，展会的宣传推广可以分为以下 5 种类型：

（一）显露型宣传推广

显露型宣传推广以迅速提高展会的知名度为主要目的，重点推广展会的名称、办展时间和办展地点等，传播的信息简单明了、便于记忆，让人知道有这么一个展会，至于展会的详细内容包括主办机构、展品范围、展区划分、展会服务、场馆介绍等则不做过多的介绍。这种宣传推广策略多在展会创立的初期实施，或者是在展会已经有了一定的名气后作为对参展商和参展观众进行定期提醒之用。

（二）认知型宣传推广

认知也就是认识，是人的全部认识过程的总称，包括知觉、注意、表象、记忆、学习、思维和言语等。认知型宣传推广主要目的是使受众全面深入地了解展会，增加对展会的认知度。对展会具有全面的认识是一个企业决定是否参展或参观重要前提，只有清晰的认识，企业才会有进一步了解展会具体细节的意愿。因此，认知型宣传推广对于潜在的新参观商和新参展商来说尤为重要，要详细地宣传和推广展会的市场定位、主要特点、优势等。这种宣传推广多在行业对本展会已经有了一些初步了解之后，展会作进一步的招展和招商时进行。

（三）竞争型宣传推广

竞争型宣传推广主要目的是与竞争对手展开竞争或进行防御，宣传推广采取与竞争对手针锋相对的措施，是一种针对性很强的宣传推广活动。这种宣传推广多在本展会受到竞争对手的威胁，或者本展会意欲与其他展会展开竞争时使用。当前，国内多头办展、重复性办展的现象普遍存在，同一主题的展会在不同城市连续举办或者在同一城市同期或不同期举办同一主题的展会，不少展会鱼龙混杂，造成恶性竞争，也使参展企业和采购商难以选择合适的展会。因此，竞争性宣传推广有利于展会扩大与其他展会在市场定位、竞争优势、配套服务方面的宣传，让受众更清晰地了解展会优势，提高展会竞争力。

（四）促销型宣传推广

促销型宣传推广的主要目的是为了在短期内推动展会展位的销售或者招揽更多的观众到会参观。宣传推广的重点是参展商或者观众所关心的主要问题，如展会规模、参展品质、展位价格、折扣优惠、配套活动、展会服务、报名手续、预先登记等。为使宣传推广更具针对性，真正达到促销目的，主办方会进一步细分参展商促销推广和参展观众促销推广，两种推广在推广内容、形式和手段也会有所不同，因为他们关心的问题虽然有相同之处，如展会规模、主办方背景、展览地点等，但也有不同之处，参展商往往关心同台参展的品牌企业、与会客商的数量和质量、参展效果等，而参展观众更多地关心参展企业的代表性、展品的创新性、观展的便利性等。促销型宣传推广多在展会招展和招商时使用。

（五）形象型宣传推广

形象型宣传推广主要目的是扩大展会的社会影响，建立展会的良好形象，不单纯追求短期销售量和客商数量的增长。宣传推广的重点是追求目标受众对本展会定位及形象的认同，积极与他们进行信息和情感的沟通，增加他们对展会的忠诚度和信任度。对于一个展会来说，形象型宣传无处不在，无时不在，主办方在制定宣传推广策略和计划时应该认识到展会形象推广的重要性和必要性，特别在宣传品设计制作、媒介选择、推广渠道等方面体现形象宣传的元素。形象型宣传推广几乎可以在展会筹备期间的任何阶段实施。

案例：

香港某展览公司的宣传推广

香港某展览公司在中国及亚洲地区举办国际性展览超过30年，凭着其丰富的经验、对市场的敏锐触角及对客户需要的了解，该公司已被业界公认为中国乃至亚太地区会展业的佼佼者。每年该公司举办20多场展览会，并获得多个海外官方展团及众多著名中外企业的长期支持及参与，吸引逾100万海内外观众及买家参观。该公司还联合世界知名展览主办机构，如杜塞尔多夫展览（中国）有限公司等，于中国举办展览会，借此加强展会在全球业界的影响力，带领中国的产业走向国际。

该展览公司重视广告投入的精准度、到达率、性价比及规划性。例如，在其主办的每届橡塑展结束后，该公司都聘请业内专家分析与会采购商数据，并依此规划下一届的招商宣传重点，充分体现了宣传推广的计划性及整体性。针对推广阶段性的特点，该公司每年约投入数千万元广告费，在不同时期对不同领域在不同市场进行有针对性的宣传。在展会前一年内，该司通过境外参展宣传并采取预登记的方式预测潜在客户。例如，该司在印度参加一个展会时，吸引了大量客商预登记，约占其当年橡塑展总国际观众数的30％。此外，国际橡塑展通过一站式服务网站、倒数电子报、电子邮件及手机短信群发服务、手机应用、有奖活动等方式进行推介。临近展期时，通过电子邮件宣传橡塑展，软文发布频率约为每月两篇。

第三节　展会广告与媒体

一、概述

广告是展会宣传与推广的重要手段之一。展会广告是指主办机构通过媒体宣传展会项目，旨在促进展会的招展、招商以及品牌形象传播的商业行为。媒介又称媒体，是负载广告信息的物质载体，是向广告受众传播广告信息的中介物。

对展会主办机构而言，购买或租用媒介，并以不同的形式发布广告是宣传推广最重要的形式之一，也是宣传推广最大的支出费用之一。因此，选择合适的广告形式和媒体类型对展会宣传推广至关重要，如果媒体广告策略失误，就意味着大部分广告宣传费付诸东流，展会招商和招展将面临困境，展会品牌形象也就无法有效传播。

二、展会广告的主要形式

一般来说，展会广告主要包括纯商业广告和软文两种形式。

纯商业广告与我们日常所见的一般性商业广告无异，广告中着重强调展会项目的定位、特征和优势，突出展会品牌形象，力求使潜在参展商和参观商对展会项目有全面、清晰、准确的认识，产生好感并留下深刻印象，最终引导受众做出参展和参观决策，也就是报名参展或参观。展会是一种体验式的服务产品，只有亲身参展或与会，感受展会的服务，获得实实在在的效果，才能对展会的价值做出客观评价。纯商业广告推销味很浓，仅仅依赖纯商业广告较难说服企业参加展会，人们总会认为是主办机构在"王婆卖瓜，自卖自夸"或者"自吹自擂"，特别是当前国内"骗展"或"货不对板"的现象严重，企业对此类广告的信任度普遍偏低。

软文是指在大众媒体、专业报纸杂志、网站等刊登的各种对展会项目的评论、报道、特写和消息以及相关图片。作为一种隐性的广告，软文与纯商业广告相比新闻气息比较浓郁，推销商品比较隐蔽，可信度更高，也更容易被受众所接受。针对纯商业广告信度较低、说服力较弱的特点，展会主办机构通常会以合作或付费的形式购买媒体的一定版面，邀请展会涉及的行业权威专家、资深媒体人、专栏作家或评论员，刊登署名文字或图片报道。展会结束后，主办机构也会在一些主流媒体发布展会闭幕新闻稿或展后总结，同时刊登展会现场图片和客商数据分析，让参展商和参展观众更加准确地了解展会的信息。无论何种形式，软文与单纯的硬广告相比，受众对其的抵触和反感度相对要低。

三、展会媒体的主要类型

随着科学技术的迅速发展，竞争不断加剧，企业宣传推广媒体种类越来越多，如报纸、广播、电视、互联网、杂志、手机、直邮、户外媒体等，其中报纸、杂志、广告、电视被认为是四大传统媒体。随着互联网和移动网络的快速发展，逐渐衍生出一批新媒体，如IPTV、电子杂志、手机短信等，它们与传统媒体有着质的区别。除了传统媒体和新媒体两大种类以外，媒体按形式划分还可分为平面媒体、电波媒体、网络媒体三大类，其中平面媒体主要包括印刷类、非印刷类、光电类等，电波媒体主要包括广播、电视（字幕、标版、影视）等，网络媒体主要包括网络索引、平面、动画、论坛等。

就展会宣传推广而言，主办机构根据媒体受众通常分为大众媒体和专业媒体两大类型。平面媒体、电波媒体和网络媒体根据其受众特点和展会定位特征划分为大众媒体和专业媒体。例如，同样是中国家居类主流平面媒体，《缤纷》因其主要面向大众发行，读者群以普通百姓为主，而由中国家具工业中心出版的《家具》主要面向家具行业的从业人员，读者主要来自家具制造企业、流通企业、设计及相关服务行业。所以从家具类展会宣传推广角度，《缤纷》通常被定位为大众媒体，《家具》通常被定位为专业媒体。

（一）大众媒体

大众媒体，又称大众传媒，是指在一个国家或地区中具有大量受众（大众传播）的一类传播媒体，它同时具备第三产业、知识产业和信息产业的共同特征。实现交流的技术手段各异，电台广播、录制音乐、电影和电视等广播媒体通过电子途径传输信息；报纸、书籍、宣传册和漫画等纸质媒体采用实物传播信息；公告牌、标志和招贴画等户外媒体则主要放置在商业建筑、体育场馆、商店和公交车上。公众演说和事件组织也可以被看作是一种形式的大众媒体。数字媒体则包括互联网和移动电话网络。控制这些技术的组织和机构，例如电视台、出版社或网站等，通常也被称作是大众媒体。大众媒体常见类型和主要特点如表3－1所示。

表3－1　大众媒体常见类型和主要特点

大众传媒	主要优点	主要不足
报纸	传播范围较广，传播速度较快，实效性较强，信息的可信度较高，既适合发布情感诉求型广告，又适合发布说明型广告，广告信息便于查询等	广告的有效时间较杂志、户外媒体短，报纸广告的注目率不高，复制质量差，无动态图像和声音的生动传情；获取关联信息耗费时间；与受众的互动性不强等
杂志	具有针对性极强、广告的有效时间长、印刷精美等传播优势等	具有时效性差、影响范围有限、读者层面狭窄等传播局限等
广播	报道速度较快，时效性强；传播范围广，以声传情，声情并茂，受众接受信息无时空限制；制作简单，播出费用低廉等	作为听觉媒体，广告信息的形象冲击力差，无图片的直观和文字的细致；信息不便于保存和重复使用；较难获取关联信息；与受众的互动性不强等
电视	覆盖范围广，受众总量大；报道速度较快，实效性强；图文兼有，声像并茂，视听兼并，生动鲜活等	广告制作费和媒体租用费均很昂贵等

大众传媒	主要优点	主要不足
网络	报道速度很快；可获取海量的关联信息；信息可下载保存，可无限重复使用；传播范围广，与受众的互动性很强；广告投放效率高，媒体费低廉等	普及率和大众化较之电视、广播等传统媒体还有距离；受到一些技术条件的限制；虚假甚至欺诈的网络广告泛滥，受众的信任度低等

大众媒体为大众所熟悉，能快速传播展会信息，产生较大影响力，而且覆盖面广，普及性强，既面对展会目标参展商和参观商，也面对专业观众，对提升展会的知名度、传播展会品牌形象，吸引普通观众有重要作用。对于展会广告而言，不同类型的大众媒体特点不同，报纸、杂志和网络既有专业性媒体也有大众性的媒体，因此在选择大众媒体作为展会宣传平台时要认真分析媒体受众与展会目标客户（参展商和参展观众）的匹配性，避免盲目性，主办机构在制订媒体计划前应该根据展会市场定位对大众媒体的优势与不足进行全面的分析和研究。

1. 报纸

展会宣传推广选择的报纸通常分为两类：一类是展会题材所在行业的专业性报纸，作为招展和招商的主导媒体。这类报纸在专业领域具有较强的影响力。例如，《中国纺织报》和《中国服装时报》在我国纺织服装行业具有较高的权威性和影响力，因此适合纺织类、服装类展览会宣传推广；另一类则是具有广泛传播力和影响力的国际性、全国性和区域性的报纸，如我国的《人民日报》、《光明日报》、《文汇报》和《广州日报》等。在此类报纸刊登展会广告不仅可以吸引专业的参展商和采购商，而且更重要的是可以彰显展会的实力，提高展会知名度，打造展会品牌。

2. 杂志

尽管杂志在广告传播中通常被视为辅助性媒体，但是展会参展商和参展观众目标群体明确，招展和招商的针对性较强，杂志在展会宣传推广中仍扮演着重要角色。适合于展会宣传推广的杂志分为三类：一是展会题材所在行业的大众杂志，面对普通读者，如在家具展会领域常见的《缤纷》、《瑞丽家居》和《时尚家居》等；二是展会题材所在行业的专业杂志，同时也被认为是专业媒体，如在家具展会领域常见的《中国家具》、《家具》和《家居设计》

等；二是展会行业的专业杂志，如《中国会展》和《中外会展》。

3. 广播

展会主办机构通常在展会开幕前，利用密集的广播广告为展会宣传造势，尤其是区域性展会和 B2C 展会，如汽车展、动漫展、游戏展、书展、折扣商品展等，宣传效果会更好。但是，展会作为一个无形服务，本身就具有抽象的特点，更需要广告媒体形成视觉冲击力，提升展会的品牌形象，因此，广播广告对于国际性品牌展会的宣传吸引力越来越小。

4. 电视

对于展会宣传而言，电视对于传播展会品牌形象具有一定的帮助，但在招展及吸引专业观众方面并不如专业的杂志和报纸。对于一些商业性的展览会，电视只是宣传推广的补充形式，对于一些政府性的展会，主办机构为了提高综合影响力会在展会开幕前发布一定次数的广告，但由于价格昂贵，电视广告在国际性展会中越来越少见。

5. 网络

网络是当前展会主办方发布展会广告和信息的首选媒体，展会网络广告主要有两种形式：一是在专业网站上或知名门户网站上发布纯商业广告；二是主办方自建网站宣传推广展会，目前大多数国内成熟展会都有自己的官方网站，一方面展会主办方利用自己的网站介绍展会、发布展会动态、提供展会服务信息，参展商和参展观众可以借助官方网站向主办方预订服务，提供自助信息；另一方面越来越多的展会将其官方网站发展成为电子商务平台，打造成永不落幕的交易平台，成为实体展会的重要补充。近年来，香港贸发局将科技作为促进业务发展、优化服务的手段，通过网络等全渠道的推广把展会的商业周期延伸到展会以外，还与微信等社交媒体结合，令推广内容更丰富更及时并更具有针对性。

总体来说，在招商及吸引专业观众方面，大众媒体不如专业媒体，大众媒体主要适用于 B2C 公众性展会（即主要面对公众开放的展会），普通个体消费者接触大众媒体的渠道多，接受速度快，宣传效果较好。对于一些主要依靠门票收益的展会来说，大众媒体广告投入的成本回收率相对较大，如每届广州车展吸引约 50 万观众与会，如此庞大的观众数量与展会在国家级、区域性的大众媒体的宣传密不可分。对于 B2B 专业性展会（即主要面对业内人士开放的展会），大众媒体只是展会宣传推广的一种补充形式，在展会开幕前为展会制造舆论氛围。广交会也会利用大众媒体进行适度宣传，如在境外推广宣传的时候，通过当地经贸类主流媒体，安排深度访谈，邀请知名专栏作家撰写署名文章，提升广交会的国际影响力和品牌形象，增加可信度。

（二）专业媒体

专业媒体主要指展会题材所属行业的专业报纸、杂志、网络、展览专业杂志、展会目录、同类展会会刊等。这些媒体的读者与展会的目标参展商和参展观众的契合度较高，因此是专业展览会宣传推广的首选媒体。相对于大众媒体，专业媒体有其独有的专业客户渠道，能以更权威的方式帮助一个展会建立行业公信力。专业媒体的广告受众范围相对狭窄精准，更针对行业潜在客户。大众媒体及专业媒体各有长短，展会营销需要根据不同发展时期的营销目的及特点来进行选择。与大众媒体相比，专业媒体的主要优势表现在：直接接触目标参展商和专业观众；媒体费用相对便宜；信息容量大，便于对展会进行深度报道和深度宣传；媒体寿命较长，重复阅读率高，主要缺点在于：时效性较差，不少专业报刊和杂志都是月刊、双月刊或季刊，给展会的宣传带来一定的制约性；主要针对专业观众，对普通观众的吸引力较差。

广交会自创办以来已有 60 多年的历史，被誉为中国对外贸易的风向标和晴雨表，每年两届成交额达 600 多亿美元。贸易成交是广交会的一大特点，因此，对于广交会的宣传推广来说，相对于大众媒体，专业媒体的推广更能瞄准行业内潜在采购商，开展说服力营销。每届广交会都会根据各展区与会客商的特点，依据客商对展区的关注度，选择一些境外知名展览会会刊及现场广告、全球商业网站以及业内一些专业杂志上刊登广告。例如，美国拉斯维加斯 MGAIC 展会会刊、英国《EXHIBITION WORLD》、《澳大利亚电子新闻杂志》等。

（三）新媒体

新媒体是新的技术支撑体系下出现的媒体形态，如数字杂志、数字报纸、数字广播、手机短信、移动电视、网络、桌面视窗、数字电视、数字电影、触摸媒体等。相对于报刊、户外、广播、电视四大传统意义上的媒体，新媒体被形象地称为"第五媒体"。新媒体以其形式丰富、互动性强、渠道广泛、覆盖率高、精准到达、性价比高、推广方便等特点在现代传媒产业中占据越来越重要的位置。新媒体传播与更新速度快、成本低、信息量大、内容丰富、低成本全球传播、检索便捷、多媒体传播、互动性等主要特点既迎合了人们休闲娱乐时间碎片化的需求，又能满足随时随地地互动性表达、娱乐与信息需要。以互联网为标志的第三代媒体在传播的诉求方面走向个性表达与交流阶段。对于网络电视和手机电视而言，消费者同时也是生产者。人们使用新媒体的目的性与选择的主动性更强。媒体使用与内容选择更具个性化，导致市场细分更加充分。以互联网为代表的新媒体有以下几大特点（见表3-2）。

表3-2　传统媒体与网络媒体对比

	网络广告	报纸/杂志广告	电视/电波广告
时　间	制作时间短，诉求时间长，修改方便	制作周期长，一旦出版，无法修改	制作周期长，投入人力众多，诉求时间短
空　间	无地域限制，可定向投放	版面有限制，发行覆盖区域单一	观众在特定的频道里才能看到广告
信息量	承载海量信息	版面限制	时段限制
针对性	网民主动阅读，针对性极强	广告干扰度大，阅读忠诚度低	强制性阅读，易引发反感情绪
表现形式	多媒体技术，文字、画面、声音、动画相结合	单一图文	瞬间媒体，记忆度低
受　众	大专以上学历占63.5%	泛而杂	泛而杂
效果跟踪	第三方网络广告监测系统强，及时、准确、快捷获得广告效果反馈信息	弱，广告效果几乎不可统计	弱，以广告时段收视率统计广告效果
千人成本	低	中	高

1. 传播范围广

互联网作为新型的媒体通路，被大家认可为继纸介媒体、电波媒体、视频媒体之后而出现的"第五媒体"，其传播的最大特色为不受任何时间与地域的限制，通过国际互联网把展会的各类信息或广告24小时不间断地传播到世界各地。

2. 交互性强

传统媒体基本上只能进行大众传播，而在互联网上，既能进行大众传播，又能进行个人传播、人际传播、群体传播和组织传播。交互性强是互联网络媒体的最大优势，它不同于传统媒体的信息单向传播，而是信息互动传播，参展商和参展观众可以获取他们认为有用的信息，展会主办机构也可以随时得到反馈信息。新媒体的交互性有助于展会主办方、参展商、参展观众三者之间在线的互动与交流，新媒体平台成为展会现场洽谈的延伸和补充。

3. 受众数量可准确统计

利用传播媒体做广告，虽然有众多的收视（听）率、阅读率调查数据，但仍很难准确地知道有多少人接收到广告信息，而在互联网上则可通过权威公正的外判中央管理系统，可精确统计出每一个展会广告或每一条展会信息的关注度和点击率，以及受众查阅的时间分布和地域分布，从而有助于主办机构正确评估广告效果，评价广告投放策略。每届广交会开幕前，主办方通过分析采购商对广交会官网的某些关键信息和服务功能的点击率和申请量来预判当届采购商与会的整体形势。

4. 实时、灵活、成本低

在传统媒体上做广告，广告发布后很难更改，即使可改动往往也须付出很大的经济代价。而在互联网上做广告能按照展会主办方的需要及时变更广告内容，这样，经营决策的变化也能及时实施和推广，并且无需太大的成本花费。在展会开幕前，适时向外更新和发布招展、招商以及展会活动等重大信息，制造更多正面的展会新闻，提高行业的关注度，对于进一步吸引企业参展或参观有很大帮助，利用新媒体可以动态地调整广告宣传内容，有效地吸引受众的眼球。

5. 强烈的感官刺激

网络广告的载体基本上是多媒体、超文本格式文件，受众可以对某感兴趣的产品了解更为详细的信息，使消费者能亲身体验产品、服务与品牌。这种以图、文、声、像的形式，传送多感官的信息，让顾客如身临其境般感受商品或服务，并能在网上预订、交易与结算，将更大大增强网络广告的实效性。欧美一些大型的品牌展会已经在其官网上成功创建了展览场馆导航系统（NAVIGATOR），参展观众可通过导航系统提前预览展会的各个展区安排及布局、参展企业展位以及服务设施的位置，可以提前设计和安排参观线路，有目的地选择参展企业，开展贸易配对，有效地提高观展效率。

案例：

第116届广交会开通Facebook官方账号

中国对外贸易中心（集团）日前于全球最大国际社交平台——Facebook上建立广交会官方账号（见图3—1），包含了英文版、简体中文、繁体中文三个版本，面向全球和华语系的所有采购商和旅客等，传达即时且有效的广交会相关讯息。

自2014年9月广交会Facebook官方账号成立以来，目前粉丝总人数突破5万人！通过此全球广泛使用的社交平台，吸引了世界各产业领域人士前来获取广交会相关资讯，其中主要包含：展会消息、各产业信息和商旅服务等实用资讯；且通过此社交平台，除了可获取即时且多元化的广交会资讯外，更可结识众多海内外采购商、商旅同行等广交会众多粉丝成员，大大开阔了国际化视野，进而创造无限未来！

图3—1 广交会开通Facebook官方账号

（四）户外媒体

户外媒体是指主要建筑物的楼顶和商业区的门前、路边等户外场地设置的发布广告的信息的媒介，其种类多样，如建筑物墙壁、屋顶、门楣广告，大型室外画板，大型等离子显示屏、霓虹灯招牌、横幅广告，公共汽车车身广告，路牌、桥梁、灯箱广告等。

1. 主要优点

面积大、色彩鲜艳、主体鲜明、设计新颖、具有形象生动、简单明快等特点。广告形象突出，容易吸引行人的注意力，并且容易记忆。此外，户外广告多是不经意间给受众以视觉刺激；不具有强迫性，信息容易被认知和接受，并且与电视、广播、报刊相比，户外广告一般发布的期限较长，对于区域性能造成印象的累积效果。①到达率高。通过策略性的媒介安排和分布，户外广告能创造出理想的到达率。据调查显示，户外媒体的到达率目前仅次于电视媒体，位居第二。②视觉冲击力强。在公共场所树立巨型广告牌这一古老方式历经千年的实践，表明其在传递信息、扩大影响方面的有效性。能综合运用广告的大小、形状、形式、色彩、三维等各方面要素，为广告的创作提供创造的灵活性，表现力强；现代广告还善于运用这些元素，借助高科技材料和技术的综合效果，形象生动的表现广告主题，强烈的视觉冲击力以吸引受众。③千人成本低。户外媒体价格虽各有不同，但它的千人成本（即每一千个受众所需的媒体费）与其他媒体相比却很有趣：射灯广告牌为 2 美元，电台为 5 美元，杂志则为 9 美元，黄金时间的电视则要 1020 美元！但客户最终更是看中千人成本，即每一千个受众的费用。

2. 局限性

宣传区域小，不适合承载复杂信息、传递时间短被称为"眼球经济、三秒钟的竞争"、信息更新相对滞后及广告发布不规范等。这些缺陷很大程度上能依靠广告人独特的创意和新材料与技术的运用得以弥补，中国的户外广告管理机制也在不断走向规范和法制化。

户外广告包含的信息量不会太大，适合以冲击性的图片视觉效果为主的宣传。展会户外广告的形式多样，比较常见的有宣传海报、广告牌、广告横幅等。对于家具展、服装展、礼品展等对展品外观较高要求的展会，在潜在受众密集地方刊登户外广告对于招展和招商都有较大的促进作用，如产业集群所在地、市场集散地、同类展会现场等。在我国浙江温州、玉环以及广东东莞、顺德、深圳、中山等家具制造业重镇，各类国内家具展会的户外广告随处可见。应该说，户外广告主题突出、文字简洁、画面新颖明快，通常能为展会带来不错的传播效果。近年来，广交会在境外展会现场、世界知名的展览中心、航空枢纽等目标采购商流量较大的地方投放一定数量的户外广告，如巴西家庭用品及礼品展、迪拜玩具用品展、拉斯维加斯国际服装展、法兰克福展览中心、广州白云机场等。

案例：

广交会在第 68 届美国拉斯维加斯国际五金展现场广告宣传介绍

为扩大广交会在北美的宣传和影响力，吸引更多专业买家与会，2013年，主办机构派员参加第 68 届美国拉斯维加斯国际五金展，现场宣传推介广交会，并在展会现场刊登户外广告，获得良好的宣传效果。

拉斯维加斯五金展是北美地区规模最大、影响力最强的行业盛会，由励展博览集团主办，一年一届。据统计，第 68 届五金展净面积达 60000 平方米，共吸引了 27 个国家/地区的 2500 家参展企业、超过 40000 名专业观众到会，参观人数同比增长超过 16％。尽管美国经济尚未全面恢复，但本届与会人数却逆势上扬。

广交会在本届五金展的推广除了采取常规式的馆内设摊宣传外，还做了多幅户外广告，并在旁边驻点派发宣传资料，收到良好的效果。一是在馆内展位现场推广，广交会形象展位双面开口，液晶电视全天播放宣传片。工作人员现场派发资料推广、解答疑问。二是户外广告宣传，广告位于展馆正门前，立柱造型（2.2 米宽×6.6 米高），是展会唯一的户外广告（见图 3—2）。广告牌高大、抢眼，地理位置优越，宣传效果好，一方面客流量大，受众面广。正门是参展必经之路，同馆同期举办的展览还有花园用具、户外用品展；另一方面，人群密集，关注度高。正门前广场是吸烟、休闲区，在区内停留吸烟、休息、餐饮的人很多，尤其是中午时段。在展馆外发布户外广告，受众范围广，如在广告位旁派发宣传资料，宣传推广人员可以接触更多客商，宣传更具主动性，同时也利于开展调研。

图3—2　拉斯维加斯五金展中的中国广交会户外广告

（五）自营媒体

自营媒体主要是指有关企业或机构自主运营的媒体形式，如地铁里的液晶屏幕宣传媒体、公交车上的移动媒体以及一些展会自有的出版集团、内部刊物、在线网络或 Android 平台媒介。自营媒体的特点是灵活性强、成本相对低、自主性强。自营媒体与商业媒体各有其优劣势。在展会起步阶段，通过展会所属行业的专业媒体、覆盖面广的大众媒体宣传推广，尽可能利用各种商业媒介的渠道，在一定程度上可以加快提升展会的影响力，帮助主办机构迅速打开招展和招商局面。此外，商业媒介和代理制提供了更多的经营可能性，代理媒体从专业化的角度，提供了专业化的服务，这些能力是目前很多自营媒体所不具备的，在经营过程中，可以解决很多体制上尚不能解决的问题。展会主办机构的自营媒体可以有效地自主调节媒体的广告内容的数量与质量、发行渠道、发行频率和发行对象等，自主性和针对性强。但另一方面广告宣传的可信度较低，参展商和参展观众通常会认为主办机构自卖自夸，宣传内容的主观性较强。

当前，从为参展商和参展观众提供资讯服务的角度，自营媒体还是日益深受大多数展览机构的青睐和重视。无论是定期出版的简易型展会快讯、展报、通信等还是精美的展会杂志、行业资讯、电子刊物、行业年鉴等，都为主办机构与展商、观众、媒体等展会相关利益方的交流搭建桥梁。如今，无论是欧美展览机构还是国内展览机构都非常重视自营媒体的开发和宣传。亚洲博闻展览公司服务行业逾30年，产业覆盖20个市场领域，拥有23本高质量的专业杂志，其专业杂志在业内具领导地位，如《中国清洁》《中国家具》《纸业世界》《食品开发》《时尚育儿》《Travel Trends Today》《Computer Reseller News》《Diet and Beauty》等，博闻展览公司采编团队凭借丰富经验和专业知识，报道重要新闻，探讨关键议题，使业界人士走在行业前沿。参展企业、参观商以及广告商可以通过博闻自营媒体，接触目标客户，获得最新的行业信息以及有关设计、潮流款式、技术、产品及服务等多方面的信息。亚洲最大规模的照明展——广州国际照明展览会旗下拥有《阿拉丁 Alighting》《LIGHTSTRADE》《新世纪 LED》三本专业杂志，这些媒体不仅为展会主办方提供宣传平台，还为照明企业拓展市场创造机会。

案例：

香港雅式展览媒体宣传介绍

香港雅式公司主要依靠强大的自有媒体资源（如出版公司、雅式在线等渠道）进行广告推介，也将部分宣传业务外包给行业媒体及公关公司。雅式集团旗下的雅式出版有限公司和雅式在线已发展成为中国市场上领先的专业出版社之一，所出版的纸质版及网络工贸杂志，内容涉及纺织成衣、塑料橡胶及机械制造，如《中国塑料橡胶 CPRJ》、CPRJ 国际版本、ADSALECPRJ.COM、《CTA 中国纺织及成衣》、《ATA 纺织及成衣（亚洲版）》、《CMJ 中国机械与金属》、ADSALECMJ.COM 等，这些自营出版物内容涵盖国内外市场动态、生产技术、企业管理的知识与经验。雅式集团利用其庞大的数据库，并通过每年参与中国及亚洲区域逾50多个专业展览及会议，以及自营的各类纸质版及网络工贸杂志吸引了大批客户，包括工厂、企业的决策人，生产设备采购经理，科研检测部门经理及工程师等。目前，自营媒体已成为雅式集团的重要业务板块和收益来源之一。

除自有媒体外，以其主办的橡塑展为例，雅式公司也保持与其他专业媒体合作（如德国"Gupta Verlag"、中国台湾"亚太贸易商情"、日本"化学工业日报"、美国"塑料新闻"等），实现多维度招商。基本模式如下：一方面，橡塑展在专业媒体上投放广告，并在展会现场提供免费或收费摊位（摊位按行业区分，分布在不同展区，有效提高了买家、媒体及其他参展企业之间的匹配度）；现场设有媒体样刊区，不同合作范围的媒体均可摆放样刊。另一方面，媒体在其刊物上对橡塑展进行宣传报道；使用内部数据库向会员发放橡塑展的宣传邮件；在其他专业展会上对橡塑展进行协助宣传（包括注册登记）；向橡塑展提供行业性报道。

在广告投放渠道方面，雅式以平面广告、电子媒体、电子邮件和行业协会为主。针对户外广告费用高、到达群体为一般大众、性价比不高的特性，该司一般不投放户外广告。此外，该司还通过定期的电子邮件宣传橡塑展，临近展期时，软文发布频率约为每月两篇。雅式公司对于广告投放的策略就是结合传统媒介与新媒介、集自有与代理媒介的优势，根据自身情况整合媒体资源而打组合拳，为自办展量身定做有效的媒体宣传方案。

第四节　宣传品的设计制作

制作宣传品旨在提升展会形象，保证及时高效的宣传效果。广交会宣传品类型主要包括宣传资料类，含须知、简介、画册、邀请函、易拉宝、宣传光盘、展讯等；宣传礼品类，含邮册、记事贴等；宣传物资类，含信封、纸袋、无纺布袋、名牌桌签等。宣传品被广泛使用于展会招商招展推广的各种活动环节，包括采购商邀请、市场化招商、外事接待、推介会、出访招商、春茗、新闻发布会等营销活动。

一、宣传品四大要素

（一）文字

文字作为视觉形象要素，它首先要有可读性。同时，不同的字体变化和大小及表现形式的变化，又会带来不同的视觉感受。文字的编排设计是增强视觉效果，使版面个性化的重要手段之一。在宣传品设计中，字体的选择与运用首先要便于识别，容易阅读，不能盲目追求效果而使文字失去最基本的信息传达功能。

（二）图形

图形是一种用形象和色彩来直观地传播信息、观念及交流思想的视觉语言，它能超越国界、排除语言障碍并进入各个领域与人们进行交流与沟通，是人类通用的视觉符号。在宣传册设计中，图形的运用可起到以下作用。

1. 注目效果

有效地利用图形的视觉效果吸引读者的注意力。这种瞬间产生的强烈的"注目效果"，只有图形可以实现。看读效果，好的图形设计可准确地传达主题思想，使读者更易于理解和接受它所传达的信息。广交会的展馆形象十分突出，所以在各个宣传品上面，我们统一使用展馆形象作为主要背景图片。

2. 诱导效果

猎取读者的好奇点，使读者被图形吸引，进而将视线引至文字。图形表现的手法多种多样，各种绘画、摄影手法可产生面貌、风格各异的图形、图像。尤其是近年来计算机辅助设计的运用，极大地拓展了图形的创作与表现空间。然而无论用什么手段表现，图形的设计都可以归纳为具象和抽象两个范畴。具象的图形可表现客观对象的具体形态，同时也能表现出一定的意境。它以直观的形象真实地传达物象的形态美、质地美、色彩美等，具有真实感，容易从视觉上激发人们的兴趣与欲求，从心理上取得人们的信任。抽象图形运用非写实的抽象化视觉语言表现宣传内容，是一种高度概念化的表现，较之具象图形具有更强的现代感、象征性、典型性。抽象表现可以不受任何表现技巧和对象的束缚，不受时空的局限，扩展了宣传册的表现空间。无论图形抽象的程度如何，最终还是要让读者接受，因此，在设计与运用抽象图形时，抽象的形态应与主题内容相吻合，表达对象的内容或本质。

（三）色彩

在宣传册设计的诸多要素中，色彩是一个重要的组成部分。它可以制造气氛、烘托主题，强化版面的视觉冲击力，直接引起人们的注意与情感上的反应；另一方面，还可以更为深入地揭示主题与形象的个性特点，强化感知力度，给人留下深刻的印象，在传递信息的同时给人以美的享受。宣传册的色彩设计应从整体出发，注重各构成要素之间色彩关系的整体统一，以形成能充分体现主题内容的基本色调；进而考虑色彩的明度、色相、纯度各因素的对比等关系。总之，宣传品色彩的设计既要从宣传品的内容和产品的特点出发，有一定的共性，又要在同类设计中标新立异，有独特的个性。这样才能加强识别性和记忆性，达到良好的视觉效果。

（四）编排

宣传品的编排形式应根据不同的情况区别对待。版面设计要素中，主要文字可适当大一些。页码较多的宣传册，由于要表现的内容较多，为了实现统一、整体的感觉，在编排上要注意网格结构的运用；要强调节奏的变化关系，保留一定量的空白；色彩之间的关系应保持整体的协调统一。以点带面来控制整体布局，做到统一中有变化，变化中求统一，达到和谐、完美的效果。

案例：

2014 年广交会广告创意

2014 年广交会广告创意——"星空篇"创意方案与 2013 年广告创意有异曲同工之妙，具有一定的延续性。

该方案同样以广交会的 LOGO 宝相花为创意原点，将满天繁星组合成宝相花标志（见图 3—3），充分展现出广交会是一个巨大的商业平台，汇聚了来自全球的商品、商人与商机，"中国第一展"将世界各国联系在了一起。

该方案背景以黎明的曙光为环境元素，寓意了广交会将给中国乃至世界的展会业发展带来新的纪元，也寓意着来参加我们展会的参展商和采购商，通过广交会这个超级平台，将自己的企业发展迎来全新的未来。

图 3—3　2014 年广交会广告创意

二、宣传品设计制作原则

（一）针对性原则

每一类宣传品必须有针对性地瞄准相应的目标人群，必须突出重点，要有明确的主题，切忌头绪太多、杂乱无章。如果不分主次，把展会的信息全部摆上去，难以突出主题，缺乏针对性，使目标受众抓不住重点，进而影响宣传品的宣传效果。如果在展会创办初期，确实需要全面的介绍展会的背景和定位等基本情况，也有必要将宣传品的内容化繁为简，条理清晰，脉络清楚。例如，展会招展函主要是针对潜在参展商，企业要决定参展与否除了要看展会背景、定位、主办机构实力、举办场馆、举办时间等基本信息以外，还非常关注展会的目标采购商、主办方的招商推广策略、展位的价格及展区的安排等关键因素，因此，在设计制作招展函时，要认真研究参展商的需求，有针对性地突出和表现影响企业做出参展决策的重要信息。

（二）差异性原则

当前我国会展行业同质化现象比较严重，同类题材的展会差异性很小，加之展会宣传品千篇一律、千人一面，则目标参展商和参展观众很容易迷失在众多展会中，即使主办机构花再多的资金，宣传品工艺再精美，如果缺乏差异性，也不可能达到预期的宣传效果。因此，展会宣传品必须着力诉求自己的项目有别于同类竞争展会的差异性和优越性，彰显并形成独特、鲜明的自身展会品牌形象。展会作为一种商品，它的差异性和优越性可以体现在多个方面，如展会历史、展会主题、展品范围、展区布局、招商渠道、相关活动、主办机构、展会服务等。在设计制作宣传品时，主办机构应深入挖掘自身展会在某一方面的亮点和特色，并在宣传资料中重点传播和推介，为企业和客商选择参展或参观提供独特和有说服力的理由，进而引导他们做出决策。

（三）统一性原则

统一性原则是展会品牌管理的基本原则，每一个宣传品与展会的主体视觉形象应保持一致，产生联想效果，单一宣传品的设计应服从展会品牌和主体视觉形象要求，特别在 LOGO、宣传口号、基准色彩、字体格式、图片应用等方面。同时，每一个宣传品的设计风格应体现展会形象的内在系统性，成为展会宣传载体家族的一员。因此，不应在设计或排版上过于突兀，表现手法花哨、新奇，相反应该强调各宣传品之间的和谐统一，使参展商和参观商无论何时何地获取何种宣传资料都能轻松识别出同一展会。欧美知名展览机构非常重视展会宣传的统一性，普遍成立展会品牌管理专责部门，对于旗下展会品牌的应用和推广有明确的规定，在品牌移植和国际合作的过程中会对宣传品的设计和制作提出具体的要求和规范。

（四）专业性原则

专业性指的是宣传品一方面要体现展会行业的特色。展会宣传资料与其他产品的宣传资料存在明显的区别，资料内容和表现手法也有较大差异，宣传内容更趋程式化和格式化，展会的举办时间、地点、主承办单位、活动议程等都是必备的内容，表现手法相对朴实和客观。这与展会行业的专业性有一定关系，无论是参展商还是参观商大多数是专业人士，目标受众在购买决策过程中比较理性。这要求展会宣传品的性质是全面告知型和理性诉求型，展会信息必须全面客观，宣传内容必须真实准确。需要特别指出的是，在展会资料中凡是涉及数据、引用语、客商评价、调研结果等必须是有据可查。另一方面每一个宣传品应反映展会所涉及行业的特色。例如，以家具、建材、纺织、服装为题材的展会其宣传资料要体现行业的潮流和时尚，图片选择和色彩应用要符合行业流行趋势等特点；以工程和机械为题材的工业型展会其宣传资料要体现行业的技术性、前沿性和耐用性等特点。欧洲一些工业题材展2年一届、3年甚至5年一届，它们设计宣传资料也非常注重表现展会在行业中的权威性。

（五）国际化原则

宣传品的国际性原则是由展会行业的特点决定的。展会作为信息交流和贸易成交平台是一个无疆界的活动，尽管展会市场定位不同，受众辐射面也不同，但是大多数展会主办机构在设计和制作宣传资料时都会考虑到目标受众的文化背景，包括教育背景、阅读语言、阅读习惯以及文化差异等。宣传资料越是国际性，越要简洁明了，语言文字应力求口语化，通俗易懂，长而不拖沓，短而不晦涩，确保与目标受众轻松沟通。每届广交会的与会须知印制中文、英语、德语、西班牙语、俄语、法语、葡萄牙语、日语、韩语、意大利语等多种版本，广交会官网也同步提供多语种信息，与全球200多个国家和地区数十万客商保持国际化的信息沟通与交流。

宣传品是展会宣传推广的重要载体，除了应遵循以上6个原则外，诸如招展函和客商邀请函等核心宣传资料要有号召性，要通过对目标参展商和参展观众进行全面告知和理性诉求，刺激其产生参展或参观的需求，引导其产生参展或参观的欲望，进而付诸实际行动。

三、宣传品文案形式

基于展会行业特点和目标受众特征，展会宣传品文案主要是理性诉求型文案，常见的招展书和观众邀请函等宣传品文案大致可分为直诉型、新闻型和分列体三种。

（一）直诉型

直诉型文案是指直截了当地介绍展会基本情况、展会涉及行业的产业现状、市场规模、生产企业及流通企业的诉求。这一种文案撰写形式开门见山地阐述办展的目的和展会特色与优势，以吸引企业参展或参观。我国很多展会宣传资料文案都属于直诉型，具有格式化和程式化的特点，内容简单，格式清晰，但是缺乏新颖性、独特性。

（二）新闻型

顾名思义，新闻型是以新闻报道的形式撰写招展书、观众邀请函等宣传品的文案，是成熟展会的主办方通常采用的一种写作方式。新闻型文案兼具软文广告的一些特点，借助新闻报道的形式增强宣传资料的权威性和可信性。这一类文案有两个特点，一是文案信息内容本身具有实效性和新闻价值，二是文体结构、措辞及表现方式都是新闻式的。新闻型的文案撰写方式在欧美展会宣传资料中比较常见，文案还包含参展商、参展观众对展会的评价、展会最新数据等，信息鲜活，内容新颖，对阅读者来说有较大的吸引力和说服力。

（三）分列体

分列体是指为了让受众者轻松阅读，把宣传品的文案内容分为若干部分，并予以分门别类地叙述，条理清晰，一目了然，每一个板块内容通常还加上小标题，使文案的整体结构完整，层次分明，衔接流畅，错落有致，便于潜在的参展企业和参展观众获取展会的相关信息。对于新创办的展会，分列体可以为企业提供完整的展会信息，并且可以根据宣传资料的功能和用途，有针对性突出某一些板块的内容。例如，招展函可以突出宣传推广、展位价格、展区布局、场馆位置等信息，观众邀请函可以突出展会特点、展品范围、参展情况、预先登记、签证服务等信息。

四、宣传品制作及管理流程

由于展会宣传品种类多、环节多、使用广，计划性和时效性强，负责宣传品制作的宣传推广部门必须制定相关流程，规范各个环节的运作，确保宣传品在设计、制作、工艺、品质上有较高水平。以广交会宣传品为例，一般展会宣传品制作和管理流程如图3—4所示。

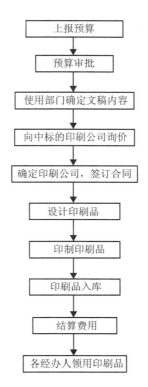

上报预算

预算审批

使用部门确定文稿内容

向中标的印刷公司询价

确定印刷公司，签订合同

设计印刷品

印制印刷品

印刷品入库

结算费用

各经办人领用印刷品

图3—4 广交会宣传品制作管理流程

案例：

广交会馆内宣传品管理规定

一、总则

（一）为维护广交会的声誉和权益，规范广交会馆内宣传品发放秩序，根据《中华人民共和国著作权法》、《中华人民共和国商标法》和《中华人民共和国广告法》等国家有关法律法规和商务部相关要求制定本规定。

（二）广交会馆内宣传品，特指广交会宣传品、广交会参展企业宣传品和广交会驻会商务单位宣传品。

（三）广交会各部门、各参展单位、各宣传品服务单位应遵守本规定。

（四）广交会新闻中心对广交会宣传品发放行使管理职能，包括实施审核和监管，并对违规行为进行处分。

二、广交会宣传品

（一）广交会宣传品，是指经广交会批准，广交会开幕期间在广交会展馆内由新闻中心统一安排发放，以宣传国家商务政策、广交会、参展企业和参展商品为主要内容，直接为参展商和采购商服务的印刷品、电子出版物及其他用于宣传的信息载体。

广交会宣传品分为三类：

1. 广交会授权印制的宣传品，包括《广交会会刊》、《参展商名录》、《广交会宣传光盘》、《展区指南和导向图》等直接为大会服务的宣传品；

2. 各进出口商会、外商投资企业协会的广交会专刊（每个单位限一本）；

3. 经广交会批准进馆发放的商务部直属单位宣传品以及全国性外经贸类报纸、杂志或其他宣传品（每个单位限一种）。除上述三类外，其他任何宣传资料均不具备广交会宣传品资格。

（二）未经广交会许可，任何单位或个人不得擅自以中国进出口商品交易会（广交会）名义征集文稿和广告；不得在任何宣传品上使用"中国进出口商品交易会"、"广交会"中英文字样（包括简写体）和广交会 LOGO；不得在任何宣传品上使用可能对广交会声誉和形象造成不良影响的字样和标志；不得采取与中国进出口商品交易会（含广交会各办）或中国对外贸易中心联合或合作名义编印、发放宣传品。

（三）广交会宣传品必须标明宣传品和编印单位名称。所选用文稿、图片，以及涉及广告、专利、版权等内容，必须符合国家有关规定。如发现任何违法违规行为，由编印单位承担全部责任。宣传品主办单位应立足为参展企业和采购商提供信息资讯服务，严格控制营利性广告篇幅。

（四）广交会宣传品（样刊）必须在当届广交会开幕前一个月（即 3/9 月 15 日前）报广交会新闻中心审批，审批当届有效。其中的第一类宣传品内容由广交会新闻中心审核；第二、三类宣传品内容由编印单位自行按本规定要求严格审核后，填写发放申报表，签订遵守相关管理规定的保证书，连同样刊在当届广交会开幕前一个月报送广交会新闻中心审核。审核通过后方能在当届广交会印制发放。

（五）广交会宣传品由广交会新闻中心安排在指定发放地点供采购商和参展商自愿免费领取，不得售卖和强行派发。各进出口商会、外商投资企业协会的宣传品仅限于在本会办公室和会员企业展位发放；各交易团的宣传品仅限于在本团办公室和本团所属企业展位发放。

（六）广交会新闻中心有权对广交会宣传品的质量、内容进行检查，对有下列情况之一的宣传品，一经发现，即予取缔：

1. 违反本规定擅自对外发放宣传品；

2. 超出指定的宣传品发放区域；

3. 编印单位申报不实，虚报，假报；

4. 出现严重知识产权侵权行为；

5. 出现其他违法违规行为。

（七）广交会宣传品在每届广交会对外发放的数量不少于 8000 册，编印单位须在广交会开幕前交纳发放工本费（每种 10000 元人民币/届）。否则，其下一届的进馆发放资格将被自动取消。

（八）经商务部批准在广交会发放的部分展会招商宣传资料以及外贸中心的展会招商宣传资料，归入新闻中心统一管理，具体办法参照广交会宣传品有关规定执行。

（九）广交会休会期间，相关工作由外贸中心办公室负责。

三、广交会参展企业宣传品

广交会参展企业宣传品，是指广交会进口展区、出口展区参展企业自备的企业介绍、产品目录或宣传单张等，内容仅限于介绍本企业和本届参展的产品，仅限于在本企业展位内派发。

未经广交会许可，企业在参展期间不得在展览场地，以任何形式陈列、展示其他展览会或电子商务网站的资料；不得为该展览会或网站进行任何形式的宣传活动。

各交易团按大会有关规定对出口展区参展企业的宣传品行使管理职能。

四、广交会驻会商务单位宣传品

广交会驻会商务单位宣传品，是指经批准进入广交会的商务单位，用于介绍本单位以及专门为广交会参展商或采购商提供业务服务的宣传资料。

驻会商务单位宣传品仅限于在本单位服务点范围内发放。外贸中心广交会工作部对驻会商务单位宣传品行使管理职能。

五、违规处罚

宣传品所属单位人员超越其固定区域发放或擅自派发未经审批的宣传品，一经证实，大会将予以劝阻、没收资料和证件等处罚。对情节严重或屡教不改者，广交会保卫办将会同其他管理部门做出清场处罚。

六、检查和处理

除广交会新闻中心实施监管外，广交会现场服务指挥部大会检查组有权对馆内宣传品发放情况进行检查，并依据第五条规定对违规单位做出处理。

七、附则

（一）本规定由广交会新闻中心负责解释。

（二）本规定自 2013 年 1 月 15 日起施行。2011 年 7 月 15 日发布的《广交会馆内宣传品管理规定》同时废止。

第五节　广告效果评估

一、定义

广告效果是广告活动或广告作品对消费者所产生的影响。狭义的广告效果指的是广告取得的经济效果，即广告达到既定目标的程度，就是通常所包括的传播效果和销售效果。对于一个展会来说，销售效果主要是体现在招展和招商效果，即展会规模、参展商数量与质量、与会采购商数量以及展会成交效果，其中招展效果直接决定展会的经济收益。从广义上说，广告效果还包含了心理效果和社会效果。心理效果是广告对受众心理认知、情感和意志的影响程度，是广告的传播功能、经济功能、教育功能、社会功能等的集中体现。广告的社会效果是广告对社会道德、文化教育、伦理、环境的影响。良好的社会效果也能给展会带来良好的经济效益。

广告效果的评估一般是指广告经济效果的评估。具体来说，展会广告效果的评估就是调查潜在参展商和参观商对于各种媒体，如报纸、杂志、电台、电视、户外广告、新媒体广告等的接触情形。

二、广告效果特征

广告活动复杂多样，广告信息的传播受到多种因素的影响，影响企业参展或参观展会的因素也多种多样，因此广告效果也要从多方面、多角度考察。总体来说，广告效果的主要特征表现在两个方面。

（一）累积性

从时间上看，展会广告信息到达目标受众之后，产生效果的时间长短不一。有的广告发出之后，立即引起兴趣，企业可能马上报名参展，客商也可能计划与会，为展会带来直接的销售效果；有的展会广告则要经过几次重复，多届反复，甚至更长的时间累积后，才能产生效应。从广告的信息环境看，目标参展商和参观商置身于不同的媒体环境中，他们可能分别从多个媒体上看到某个展会广告，最后才对广告中的展会产生较完整和深刻的印象。广告效果累积效应的大小与展会广告制作水平、媒体投放计划和投放时间紧密相关，不同的广告策略和媒体组合呈现不同的累积效应。

（二）复合性

广告效果并不是单一的，而是多方面、多角度的。一个广告往往同时具有经济效果、心理效果和社会效果，复合多种信息传播功能。从另一个方面看，一个广告活动往往要与其他营销活动，如公共关系活动、促销活动等相互整合才能发挥功效。因此，展会广告活动的效果往往是复合性的，是多种营销活动叠加共同产生的效果。

正因为广告效果的累积性和复合性特征，展会作为一个无形的服务型产品，主办机构必须采取组合拳的宣传推广策略，既要有集中性的推广活动又要有持续性的广告宣传，只有采取从多层次、多角度、多渠道地宣传推广模式，展会招商才能确保实效。例如，为适应广交会在新形势下的发展要求，外贸中心不断加大境外招商力度，每年分赴 40 多个国家和地区，包括传统市场、新兴市场和重要客源国二、三线市场，开展宣传推介活动，深挖客源潜力，扩大广交会的覆盖面和影响力。在传统招商渠道和形式的基础上积极创新，不断丰富招商内容，创新招商模式，因时因地制宜，采取新颖有效的招商推介方式，包括组织推介会、座谈会、早餐会、联谊会、媒体见面会、媒体专访、工商机构拜访等。此外，还同期在目标国和地区主流媒体集中发布广告，在当地工商界及媒体均引起了较大反响和广泛关注，有效地提高了广交会在海外的知名度和美誉度，取得良好宣传推广成效。

三、广告评估因素

(一) 广告代言人

广告代言人作为一种广告信息来源，对广告效果有着重大影响。广告代言人是否可信、对目标受众是否具有吸引力和影响力、广告代言人的形象与广告产品形象是否一致等，都对广告效果有着直接影响，因而必须加以评估。例如，一个啤酒广告用了一个昂贵的明星，但评估结果却表明，该明星并无助于引起受众对广告的更多关注，广告主便撤换了该明星。又如，某电影明星或球星可能最初是一个极好的代言人，但由于各种原因，他对广告受众的吸引力、影响力逐渐减弱，这时，如果仍使用该明星做代言人，就会降低广告效果。因此，广告主要随时检验广告代言人对广告效果的影响，广告代言人在专业性展会广告中并不多见，但对于一些面向大众消费者的电玩展、IT展、图书展、嘉年华、节庆等展销和节事活动，广告代言人还是能吸引大批观众与会。

(二) 广告信息

广告信息的内容及信息的诉求方式是影响广告效果的重要因素，因而是广告评估的一项主要内容。在展会广告发布前，主办机构可以从参展商和参展观众两大受众主体的角度测量广告信息说了什么，说得是否清楚，诉求重点是否突出，展会特色是否鲜明，广告信息中是否提供了广告受众最关心的内容，信息内容是否凝练等。

例如，展会广告有没有提供任何能引诱企业参加展会的理由。一些国内展会广告过度突出标明了主办承办单位、举办时间、举办地点及报名联系方式，却忽略了受众最关注的展会定位、展品范围、展会规模、参展品质及展区设置等实质性信息。

在广告刊播后或广告活动结束后，评估测量的内容包括：参展商、参展观众记住了多少产品信息，他们对广告信息的信任程度，是否记住了广告活动口号或标志性形象。广交会展馆的形象经过广交会多届宣传，已渐渐深入人心，给采购商留下深刻的印象，广交会展馆也已成为广交会广告形象的重要组成部分。

（三）广告媒体

对广告媒体的测量主要包括以下几个方面的内容：①测量不同媒体或媒体工具的广告效果，以决定哪一个媒体最有效；②测量不同广告频次的广告效果，以确定最佳广告频次，减少广告浪费；③测量不同媒体时间表对广告效果的影响。例如，是连续刊播广告效果好还是分散刊播广告效果好；对礼品做广告是一年四季好还是集中在春节等礼品购买季节好。随着媒体时间的购买费用不断增长，这是需要广告主重视的问题。每届广交会都会对与会的新采购商进行广告效果调研，掌握新采购商获知广交会的渠道和途径，从而测量不同媒体和渠道的广告宣传效果。欧美展览机构还通过调研和分析采购商决定与会的关键时间节点，并结合媒体发行时间节点，选择最佳的展会广告时间和广告频次。

（四）总体结果

主办方最终要测量广告的总体结果，以评价广告是否达到了预期的目标。可根据事先确定的广告目标，以参展商和参展观众的反应变量为指标测量广告活动的最终结果。根据这个结果，就可以决定如何进一步改进广告策略，下一个广告活动的目标是什么，目标市场是否要改变等。

四、评估办法

对于广告效果评估要参考如下因子，进行加权评估。

（一）受众规模因子

受众规模因子主要参考发行数据。在这方面，假定发行量越大的媒体，广告价值越高。这是媒体广告价值评估分析的主要构成因子。

（二）受众构成因子

受众构成因子主要参考阅读率数据。数据来源包括开元读者研究数据、其他第三方公开的阅读率数据以及媒体自身提供的受众构成数据等。在这方面，假定媒体受众群体与产品销售群体的吻合度越高，广告价值越高。这是媒体广告价值评估分析的重要构成因子。

（三）媒体对受众影响力因子

这一因子主要参考媒体在互联网的二次传播能力。数据来源开元研究网络数据挖掘研究体系，通过对 4.5 亿网民的上网痕迹监测和 600 亿网页数据的分析挖掘，研究该媒体在网络二次传播的映射，折射出该媒体实际的阅读人群特性和社会影响力度。在这方面，假定媒体在相关领域互联网形成二次传播的能力越强，广告价值越高。这是媒体广告价值评估分析的参考构成因子。

（四）广告主对媒体的认同因子

这一因子主要参考广告监测数据。数据来源于第三方广告监测机构购买数据。在这方面，假定媒体在相关领域广告集中度越高，广告价值越高。这是媒体广告价值评估分析的参考构成因子。

案例：

2013 年广交会海外广告投放效果调研计划书

一、研究目的及效果

（一）研究目的

通过对不同区域、不同渠道客商的调研，了解 2013 年广交会海外广告投放效果，探究客商媒介接触习惯和与会需求；

对比过往数据，形成连贯性监测数据，并为广交会广告媒介平台选择和区域精准投放提供数据支持和决策依据。

（二）研究效果

希望通过调研，进一步梳理外商媒体接触习惯，检测广告投放效果；调研的同时，传达广交会专业、重视客户需求的正面形象。

二、研究对象

（1）来参加广交会的境外客商和潜在客商；

（2）国外广告覆盖区域潜在受众。

三、研究内容

（1）广告效果关键数据指数研究；

（2）客商媒体接触习惯；

（3）客商广交会与会频率、目的；

（4）客商广交会广告接触率、记忆率、促成率、美感评价；

（5）客商背景资料。

四、调研渠道及方法

调研渠道及方法见表3—3。

表3—3　调研渠道及方法

调研渠道	调研对象	调研方法	样本构成
广交会展馆	现有客商	拦截问卷调研	最终样本将由不同行业、年龄、国籍、洲别、公司规模的外商构成
广九直通车	潜在客商	发放问卷调研	
境外展馆附近（包括中国香港、德国、意大利、法国和马来西亚，在展会期间进行）	潜在客商	拦截问卷调研	

五、调研中立性保证

调研过程执行及数据报告将由第三方机构（国内外专业调研公司）执行，确保调研执行过程及结果的中立性。相关第三方机构包括：

1. 广交会展馆现场拦截问卷调研

由广州策点市场调研有限公司执行。策点市场调研是中国十大最具竞争力的跨行业市场研究公司之一，在成都、南京、北京均有分公司。策点长期为政府、国企及各类大型企业提供数据研究以及舆情趋势研究。客户包括深圳国税局、清远国税局、中铁二院工程集团、广州海关总署、世邦魏理仕、第一太平戴维斯、仲量联行等。

2. 广九直通车问卷调研

由香港铁路有限公司（MTR）执行。MTR是香港上市公司，世界著名铁路运营商之一。

3. 境外展馆附近拦截问卷调研

EXNOVO，总部位于意大利的专业公关，市场调查和咨询公司。负责意大利展会周边调查。

MOVE IT，总部位于德国的专业媒体推广，市场调查和咨询公司。负责德国、法国展会周边调查。

BLUEDALE，总部位于马来西亚的专业媒体推广，市场调查和咨询公司。负责马来西亚展会周边调查。

雅博市场研究有限公司，总部位于香港的专业市场调查和咨询公司。负责香港展会周边调查。

4．数据统计及报告

由广州策点市场调研有限公司执行。

六、项目控制管理（以第 113 届为例）

以第 113 届广交会项目控制管理为例，具体内容见表 3－4。

表 3－4　第 113 届广交会项目控制管理

工作内容		时间节点	阶段成果提交
项目设计阶段	调研问卷确定	3 月 15 日前	调研问卷
项目准备阶段	项目培训	4 月 11 日前	各区域访问地点安排表
项目执行阶段	项目执行、项目监督	5 月 4 日前	每日执行进度表
数据统计阶段	问卷抽样复核	5 月 9 日前	电子录入数据
	数据录入	5 月 9 日前	
	数据分析	5 月 9 日前	电子统计数据
报告撰写阶段	报告讨论	5 月 12 日前	当届调研综述、原始执行问卷
	报告撰写	5 月 19 日前	

注：具体执行期间，时间节点可能会略有调整。

七、调研综合性及抽样配额分布

问卷内容兼顾外商媒体接触习惯调查、广告投放效果调查，在测量 2013 年广交会海外广告投放效果的同时，探究客商媒介接触习惯和与会需求。不同调研渠道分别对应不同的客商类型，为保证调研数据的代表性和综合性，需保证不同调研渠道皆有一定样本量。

（一）调研综合性

调研问卷设计兼顾了描述性调研和探索性调研两方面。

（二）样本量确定

一般情况下，确定样本量需要考虑调查的目的、性质和精度要求，同时兼顾实际操作的可行性、经费承受能力等。按95％的置信度和98％的调查结果精度值计算，如果拟定每届到会买家总体数为20万人，每届大会现场调查所需样本量为2373份。

（三）不同调研渠道样本量均衡

由于我们的调研目标不仅仅是完成描述性调研（即调查已到会客商情况），另一个重要目标是为将来的投放提供决策依据，因此对潜在的客商展开调研势在必行。为样本分布达到数据均衡，拟按照50％：50％，对大会外的潜在客商也完成同样的样本量调查，从而对已到会客商和潜在客商进行分析比较，更好地为将来的投放提供数据支撑。

据此，本项目中每届样本量为：

大会现场2373份（到会客商），其他地点2373份（潜在客商），总计4746份。

全年完成样本量4746份×2＝9492份。

（四）总体抽样配额

总体抽样配额如表3—5所示。

表3—5　抽样配额

执行区域	访问外商		有效问卷		问卷版本
	上半年	下半年	上半年	下半年	
广交会展馆	2500	2500	2373	2373	广交会版
广九直通车	600	600	500	500	广九版
境外展馆周边（中国香港、德国、意大利、法国和马来西亚等国家地区多个展会举办期间）	1900	1900	1873	1873	国外展馆版
合计	5000	5000	4746	4746	

八、调研持续性：问卷设计和数据整合

（一）问卷设计的历史持续性

2013年将延续2012年（第112届）的问卷设计。由于调研对象为国际

客商，执行英文版问卷。

（二）问卷内容在各个调查渠道的持续性

不同渠道的调研问卷只是在题目表述和题量上有区别，题目选项和题目调研目的导出是一致的，由此保证所有数据分析整合的可行性。

九、2013 年调研与往届调研异同

1. 多年来一直在广交会现场展开媒体调研。2012 年起，开始在国外展馆周边进行调研。

2. 与 2012 年相比，2013 年调研项目的调研渠道、调研方式等没有作全局性的改变，2013 年将延续多渠道调研操作。问卷内容方面基本延续了第 112 届的调研问卷。因此可对比过往数据，形成连贯性监测数据库。

3. 与往届调研相比，2013 年调研项目不同之处包括：

（1）为采集更精确的数据，2013 年调研将引入更多调研人员，采集更多样本：（全年预定有效样本将从 5500 份提高到 9492 份，尤其是大幅度提高了国外展馆周边调研样本量）。

（2）国际展馆调研渠道扩大，除 2012 年已经开展的德国、意大利现场调研外，增加了香港、法国和马来西亚展馆周边的现场调查。

（3）在结果导出方面，引入了广告效果关键数据指数研究（2012 年未专门引入此研究）。

市调公司将对整体样本进行指标分析（见表 3－6）。通过指标分析对广告效果进行量化处理，形成更为直观的监测数据。

表 3－6　监测数据指标分析

指　　标		指标得分	指标权重/%
广告接触率	看过	20	20
	未看过	0	
广告曝光度	1—3 个月内	20	20
	3—6 个月	10	
	6—12 个月	5	
	忘记了	0	
广告记忆率	记得	20	20
	不记得	0	

指　　标			指标得分	指标权重/%
广告喜好度	文字、广告语	喜欢	6	20
		一般	3	
		不喜好	0	
	颜色、色彩	喜欢	6	
		一般	3	
		不喜欢	0	
	整体构思	喜欢	8	
		一般	4	
		不喜欢	0	
广告促成率		是的，很有帮助	20	20
		有帮助,有提醒作用	10	
		不这么认为	0	
合计				100

十、最终成果提交

（1）每届原始执行问卷、电子数据（Excel 和 SAV 格式）；

（2）年度调研报告。

十一、其他注意事项（广交会现场调查）

（1）广交会现场调研执行时间及人员安排（见表 3—7）：春秋两届广交会期间现场执行，由调研员（15 名经过培训的大学生）调查。调研员及调研公司指导人员证件由交易会广告公司协助办理。

表 3—7　广交会现场调研执行人员安排

交易会现场人员安排	数量	归属部门	负责内容	提交成果
项目经理	1	广告公司媒介部	负责整体项目的后勤统筹安排、办证对接	执行手册
项目督导	1	广告公司媒介部	负责项目质量监督及进程控制	每日进度表
定量访谈员	15	调查公司	负责展厅内拦截访问执行	定量原始执行问卷
质量复核员	2	广告公司媒介部、调查公司	负责质量复核，抽检	复核表
数据录入员	3	调查公司	负责所有研究数据录入	主观题数据输出

交易会现场 人员安排	数量	归属部门	负责内容	提交成果
数据统计员	1	调查公司	负责数据的统计及制图生成	SPSS 数据预处理、出图
研究员	1	调查公司	负责满意度数据分析及报告撰写	研究报告、问卷
合计	24			

（2）广交会现场样本总量：广交会现场每届配备 15 名调研员，工作 15 天，预计每届完成有效问卷 2373 份，广交会现场全年完成 4746 份。（包括广九直通车和国际展馆调查在内，调研项目全年预计完成 9492 份有效问卷。）

（3）激励方法：广交会现场调研配有礼品以提高访问成功率，礼品每份平均价值人民币 15 元，完成调查后赠送。预计广交会现场每届准备 2500 份礼品。

统计分析：

（1）广告公司协调收集广交会现场、广九直通车以及境外展馆周边等多渠道调研问卷，一并交由调研公司进行输入和数据统计；

（2）针对两个不同群体（到会客商及潜在客商），广交会现场及境外调研数据将分别进行统计、分析、比较；

（3）经数据综合处理及分析，秋交会后提交 2013 年度报告。

第四章　展会观众邀请

第一节　观众邀请内涵

一、观众邀请的概念

观众邀请是指展会主办方或承办方直接或间接邀请潜在的目标观众与会。从展会招商推介的角度，观众邀请是一种吸引观众与会最直接和最有效的途径，定期或不定期自主或委托合作伙伴向新老观众寄发展会邀请函。从展会营销的角度，观众邀请又是一种高效、有力的广告宣传形式。邀请函、信封外观、信件正文、宣传册子、回复格式等的设计和创意都代表展会的形象，是传播展会信息和理念的重要载体。

二、观众邀请的工作特点

（一）计划性

展会的观众邀请是一项计划性很强的工作，主办方或承办方应根据展会的举办日期、频次、所属行业特点、客商的行为规律、与会特征以及所在国家和地区的政治、经济、文化等方面的特点拟定邀请计划。广交会采购商来自全球200多个国家和地区，采购商的地区差异很大，世界各国邮政行业都有自己的有关邮寄的政策和法规，邮寄方式不同，邮资费用也不同，因此，充分做好前期的调研是制订高质量邀请计划的重要保证。

（二）系统性

观众邀请是一个展会常规性工作，涉及的部门较多，历时也较长。邀请前期，大量展会宣传品和邮寄物料的设计、制作和印刷通常通过服务外包形式交由专业的广告公司负责。邀请期间，主办方往往委托邮政服务部门处理大批量的直接邮寄业务，包括收件人姓名、地址等联络方式的打印、审核、张贴等。邀请后期，主办方还需要对观众应邀与会的效果进行评估。参与观众邀请工作的各个部门、各个环节应统筹协调，衔接有序。

（三）针对性

观众邀请是一项针对性很强的工作。对处于培育期的展会而言，观众邀请的费用投入较大，占展会招商推介总预算的比例也较高。随着展会规模不断扩大，邀请对象可能不断增多，邀请范围可能进一步扩大。因此，观众邀请必须有针对性，主办方应根据展会的市场定位进行细分邀请对象，根据对象的需求提高邀请函的个性化水平，根据对象的行为特征选择邀请渠道。

（四）技术性

观众邀请是一个体现展会信息化水平的工作。从观众数据的采集、整理、分析到运用，每一项工作都需采用大量的信息处理和加工技术。进行邀请前，主办方还应根据不同的市场特征细分观众数据，并按不同的邀请途径拟定邀请对象名单。目前，为降低邀请费用，电邮邀请已经被广泛应用在会展业，但如何提升电子邮件的送达率及回复率是一个普遍的技术问题。

三、观众邀请的工作内容

（一）建立数据库

建立观众数据库信息是观众邀请工作的前提，也就是说，展会主办方要通过各种途径收集、购买和积累新老观众的信息，建立自己的观众数据库，并经过分析筛选后有针对性地使用电子邮件、短信、电话、信件等方式进行客户邀请和关系维护工作。

（二）细分观众数据

拥有一个庞大的观众数据库并不足以保证观众邀请的效果。展会主办方还应对观众进行持续的跟踪和调研，掌握观众的行为特征，并根据展会的定位，进一步细分观众群体，有针对性地进行邀请。

（三）选择邀请方式

邀请方式是观众邀请工作的核心。选择有效的渠道是确保邀请效果的有力保证。如果主办方拥有强大的观众数据库，自主邀请也是一个主要的渠道。目前，欧美知名展览机构都非常重视自主邀请渠道的建设，包括通过社交和即时通信技术，提高邀请的实效性。对于一个新的展会，发动并激励参展商参与观众邀请是专业展览机构采取的方法之一。随着观众市场进一步细分，邀请方式必须更加个性化。

（四）制订邀请方案

邀请方案的内容通常包括邀请对象、邀请方式、邀请时间进度安排、部门分工、费用预算等。邀请方案应目标明确，流程清晰，职责明确，具有可操作性。观众邀请方案是一个展会招商推介方案的重要组成部分，是展会主办方组织和实施观众邀请的重要依据。

（五）评估邀请效果

评估的目的是进一步改进观众邀请工作，提高投入与产出的比例，提升展会观众的数量和质量。不同类别的客商，不同的邀请方式，可采用不同的评估办法，既可采用观众回复率和与会率等量化标准，也可以采用财务标准。在实际工作中，可参照国际展会的统一标准。

第二节　直接邀请

直接邀请是指展会主办方向采购商/观众寄发或派发邀请函和宣传资料，以吸引他们与会的邀请方式。直接邀请既是一种传统的客商邀请方式，也是展会广告宣传的一种手段，是会展企业使用最多的邀请方式之一。

一、直接邀请目的

直接邀请的目的就是最大限度地促进客商与会，提高展会的知名度，提高客商到会率。其目的大致可归纳为以下几点。

（1）在一定期间内，迅速扩大与会客商人数，有效提高客商到会率。

（2）稳定已有的老客商，维护与老客商的关系，提高老客商对展会的忠诚度。

（3）吸引新客商，提高到会客商人数。

（4）介绍展会新服务、新活动、新举措，提高与同类展会的竞争实力。

（5）增强展会和主办方的品牌形象，提高知名度。

（6）其他展会推广和营销目的。

二、直接邀请优势

直接邀请的优势在于直接、快速，更兼有成本低、认知度高的优点。同时，凭借主办方自有客商数据库或合作伙伴数据库，直接邀请的针对性较强，邀请效果较好，效果评估也较方便。

（一）针对性

由于直接邀请是以邀请函或其他宣传单为载体直接将展会的信息传递给潜在的客商，受众的目标性强、质量高，邀请具有较强的针对性。

（二）灵活性

不同于其他招商活动以及广告宣传，直接邀请可根据展会自身特点和招商推广的需要自行设计邀请载体、选择邀请对象、安排邀请的时间、确定邀请的形式等，体现主办方的自主性。

（三）创意性

直接邀请客商的方式以其针对性、灵活性、自主性等优势，在操作过程中更能体现"以人为本"的邀请理念，体现因地制宜、因时制宜、因材制宜的邀请特点，具有良好的创意性，达到更好的邀请效果。

三、直接邀请形式

目前，直接邀请在欧美展会招商推广中应用广泛，是仅次于展会广告的第二大邀请渠道。直接邀请的形式日趋多样化，除了传统的通过邮政系统直接邮寄邀请函外，电子邀请、夹报邮寄、上门投递（店内派发）、街头派发等形式也被展会主办方普遍应用。

（一）直接邮寄

通过邮政投递的方式，直接将展会的邀请函送达目标客商。直接邮寄的前提是主办方必须拥有准确的客商邮寄地址，邀请函寄达率在某种程度上还取决于客商所在国家或地区的邮政环境。

（二）电子邀请

通过电子邮件或其他电子通信方式，直接将展会的信息送达目标客商，主办方可以制作电子邀请函通过电子邮件群发，对于国内客商还可以通过手机短信方式群发。电子邀请方式成本低，快捷，但是寄达率和阅读率较低，随着人们通信方式日新月异，精确获取客商的电子联络方式越来越难。

（三）夹报

将展会的纸质邀请函或宣传单，夹在专业的杂志或畅销的报纸中进行投递，专业性展会更多选择杂志夹寄的方式，而大众性展会更多选择当地主流报刊夹寄。夹报方式成本比在杂志和报刊上刊登广告的费用低，夹寄费通常按邀请函的数量、重量和大小收费。

（四）上门投递

主办方组织员工将邀请函或宣传单直接投送至生活社区居民家中或商业区的企业中。这一方式与店内派发类似，即展会主办方根据展会的目标客商特点选取一些客商聚集的大型卖场、集散地或商场（如家具卖场、建材卖场、酒店用品城等），直接将邀请函送达目标客商。上门投递或店内派发适合招揽一些当地客商，特别在展会开幕前对加大招商力度具有一定帮助。

（五）街头派发

主办方组织人员在潜在客商集中通过的机场、车站、十字路口，甚至在同类展会现场直接派发展会邀请函。每届广交会期间，在展馆周围、地铁出口可见到许许多多"搭车展"主办方组织人员派发其展会邀请函，目的是获取广交会客商数据，引导客商参观其展会。

案例：

第117届广交会电子邮件整合营销方案

目前，电子邮件营销（EDM）是会展营销的一种重要手段。据调研，香港展会中，31.09%的采购商通过营销邮件获取展会信息。目前，每届广交会约向130万户采购商平均发送15封电子邮件。与国际知名展会相比，广交会的电子邮件发送数量多，频率高，但信息主题分散，形式功能单一，可读性较低，随机性较大。

为进一步规范电子邮件营销管理，推动邀请模式转型升级，第117届广交会拟对电子邮件进行深度整合，通过统一的视觉形象、系统的核心主题、稳定的栏目内容、规律的推送时间等手段，提高邮件营销效能。

一、主要措施

（一）统一营销邮件识别系统，提升广交会品牌形象

电子营销邮件统一整合为"广交会视窗 Window of Canton Fair"系列，视觉识别系统与广交会官方 VI 保持一致，提升营销电邮的视觉形象。

（二）整合营销邮件内容，提升电邮的可读性

整合常态化宣传邮件的内容。将常规向采购商发送的内容进行整合，增加采购商关注的信息量，设置固定栏目，如展会回顾、展会动向、服务推荐、互动专区等，在广交会开幕前分两期定时发送，通过内容及推送的系统性培养采购商阅读的忠诚性，提升营销邮件信息传递的有效性。统一临时性通知邮件的形式。拟将境外自办展邀请函、境外招商招展推介会通知、温馨提示等统一采用"广交会视窗"系列，在彰显广交会品牌形象的同时进一步提升邮件阅读率。

（三）丰富电邮功能，提升整体营销效果

拟改变以往纯文本形式，制作文本、图片、视频、超级链接等多形式结合的电子邮件，通过多维度与采购商互动，提升采购商阅读兴趣。同时，跟踪采购商使用的行为情况，如打开、点击、退订等，获取更多的营销线索。为跟踪邮件阅读反馈情况，营销邮件还将使用 263 许可邮件发送通道。

二、电子邮件整合营销（IEDM）具体工作方案

（一）IEDM 的目标

1. 广交会境外采购商数据库中忠诚及活跃采购商，约 30 万老采购商数据。

2. 广交会境外采购商数据库中扩邀采购商数据，即近年来从各渠道收集的约 10 万新采购商数据。

（二）IEDM 的定位

打造成采购商了解广交会的主要渠道之一，具有指导性、实用性、实效性，力求以直观的阅读感受把广交会最新的信息传递给采购商；同时通过跟踪采购商使用的行为情况，如打开、点击、退订等，获取更多的营销线索。

（三）IEDM 的策划

1. 名称：广交会视窗 Window of Canton Fair。

2. 期数及主题：广交会开幕前发送两期（见表 4—1）。

表 4—1　IEDM 期数及主题

期数	发送时间	邮件主题
第一期	2015 年 1 月	了解贸易，从这里开始 Start from here to find out more about trade market
第二期	2015 年 3 月	看这里，一起转动世界 Pay attention to here，then make the world move together with us

3. 栏目规划见表 4—2。

表 4—2　IEDM 栏目规划

	栏　目	内　容
第一期	展会回顾 Look back at the past	上届广交会的基本情况
	特色专区 Special zone	上届广交会的特点及热点问题（包括 CF 奖获奖产品介绍）
	互动热潮 Public participation	摘取 Facebook、微信上部分采购商及参展企业参加广交会的感受
第二期	展会动向 Look into the future	本届广交会的情况
	热点关注 Highlight	本届广交会新趋势、新服务、重要活动等亮点
	服务专区 Value-added Service	采购商与会须知及采购商增值服务等

4. 设计效果（详见图 4—1）：IEDM 视觉识别设计与广交会官方 VI 保持一致，制作个人计算机终端版及移动终端版，以方便采购商在计算机及手机上打开阅读。邮件使用文本、图片、视频、超级链接等多形式结合，以直观的阅读感受传递信息，提高与采购商之间的交互性。

图4—1　IEDM 视觉识别设计图

（四）IEDM 的发送

IEDM 通过外贸中心内部邮件系统向广交会境外采购商数据库中忠诚及活跃采购商、扩邀采购商发送。发送后跟踪采购商打开、点击及退订的情况并形成报表，以获取更多的营销线索。

（五）临时性通知邮件管理

临时向指定范围采购商发送的邮件，如境外自办展通知、境外招商招展推介会通知或外贸中心有关部门需临时向境外采购商发送的通知内容，也将统一使用"广交会视窗 Window of Canton Fair" VI 向指定范围的采购商发送。第117届广交会预计发送临时性指定范围的营销邮件约20万封。

四、直接邮寄的 40-40-20 法则[①]

选择直接邀请的形式在很大程度上取决于展会的市场定位和目标客商特点，不同的邀请方式在邀请效果、邀请范围、时间安排、人力成本、费用投入等方面的差异很大。此外，直接邀请的前提是主办方必须拥有高质量的客商数据库或优质合作伙伴，以及功能强大的客商邀请软件和硬件系统。

目前，直接邮寄依然是大多数展会主办机构直接邀请采购商的重要方式之一。进行直接邮寄活动时，记住"40-40-20 法则"是至关重要的。该法则是已故的埃德·迈耶（Ed Meyer）首创的。他当时被称为"直接营销之父"。时至今天，该法则仍是直接邮寄理论的重要法则。此法则认为，直接邮寄工作的成败与否取决于三个要素，这三个要素及其所占的比重如下：

40%取决于邮寄名单——你的读者。必须将相关内容直接邮寄给准确的客户或准确的客户的准确的细分市场，以保证会展成功地吸引顾客。例如，一个关于雇员健康津贴的商贸会展向卫生保健部长促销，要比向土木工程师促销吸引力大。

40%取决于会展提供物——你的服务、条款、价格和身份。例如，其他条件都是一样的，在拉斯维加斯举办会议的吸引力要比新泽西州纽瓦克大；支付方式一项中，可以使用信用卡的会议要比只能使用公司支票吸引力大；花费为 350 美元的研讨会要比 750 美元的吸引力大；由国家木船制造协会主办的商贸会展要比中西部木船制造协会主办吸引力大。

20%取决于邮寄创意——你的邮寄包，包括信封、信件、小册子、广告插页和回复工具。创意，在使直接邮寄方法成功的诸要素中是最无足轻重的，但因其最为直观，因此常常被过分的关注。以致影响到有助于成功的两个最重要的因素：名单和会展提供物。这 20%就像冰山一角，迷惑了大多数营销人员，而对邮寄名单的管理却因其烦琐被置于微不足道的位置，同时对会展提供物的设计的关注也是相当肤浅的，因为营销人员认为"会展的价值是显

[①]　［美］桑德拉 L. 莫罗：《会展艺术：展会管理实务》，上海远东出版社，2005.

而易见的"。

如果进一步分解一个邮包的各部分,会发现对于邮寄创意组成的各部分不适当的关注更为糟糕。为讨论方便,现假定有 5 个可控因素:文稿、图标、格式、造纸原料和邮资等级。假定这些因素地位相同,应用 40-40-20 法则意味着这 5 个因素中的每一个对于整个邮寄包的效力只有 4％的影响。很明显,每个因素本身都不是举足轻重的。

营销人员所犯的错误是假定在邮寄名单和会展提供物上没有什么工作可做,因而,邮寄创意成了可以改进的唯一领域。实际上,他们将邮寄创意的比重提高到了 100％,这显然与真实的情况相悖。

五、直接邀请流程

随着展会的专业化程度不断提高,直接邀请日趋流程化和规范化,通常有制订邀请计划、前期筹备、正式邀请、总结与效果评估等 4 个环节。本小节以直邮邀请和电邮邀请为例,简要介绍专业展览机构采用的普通流程以及有关注意事项。

(一)制订邀请计划

1. 选择邀请对象

根据展会的发展需要,按新老客户、不同忠诚度客户、大客户、合作伙伴以及不同国家和地区客户等类别进行分类邀请。一般来说,上一届展会观众与会的分析、参展商反映、市场需求等被视为确定当届展会观众邀请对象和数量的主要依据。

2. 选择邀请方式

根据不同类别和不同地区的客商选择不同的邀请方式。选择邀请方式:主动邀请(直邮邀请、电子邮件邀请等)、被动邀请(客商主动在网站申请与会等)。选择邀请方式时,主办方通常采取效果优先,兼顾成本的原则。

3. 制定各项邀请工作时间安排表

对于直邮邀请和电邮邀请,要在合理的范围内拟定邮寄次数。从开始设计邮寄活动时就应作为一项多批次的项目。无论是直邮还是电邮,都是一种广告的形式,给客商带来的影响在许多方面如同广告给客商影响一样。一般来说，客商平均在接触了展会要传递的信息三次后，才能真正接受它。因此，主办方最少邮寄三次，当然可以使用不同的邮寄形式。

4. 费用预算

预算包括物料（邀请函、宣传资料、信封等）设计制作费、邮寄费、人员费等邀请工作中产生的费用。如果要购买新客商数据，则还需包括数据购买费。

（二）前期筹备

1. 物料设计制作印刷

邀请函（展会请帖）、宣传资料、信封、防伪标签等。

2. 查询不同邀请方式所需客商数据，并从数据库分类导出

制定客商名单是直接邮寄和电子邀请最重要的组成部分。对于任何一个展会，高质量的潜在客商姓名和地址清单都是无价之宝。

3. 制作电子邮件邀请的邮件模板

例如，通知邮件、活动邀请、温馨提示等。

4. 其他准备工作

更新网站信息、电子邀请函模板、系统设置，并进行测试。

（三）正式邀请

（1）直邮邀请物料运至邮寄单位，打印客商信息，邮寄地址，封装邮寄。

（2）按时间表陆续发送电子邀请邮件。

（3）审核客商的与会申请，按照客商要求寄发邀请函或请客商自行网上打印电子邀请函。

（四）总结与效果评估

统计实际邀请工作的各项数据，进行总结，并根据实际客商回复或与会情况进行邀请效果评估。回复率是通常用来衡量直接邀请效果的重要指标，即主办方通过从各种途径（电话、邮件、传真等）收到的回复数量。回复率的计算是回复的数量除以直接发出的邀请数量，用百分比来表示。在一些欧美展会中，直接邀请活动是否成功可用一个所需最低回复率来衡量。知道了最低回复率，展会主办方就可以在回复不足的时候，对直接邀请活动进行调整。例如，重新制定客商数据名单，或按行业或地区进一步

细分客商名单；列出更多展会更具有吸引力的卖点、亮点、服务和激励措施；改进邮寄创意等。

（五）需注意的事项

（1）邮寄包装物料的重量影响直接邮寄费用。大批量的邮寄业务，哪怕物料重量多出一两克，费用都会大幅增加，因此要严格控制物料的使用。

（2）邮寄地址必须校验正确性，邮路中断的国家地区通常不宜采用直邮邀请。尽量减少退信数量，不要浪费邮寄费用。

（3）电邮邀请时需确认电子邮箱有效性，提高邮件寄达率。

（4）广交会客商申请请帖多用于签证，设计制作请帖要考虑是否符合外交部办理签证要求。对某些国家地区不发放有签证功能的请帖。

（5）邀请工作免不了需要其他单位的协助，如设计印刷公司和邮局。展会的商标、图片等设计素材的版权，以及最重要的客商数据都要做好保密工作。

案例：

第 113 届广交会境外采购商邀请工作方案

面对国内外严峻的经济形势，第 113 届采购商与会不容乐观，邀请工作任务艰巨。为此，主办机构高度重视，专题研究，积极部署，进一步解放思想，凝聚力量，攻坚克难，实施创新驱动发展战略，开展"数据驱动"的邀请策略，稳步提升广交会采购商邀请工作水平。具体工作方案如下：

一、总体情况

第 113 届广交会计划邀请总量为 148.6 万户，其中包括直邮邀请 34.3 万户、电子邮件邀请 110.9 万户（休眠采购商 57 万户、扩邀采购商 25.9 万户、新采购商 28 万）、公共关系邀请新采购商 2 万户，其他渠道拓展邀请 1.4 万。

二、主要措施

（1）针对第 112 届广交会采购商与会率出现普降情况，拟对第 112 届到会人数最多的前 30 个国家或地区以及到会人数减少幅度最大的 38 个国家或地区（中国香港、14 国除外，以下简称 38 国）的近期休眠采购商扩大邀请。

（2）针对第二期采购商跌至分三期以来的最低点的情况，拟向数据公司购买 38 国、行业类别为日用消费品类、礼品类和家居装饰品类的 10 万条新采购商数据用于扩大邀请。

（3）考虑香港地区采购商无需邀请函办理来华签证且大部分采购商对广交会情况已比较熟悉的情况，拟从第 114 届起，对香港地区采购商不再邮寄纸质宣传资料，只发送电子邮件的宣传信息。为此，将在广交会网站、第 113 届寄发给香港采购商的与会通知单、宣传邮件中进行广泛宣传，确保香港采购商知悉以上变化。

（4）拟进一步加大电子邀请的力度，扩大范围，增加频次，丰富内容，激励、引导采购商自行登录采购商电子服务平台更新公司资料，提高采购商数据质量，提升寄达率，充分发挥电子邮件营销的效果。

（5）加强调研力度，提高调研水平，为广交会境外采购商招商工作提供指导意见和建议。

三、具体安排

（一）直邮邀请

1. 拟对第 112 届到会的全球（中国香港、14 国除外）忠诚采购商，按人名邮寄实名制邀请函；对第 112 届未与会的忠诚采购商及近 5 届到会的全球（中国香港、14 国除外）活跃采购商，按公司名邮寄实名制邀请函；

2. 拟对 38 国、行业类别为日用消费品类、礼品类和家居装饰品类的近期休眠采购商，按公司名邮寄实名制邀请函；

3. 拟对中国香港的忠诚和活跃采购商按公司名寄发与会通知单；

4. 根据外交部领事相关规定，拟对阿富汗、伊拉克等 14 国的忠诚和活跃采购商按公司名邮寄重要通知单。

（二）电子邮件邀请

1. 拟于 2013 年 1 月初通过采购商电子服务平台向客商数据库内休眠及扩邀采购商群发电子与会通知单。

2. 拟于 2013 年 2 月中对使用本届新购买的 10 万以及前三届购买的 18 万新采购商数据，通过 263 许可邮系统向其群发电子与会通知单。

（三）公共关系营销

1. 加强与我驻外经商机构的联系和交流，充分发挥其作用，扩大广交会邀请和宣传。

（1）继续向我驻外经商机构、中旅及其海外分社等海外渠道寄送 2 万份空白邀请函、与会须知等宣传资料，请其协助邀请海外采购商与会。

（2）代商务部拟函并发送我驻外经商处参处（室），请其协助开展广交会采购商邀请、宣传及招商招展工作。

（3）完善驻外经商机构专用工作通道功能，加大宣传，提高其使用率。

2. 加强与广州 44 家驻穗总领馆的交流与合作，积极参加各国驻穗总领馆在广州举办的各项活动。

3. 代商务部拟函，发动各交易团和商协会组织更多参展企业参加参展商邀请新采购商与会有奖活动。

4. 加强与外交部领事司的沟通，邀请外交部领事司领导及有关负责同志实地考察第 113 届广交会。

四、前期筹备

（1）制作纸质邀请函（含重要通知单）、防伪标签、信封以及电子邀请函的文字和设计制作要求，进行设计制作。纸质邀请函（含重要通知单）、防伪标签、信封主要用于直邮邀请，为简化邀请工序，只制作中英文对照版（中文需繁体）。电子请帖用于客商在广交会官方网站上申请并打印，需制作多语种版，如阿拉伯语版本。

（2）按要求导出采购商数据。

（3）制作电子邮件邀请的邮件模板，如通知邮件，活动邀请，温馨提示等。

（4）更新网站信息、上传新的电子邀请函模板、系统设置，并进行测试。

五、正式邀请

1. 直邮邀请物料运至邮寄单位

2. 打印邀请函

（1）打印直邮邀请的客商信息，邮寄地址，封装邮寄。注意每种信件内容的种类和语种的不同。

（2）按时间安排表陆续发送电子邀请邮件。

（3）开通广交会网上电子请帖打印功能。审核通过的客商与会申请，均按照客商要求寄发邀请函或请客商自行网上打印电子邀请函。

3. 邮寄和发出邀请函

（1）将直邮邀请函交予合作邮局邮寄。

（2）通过合作电子邮件服务商发送邮件。

六、效果评估

邮局发帖后，汇总因各类原因导致无法寄达的客商资料，在数据库中打上标志，在地址修改正确前，不再通过直邮发送信件给该客商。无法寄达情况通常有如下几种。

1. 地址不正确或地址较简单；

2. 地址和国家名不符；

3. 公司迁移；

4. 查无此公司（人）；

5. 其他（包括中文公司名）；

6. 异常简单，如只有国家名、城市＋国家名、门牌号＋国家名；

7. 中文书写或拼音书写的境外地址（除港澳台地区）。

发送电子邮件也会有无法寄达的情况。例如，邮箱无效，寄达但没阅读（即进入垃圾邮件），转发或无法打开邮件内链接等。要对这些情况进行记录，通知客商对邮件进行修改或设置。

最后统计实际邀请的各项数据，进行总结和报账。

广交会开始后，对各国各期客商与会情况、新客商与会情况以及持帖报到采购商情况进行统计，对比邀请情况进行邀请效果评估。

第三节　关联邀请

关联邀请是指借助展会参展商、展会观众等利益关联方的渠道邀请展会客商。关联邀请具有针对性强、客商质量高、邀请效果好以及费用低等优点，但也存在激励困难、利益冲突等方面的缺点。关联邀请主要包括参展商邀请采购商和老采购商邀请新采购商两种形式。

一、关联邀请的重要性

在会展业发展日新月异的今天，面对激烈的市场竞争，展会主办方能否维护好与参展商和老采购商的客户关系，能否利用两者的资源为展会招商服务是展会提升与发展的重要因素。组织展会的根本目的是为了满足参展企业的市场营销和产品推广需求。企业决定参展，是认为参加展会能为企业带来价值，能满足他们宣传企业产品、树立企业形象、促进贸易等需求。因此，在开展客商邀请之前，主办方应该详细了解参展商的参展需求、企业产品定位、寻求合作的方式、寻求贸易对象的类别等。只有全面了解参展商的需求，主办方才能集合展会目标客商对象，形成展会观众组成的基础，邀请到对口的观众，使参展商与观众在展会这个平台上达成贸易成交和合作交流的目的。另一方面，参展企业能否准确了解展会的市场定位包括会展产品定位、参展企业定位、竞争定位和参观商定位等是其获得参展预期效果的一个关键要素，品牌参展企业报名参展后会投入重金通过各类广告、网站、DM（直邮）等方式配合参展宣传，为企业参展造势，其中最重要的参展前准备是直接邀请自己的客商与会。忠诚客商是一个展会的宝贵财富，他们除了不间断地参加展会以外，通常还源源不断地介绍新客商与会，通过现身说法和自身成功经验，有效地推动新客商与会。

与直接邀请相比，关联邀请操作比较复杂，主办方需要整合内部和外部的资源，内部资源包括招商推广部门、招展部门、展会服务部门、信息技术部门的资源，外部资源包括参展商、参展组团机构（代理、交易团）、老客商、行业协会、工商机构等个体或群体的资源。

二、电子邀请平台及数据库建设

通过参展商、老采购商的渠道邀请到的采购商数量大、质量高、成本低，主办方要充分发挥这一关联邀请的渠道，应该建设具有丰富功能的电子邀请平台及相关数据库。

（1）设计自主电子邀请平台的界面，具有客商信息导入、邮件模板选择、活动积分查询等功能，各功能均可自助查询。

（2）建立数据库，通过数据匹配，统计应邀采购商/观众与会情况。经数据自动匹配来完成效果评估，并以此为依据进行评分并分别建立邀请数量的激励机制及邀请效果的激励机制。

三、邀请的形象设计及宣传

要吸引参展商和参展观众积极参与展会邀请工作，主办方通常设计制作独立的宣传资料（宣传海报、单张）和邀请函（纸质邀请函、电子邀请函），并利用展会的内部和外部渠道，大力宣传参展商邀请采购商和老采购商邀请新采购商活动。

（一）形象设计，提炼邀请主题

以富有视觉冲击效果的形象和鲜明的主题，吸引展会参展商及展会观众的注意。

（二）借力相关渠道进行广泛宣传

（1）网络宣传，在展会官网或相关网站开展宣传。

（2）平面印刷材料宣传。包括印制宣传单进行宣传和在展会参展手册、与会须知等展会相关宣传品中增加宣传内容。

（3）现场宣传，在相关的活动场合推广宣传展会对参展商、观众邀请新观众与会的有关奖励及效果。

（4）其他渠道宣传。借助展会的信息传播渠道，如客户服务中心、短信信息平台等发送相关的宣传内容。

四、邀请的具体措施

主办方针对普通客商和VIP客商分别采取不同的邀请措施和方式，对于普通客商，通常采用电子邀请手段，而对于VIP客商，通常采用设计精美、个性化更强的纸质邀请函。

（一）普通客商的邀请

（1）展会参展商、老采购商凭用户名及密码登录电子邀请平台并向他们的客户或朋友发送已经定制模板的邀请函。例如，广交会参展商可在"参展易捷通平台"http：//exhibitor.cantonfair.org.cn/cn/登录发送邀请邮件。客商凭邀请邮件可获得免费进场等礼遇。

（2）由展会主办方免费提供专门的纸质邀请函供展会参展商、老采购商直接赠送或邮寄给他们的客户或朋友。客商凭邀请邮件可获得免费进场等礼遇。

（二）VIP 客商的邀请

由展会参展商、老采购商向展会主办方提供 VIP 客商（如采购额大的优质采购商等）名单，由展会主办方审核合格后，向 VIP 客商发出展会主办方与展会参展商或老采购商联名邀请的特殊邀请函，VIP 客商凭此邀请函能享受展会的特殊礼遇，如贵宾通道、贵宾休息室、专人陪同参观讲解等。

五、奖励与激励

为了最大限度地吸引参展商和老采购商参与展会邀请工作，主办方除了给予应邀客商各种礼遇和便利的服务以外，还对参展商和老采购商提供各式各样的奖励，以感谢他们对展会发展所做出的贡献。主办方通常做法如下。

（一）收集参展商、老采购商邀请提名名单

根据收集到的名单统计受邀采购商到会情况，根据到会数量多少对参与的参展商、老采购商进行排名。

（二）奖励的对象

（1）对参加活动的展会参展商实施奖励激励。

（2）对参加活动的展会观众实施奖励激励。

（3）对与会的新观众实施奖励激励。

（4）奖励的通知及奖品的领取：奖励的通知，通过官网公布或向获奖者发送邮件；颁奖，颁奖形式视获奖者排名而定，对于排名靠前的（一般为前5位），可通过颁奖活动向获奖者发送奖品，由项目负责领导或高层中主管本部门的领导向获奖者颁奖并予以报道，以扩大影响，对其他获奖者通过在现场设立奖品兑换窗口向获奖者发送奖品。

六、注意事项

（一）明确保证采购商数据的安全性

与其他的合作伙伴相比，参展商更有助于扩大展会的采购商邀请范围，因为他们与采购商关系密切。但是，许多参展企业担心一旦将自己的采购商名单提供给了主办方就有可能导致名单泄漏或流失，因此，如果能明确保证名单的安全性，他们会更乐意向他们的客户或潜在的客户直接邮寄邀请函，或者进行电话邀请，或者向主办方提供相关名单。

（二）设置有针对性的激励制度

在参展商、老采购商邀请中，设置的奖励和激励项目必须有针对性和吸引力，但又要兼顾节省的原则，最好能利用展会自身资源。一般参展商希望的是摊位或搭装费用的折扣，而采购商往往希望能节省差旅费，因此可以利用展会主办方掌握的摊位定价权，给予参展一定数量的免费摊位或一定幅度的摊位优惠，给予老采购商免费酒店客房及机票等，让参展商和老采购商得到实实在在的实惠。

（三）提高邀请工作的便利性

为保证企业的参与热情，邀请的程序必须尽可能简单，并要获得组团单位（代理招展单位）的大力支持，以便进行宣传和组织。对于大型展会，主办方可以搭建电子网络邀请平台，供参展商和老采购商自行操作；对于中小型展会，主办方可以印制展会邀请函，免费赠送给参展商或老采购商，鼓励他们向潜在采购商直接邮寄。

案例：

传递商机邀请有"礼"
——广交会参展商邀请采购商、老采购商邀请新采购商活动介绍

享商机，赢大奖。广交会"参展企业邀请采购商"活动不仅让参展企业接触到更多采购商，还奖励发出邀请数靠前的参展企业，免费享受广交会威斯汀酒店住宿与餐饮套券。

早在第113届的广交会开幕前，"参展企业邀请采购商"活动已经开展，参展企业登录广交会官网的"易捷通"平台，可在"邀请客户"栏目中根据指引提交客户信息并发送邀请邮件。活动根据邀请采购商数目，评出各期获奖企业名次。旨在发动参展企业与主办方共同邀请采购商与会。

在活动启动前，主办单位对近两千家参展企业进行电话调研，受访企业普遍认为"参展企业邀请采购商"活动较好，对该项邀请活动认可度高，并建议持续开展活动。每届广交会人潮涌动的场景，有众多参展企业贡献的一份努力，期待更多企业参与到下一届"参展企业邀请采购商"活动中去。

2013年4月16日，"参展企业邀请采购商"活动颁奖仪式在广交会展馆梅花贵宾室举办。广交会有关领导、广东省商务厅以及获奖企业代表等嘉宾出席了本次颁奖仪式。整个活动共邀请到过千名采购商与会，其中10%左右为新采购商。

第113届广交会邀请有"礼"活动图片如图4—2、图4—3所示。

图4—2　活动宣传单张

图 4—3　获奖企业照片

第四节　代理邀请

代理邀请主要是指采取经济手段与政府部门、商贸组织（如商会等）、公关公司、旅行社等机构进行合作，在目标市场举办各种形式的展会宣传推介活动，直接或间接组织客商与会。一般而言，与展会主办方合作进行代理邀请的企业和机构主要包括：会展企业所在国的商会和贸易促进组织，境外商会，其他国家的部分行业或综合商会、旅行社等。由于这些利益相关方可以从采购商与会中获得一定利益，积极性较高，且相比会展企业，他们往往熟悉目标市场的经济、政治、人文、地理环境，人脉广，拥有专业的会展推广人才和实践经验，因此，如果能利用此类机构进行代理邀请，可以进一步拓宽展会的邀请网络，提高客商邀请效率，节省资源投入。

在会展业发达的欧美国家，会展企业通过在世界各国设立子公司、分公司、办事处或代理机构，为旗下展会构建了全球营销网络，为客商邀请提供了组织保障。然而，在一些发展中国家，近年来会展业发展迅速，展会林立，区域性展览机构为了快速招揽客商，通过市场化手段选择与专业展会推广机构合作，大力开展代理邀请工作可以弥补其营销网络不广、国际化程度不高、本土化招商经验不足的短板，有利于迅速扩大展会影响力，快速提高招商推广水平。

一、目标市场的选定

随着经济全球化，展会的国际化程度越来越高，采购商的地域来源和行业来源也越来越广。对于专业展来说，全球市场无比巨大，对于综合展来说，涉及的行业较为广泛，因此，选择招商代理之前，应该清晰地选定目标市场。主办方要通过市场调研或其他方式了解展会所属行业的市场需求结构，特别是参展商的基本情况，获知他们最关注的采购商的行业、类别及地域等。

明确了展会的目标市场可以使主办方选择邀请方式。如果主办方拥有足够庞大的采购商数据库，那么就可以采取自主邀请或关联邀请方式。否则，就要物色合作机构，通过市场化的手段，采取代理邀请的形式。

二、代理机构的种类

1. 商会、协会或学会

商协会和学会与展会之间有密切的合作与联系。他们不仅会直接参与展会的主办、承办、协办或支持工作，而且会与展会进行互动宣传、交换广告与展位、发动会员企业参展或参观。与商协会或学会合作有助于主办方在短时间内邀请到更多行业专业采购商、VIP采购商及专业媒体与会。

2. 政府部门

许多外国政府进出口协助部门实力强大，资金雄厚，网络发达，是展会主办方非常有效的招商合作伙伴。以广交会为例，中国驻外经商处室以及各国驻穗使领馆一直以来通过各种方式积极邀请境外采购商与会，并取得非常显著的效果。

3. 旅行社

大多数展会都会指定专门旅行社负责为参展商和采购商提供接待服务。同时，旅行社也愿意通过委托代理的方式为展会提供宣传推广、客商邀请等方面的支持。如旨在邀请国际观众，主办方可选择一些已建立国际网络的旅行社，积极地向目标客源国家和地区的商界人士宣传推介展会。

三、机构选择的流程

一般来说，主办方会按国家和地区设立管理员，由各地区推广专员在业务工作中不断搜索相关工商机构的信息，并推荐合适的邀请代理机构。

（一）合作对象范围

客商邀请事务的部门提前拟定当年合作伙伴发展计划，积极寻找实力强、影响力大、有合作潜力的海外工商机构。途径包括出访拜会、我驻外经商参处（室）推荐、主动来函要求合作的机构等。合作对象包括符合条件的海外商协会、旅行社和商务咨询公司等。

（二）信息收集

收集拟合作机构动态信息，请其填写并回传《拟合作机构动态信息表》并征询我驻当地经商参处（室）的意见。出访工作小组所推荐机构由线路负责人征求上级领导的意见。

（三）协议文本的磋商

原则上各选定机构由相关地区管理员进行联系，如当届出访招商线路中有拟发展机构所在国家（地区），则由出访工作小组负责联系并抄送地区管理员。出访工作小组在联系过程中如发现新的有具体发展意向的合作对象，可告知地区管理员并探讨合作的可操作性。

双方通常依据标准的合作协议文本，就合作内容进行磋商，在最后达成一致后，分别上报各自机构高层，确定签订协议的内容、时间、地点和方式。另外，双方还要就未来半年或一年的具体合作内容进行初步沟通，达成一致后，开始实质性的合作。

一般来说，展会主办方会要求合作协议内容严格按照由主办方法务部门审核后的标准模板，但如遇对方提出修改意见，可按以下几种情形分别处理：

（1）拟发展合作伙伴对协议文本有较多修改意见，涉及原则性问题的主办方可以不予考虑，如只是对文本进行细微改变，可汇报上级领导后正式签订协议。

（2）出访招商小组出发前工商机构临时提出合作意愿或出发前仍未与对方最后落实协议内容并将于会谈期间继续协商，出访小组在外正式签署合作协议前须先取得出访小组领导的同意才能签署。

（3）出访小组一直保持联系的拟发展合作对象，如有意向但还没报文的，返回后交接地区管理专员继续跟进落实。

（四）内部报审流程

经协商，与拟合作伙伴对象确认协议文本后，由地区管理员提供相关背景资料，负责邀请事务的部门的合作项目负责人向企业高层上报关于合作的请示。若在出访小组出发前，请示还未走完所有审批流程，但主管客商邀请事务的企业高层已核签，出访人员可先签署合作协议。若已报文但企业高层仍未审批的，则由邀请事务科室高级经理汇报部门领导，经部门领导同意后才可在外签署该协议。已经报文且企业高层已核签，但由于种种原因出访小组在外并未最终签署合作协议的，返回后需补充情况说明报部门领导。

（五）文件签署流程

双方按最后商定的方式签订合作协议。合作协议一式两份，双方各持一份。

1. 出访签约

出访工作小组在外签署合作协议，须事先与对方协商好场地布置及签约流程。协议文本由主办方工作人员用协议纸事先打印好并放置签约本内，可多打两份协议并携带几张空白协议纸备用。

2. 对方来访签约

拟发展合作伙伴高层来访并签署合作协议，须提前预订带投影设备的会议室并做好场地布置。地区管理员提供会见签约背景资料。会签双方各提供一名现场助签员，经办人员事先了解对方是否有提供礼品，如有，则提前申领礼品并于协议签署后进行礼品互赠环节且合影留念。

（六）后续跟进

合作协议签署后，相关联系人须完成以下后续跟进工作。

1. 文件归档

若出访工作小组在外签署合作协议，返回后将合作协议、相关名片、内请复印件及现场签约照片交接负责邀请科室。合作伙伴项目负责人将协议原件交还保密室存档，同时复印两份，一份复印件连同内请复印件存档负责邀请科室，一份由相关地区管理员存档。外方赠予的礼品应交接负责国际推广的科室。

2. 资料更新

每新签一家合作伙伴，负责邀请科室合作项目负责人须更新广交会合作伙伴一览表并录入数据库。同时在三周内将更新后的资料通知信息化部更新广交会合作伙伴网页、负责国际推广事务科室及相关地区管理员。出访工作小组在外期间签署的合作机构由出访工作人员录入数据库并逼知负责邀请科室相关负责人。

3. 续签

负责邀请科室合作项目负责人定期检查已签署合作协议的有效期，并在有效期过期前两个月提前通知相关地区管理员，由地区管理员与合作伙伴协商关于续签事宜。

经协商，如对方表示不再续签，地区管理员告知负责邀请科室项目负责人。负责邀请科室通知信息化部更新网页。如同意续签，则统一报中心内请并以邮寄或现场签约的方式续签协议。

案例：

中国对外贸易中心与土耳其某商会建立市场化招商战略伙伴关系

中国对外贸易中心第111届广交会出访小组在土耳其进行招商时，拜会了土耳其某商会负责人，其表达了成为广交会在土耳其代理的意愿，协助广交会主办方在土邀请采购商，并组织采购商与会。作为回报，广交会主办方辟出专门场地，帮其设立商会服务点，为其与会会员提供现场服务和与中国企业的对接。出访小组在考察后发现，该商会总部虽然设在伊斯坦布尔，但其会员遍布土耳其全境，拥有超过5000家会员，且多与中国有贸易往来，该商会有自己的办公场所，会场、会议设施齐全，适合举办推介活动，且与土耳其政府有良好的关系。因此在回国后将这家商会推荐给了负责与海外商会合作事宜的国际VIP事务部，外贸中心有关部门随即进一步与其协商，并将合同文本发送至土方。土方在合同细节方面提出了一些修改意见后回传，中方将经对方修改后的合同文本交由中方律师审阅修改后再发给土方。经过这样多轮磋商后基本达成一致意见，然后中方将合同文本报外贸中心领导最后审阅，同意后与对方敲定于 2012 年 3 月 16 日在伊斯坦布尔由出访的外贸中心领导与土方主席共同签订协议，并在同一天，作为履约的一部分，土方协助中方在伊斯坦布尔召开了一次推介会，有约 60 名客户与会。

2012 年 10 月 15 日，该商会组织 50 人代表团与会，广交会主办方中国对外贸易中心为其提供会议室和贸易配对服务。

第五章　展会观众促销

第一节　促销渠道

一、概述

促销渠道是展会整个营销系统的重要组成部分，它对降低展会营销成本和提高展会竞争力具有重要意义。美国市场营销学权威菲利普·科特勒对营销渠道的定义是"营销渠道是指某种货物或劳务从生产者向消费者移动时，取得这种货物或劳务所有权或帮助转移其所有权的所有企业或个人。"无论是生产企业，还是服务性企业，都有必要通过营销渠道来促销产品，提升知名度，从而扩大产品的市场占有率。展会营销渠道是展会作为一种现代服务产品从主办机构向参展商、参观商、媒体及相关参与方转移过程的具体通道和路径。对于展会招商推广而言，营销渠道是观众促销的重要路径，因此也被称为促销渠道。

构建一个符合展会市场定位的促销渠道有利于主办方深入推广展会、吸引高质量客商与会。促销渠道的选择和确定通常是主办方复杂而富有有挑战意义的决策，渠道策略也是展会招商推广的重要策略之一。

二、直接促销渠道

展会的直接促销渠道是指主办方直接向展会的消费者，包括参展商、参观商、工商团体、政府机构、媒体等，推广展会，无需经过中间商的介入。展会直接渠道又叫自主渠道，是展会主办方通过整合自身资源，在不同市场设立分支机构或办事处等，从而构建为自办展会开展全球营销的渠道及网络。其优点是：①有利于展会主办方与消费者的信息沟通；②促销渠道稳定，容易掌控；③促销内容丰富，目标更有针对性，效果好。其缺点是投入成本高，建立促销周期长，增加促销费用，分散了主办方筹备和组织展会的精力。欧美一些知名展览机构历史悠久，实力雄厚，展会题材众多。在办展地域上，不仅在本土成功打造一系列国际品牌展会，还在新兴市场通过品牌移植、并购、合作等手段举办大量展会。为更好地服务和营销位于世界各地的展览会，欧美展览机构长期致力于构建服务全球的自主营销渠道，在世界各地设立分公司、子公司或办事处。

案例：

法兰克福展览：拓展全球市场

法兰克福展览有限公司是全球最大型的展览会主办单位之一，集团迄今已在全球设有 28 家附属公司，5 个办事处及 52 个国际销售伙伴，聘用超过 1760 名员工，2011 年营业额逾 4.5 亿欧元。法兰克福展览覆盖世界各地 150 个国家，2011 年法兰克福展览有限公司在全球 30 多个城市举办 101 场展览会，其中一半以上在德国以外地区。法兰克福展览中心占地面积 578000 平方米，共有 10 个展馆，毗邻市会议中心。法兰克福展览有限公司是一家国营机构，法兰克福市政府拥有 60% 股份，黑森州政府拥有 40% 股份。公司多个旗舰展会在市场上具领导地位，包括消费品类的 Ambiente——法兰克福国际时尚消费品展览会、Beautyworld——法兰克福国际美容美发世界展览会、Christmasworld——法兰克福国际圣诞礼品世界展览会和 Paperworld——法兰克福国际纸制品、办公用品世界展览会，纺织品类的 Heimtextil——法兰克福国际家用及室内纺织品展览会、Techtextil——法兰克福国际产业用纺织品及非织造布展览会和 Texcare——法兰克福国际纺织品专业处理展览会，汽车零配件类的 Automechanika——法兰克福国际汽车零配件及售后服务展览会。其他技术展包括 Light＋Building——法兰克福国际灯光照明及建筑技术与设备展览会、ISH——法兰克福国际浴室设备、楼宇、能源、空调技术及再生能源展览会、IFFA——法兰克福国际肉类食品加工设备展览会、Musikmesse——法兰克福国际乐器、音乐硬软件、乐谱及附件展览会、Prolight＋Sound——法兰克福国际大型活动及通信技术、音像制作及娱乐展览会和 Texprocess——法兰克福国际纺织品及柔性材料缝制加工展览会。这些国际性的旗舰展会反映了行业内的全球市场。

随着母公司在中国的业务日益繁忙，法兰克福展览（香港）有限公司于 1994 年 7 月在中国香港成立。1995 年 10 月于北京举办的 Intertextile 面料展是法兰克福展览公司在中国内地打响的第一炮，由法兰克福展览公司与中国贸易促进委员会纺织行业分会共同主办。而在 2002 年 3 月，成立了第一个在中国内地的分支机构法兰克福展览（上海）有限公司，翌年 5 月在北京成立办事处。2005 年 10 月，法兰克福展览公司与广州光亚展览贸易有限公司在广州设立了一家合资企业，即广州光亚法兰克福展览有限公司，主办全球首屈一指的照明展——广州国际照明展。目前，法兰克福展览（香港）有限公司在亚洲 9 个主要城市（香港、上海、北京、广州、深圳、台北、曼谷、吉隆坡和越南）举办超过 30 场展览会，当中 20 多场展览会在中国内地举行，旨在为全球各地企业提供高质素的贸易平台，以方便他们拓展中国以及亚洲市场。

三、间接促销渠道

间接渠道是主办方通过一个以上的中间商向潜在参展商、参展观众、工商团体、政府机构、媒体等展会参与方进行招商推广。招展促销渠道可能会引入多个中间商，即一级代理、二级代理等，而观众促销渠道通常仅限于一个中间商，如促销环节过于复杂，很可能导致招商信息失真或观众服务不到位。其优点是：①有利于快速建立广泛促销渠道；②有利于主办方与中间商之间的专业化协作；③有助于缓解主办方人、财、物等资源方面的压力。其缺点是不便于信息沟通，招商推广的时效性不高，主办方与中间商合作关系较为松散，促销质量较难控制和评估。

间接促销渠道又叫合作渠道，是指主办方通过发展合作伙伴，借助合作伙伴的资源与优势，迅速构建起能够为我所用的促销渠道。合作渠道成本较低，见效较快，较为灵活。中国、印度、泰国、巴西等新兴国家的展览机构，由于国际化程度不高，缺少国际营销网络，通常采用合作的促销渠道。

案例：

广交会海外合作伙伴计划

为进一步拓展广交会海外合作伙伴项目，提升核心竞争力，经过长期积极努力，截至 2013 年，广交会已与 100 家各国家或地区的工商机构正式建立了合作伙伴关系。广交会在市场化招商、客商邀请、宣传推介、市场调研等领域与合作伙伴开展优势互补、互利共赢的合作。凭借合作伙伴的招商推广渠道，广交会在不断的创新和改革中实现了历史性的跨越。

表 5-1　广交会海外合作伙伴工商机构名称一览

序号	国别/地区	机构名称
1	菲律宾	菲华商联总会
2	日本	日本东海日中贸易中心
3		日本日中经济贸易中心
4		日本国际贸易促进协会
5	中国香港	香港中华总商会
6		香港中华厂商联合会
7		香港工业总会
8		香港中旅（集团）有限公司
9	中国澳门	澳门中华总商会
10	阿联酋	阿联酋迪拜工商会
11		沙迦工商会
12		阿布扎比商工会
13	马来西亚	马来西亚中国经济贸易总商会
14		马来西亚槟州中华总商会
15	中国台湾	海峡两岸商务协调会
16	韩国	韩国输入业协会
17		韩国国际展览中心
18		韩国釜山国际会展中心
19		大韩贸易投资振兴公社
20	新加坡	新加坡中华总商会
21	土耳其	安卡拉商会
22		伊斯坦布尔商会
23		土耳其—中国工商业协会

序号	国别/地区	机构名称
24	约旦	约旦工商会
25		约旦商会
26		塔拉勒·阿布·格扎拉集团
27	以色列	以色列商会联合会
28		以色列出口与国际合作协会
29	印度	印中经贸中心
30		印度 ORBITZ 旅行社
31	叙利亚	叙利亚联合商会
32	印度尼西亚	西爪哇省印尼工商会馆中国委员会
33		印中商务理事会巴厘省分会
34		印中商务理事会
35	泰国	泰国中华总商会
36		泰国宋卡府总商会
37	蒙古国	蒙古工商会
38	也门	也门工商联合会
39	乌兹别克斯坦	乌兹别克斯坦工商会
40	哈萨克斯坦	哈萨克斯坦工商会
41	土库曼斯坦	土库曼斯坦工商会
42	孟加拉国	达卡工商会
43	法国	欧中友好协会
44	德国	德国联邦批发商协会
45		德国科隆国际展览有限公司
46	波兰	波兰商会
47		波兹南国际会展中心
48	意大利	意中商会
49	希腊	希腊—中国工商会
50	罗马尼亚	罗马尼亚工商会
51	瑞典	瑞典贸易联合会
52	葡萄牙	葡中工商协会
53		里斯本商业协会
54		中国与葡语国家经贸合作论坛常设秘书处
55		葡萄牙波尔图商会
56	俄罗斯	实业俄罗斯列宁格勒州分会
57	保加利亚	保加利亚商工会
58		保加利亚瓦尔纳工商会

序号	国别/地区	机构名称
59	匈牙利	匈牙利中国经济商会
60	塞浦路斯	塞浦路斯工商会
61	冰岛	冰岛中国贸易协会
62	爱尔兰	爱尔兰中国协会
63	立陶宛	立陶宛工业家联盟
64	塞尔维亚	塞尔维亚商工会
65	马耳他	马耳他—中国商会
66	格鲁吉亚	格鲁吉亚工商会
67	乌克兰	乌克兰工商会
68	南非	南非约翰内斯堡工商会
69	肯尼亚	肯尼亚全国工商会
70	埃及	埃及企业家协会
71	赞比亚	赞比亚—中国商业协会
72		赞比亚发展署
73	墨西哥	墨西哥外贸协会
74		墨西哥中国商会
75	加拿大	加中贸易理事会
76		加拿大恒丰展贸有限公司
77	美国	中国拉丁美洲贸易中心
78		大纽约区商会
79		加亚商业理事会
80		中美总商会
81	巴哈马	巴哈马商会
82	古巴	古巴国家商会
83	哥斯达黎加	哥斯达黎加对外贸易商会
84	秘鲁	秘鲁利马商会
85		秘中商会
86	巴西	巴中工商总会
87		中国（巴西）投资开发贸易中心
88	阿根廷	阿根廷商会
89	智利	智利工业联合会
90		智利智中商会
91		智利圣地亚哥商会
92	乌拉圭	乌中商会
93	哥伦比亚	哥伦比亚中国商会

序号	国别/地区	机构名称
94	厄瓜多尔	厄瓜多尔中国商会
95	澳大利亚	西澳工商会
96		新南威尔士商会
97		澳大利亚中国工商业委员会
98	新西兰	新西兰中国贸易协会
99		新西兰雇主制造商协会
100	斐济	斐济—中国贸易委员会

四、影响促销渠道的主要因素

(一) 展会因素

展会背景、发展历程、核心优势、品牌影响力等展会自身特征是影响主办方选择和确定观众促销渠道的重要因素之一。具体来说有以下几点。①展会的背景，包括展会创办的政治、经济、地理、文化环境，展会举办的时间、地点，展会的发展历程。政府型的展会可能更多地选择政府性的促销渠道，而商业型的展会可能更多地选择商业化的促销渠道。②展会实力，包括展会的规模、参展商、参展观众品质、成交效果，展会在行业的竞争地位。展会实力是一个展会的综合指标和评价，通常体现在其他展会所不能复制的竞争优势。广交会就是当今会展业不可复制的成功案例，它采取的观众促销渠道也是一般性展会所不具备和效仿的。③展会品牌，包括品牌的价值、认识度和美誉度。展会属于现代服务业的重要组成部分，品牌是其最重要的无形资产之一，全球行业性标杆展会如汉诺威工博会、法兰克福书展、拉斯维加斯消费电子展等都拥有广泛影响力的品牌，对其开展全球化的观众促销活动帮助很大。

(二) 市场因素

从观众促销的目标来说，市场因素是渠道策略的重要考虑因素，包括目标市场规模、目标客商集中度以及目标市场的竞争状况。目标市场规模是指展会在某一个国家和地区或某一个行业的客商数量。如果潜在的客商数量太小，主办方可能考虑通过间接的渠道进行观众促销。目标客商集中度也是一个重要的市场因素，它指的是客商在某一个国家和地区或某一个行业的聚集程度，客商集中度越高的区域和行业，展会就越有必要开拓观众促销渠道。在研究渠道策略时，主办方还应全面分析展会在目标市场的竞争环境，尤其是同类展会的促销渠道，从而根据自身展会的特点，立足长远，建立经济、高效、快捷的观众促销通道。

（三）主办方的因素

主办方的资源和网络是展会观众促销最直接和最可靠的渠道，它的整体实力、促销能力、服务能力是资源和网络在观众促销中的具体表现。主办方在资金、技术、团队、办展经验等方面具有的强大实力有利于展会建立自主观众促销渠道，实现渠道下沉，与目标观众零距离、点对点的接触。有些展会主办方还是基地展览机构，不仅自己办展，而且拥有展览场馆，可以利用展览场馆作为观众促销渠道平台；有些主办方拥有覆盖不同行业的自营媒体以及庞大的大数据资源，为其展会开展观众促销提供资讯支持。促销能力主要体现在主办方已有的营销网络、营销团队、媒体资源、公关能力。欧美展览机构通常利用其总部的整体促销能力为其在全球的展会进行观众营销，收到良好的效果。服务能力是指为观众促销提供后勤支持和保障的能力，良好的服务本身就是一种观众促销。因此，对客商提供展前、展中、展后等全过程、不间断的卓越服务是影响客商与会的重要因素之一，也是主办方观众促销渠道的考虑因素之一。

除了展会、市场、主办方等主要因素以外，客商来源国家和地区以及客商所属行业的法律法规也是主办方应考虑重要因素。随着展会全球化竞争的加剧，不少国家和地区出台新的贸易保护政策，为国际性的展会观众促销设置了无形的障碍，增加了促销的难度。总之，制定渠道策略和选择促销渠道是进行观众促销的前提，展会主办方应充分考虑影响渠道策略的一切可能因素。

第二节 促销方式

促销方式是针对不同的消费者的消费心理及消费习惯，展开的一系列影响、刺激消费者消费行为的手段方法。促销方式如执行工具，是企业改造市场增进业绩的有效手段。展会的观众促销方式主要是指主办方根据目标市场新老客商的采购需求、采购习惯和观展习惯，为激励客商与会而采取的各种各样的促销手段，如推介会、路演、参展、媒体专访、联谊会、座谈会等。合理的促销方式可以迅速扩大展会的影响力，提高展会品牌知名度，最大限度地吸引客商与会。

一、推介会

推介会顾名思义就是推广介绍展会的会议或活动，旨在帮助展会主办方向企业、工商机构、政府组织、媒体等宣扬自己展会的特点和亮点，促进交流，加强联系，扩大展会影响的一种促销形式。推介会形式多样，特点不一。传统的推介会通常在一个固定的地点，围绕一个或多个主题，主办方以会议的形式向目标受众集中推介展会的会议或活动。如今，展会信息传播手段更加大众化，更加强调个性化的交流和互动，展会推介活动的形式更加灵活。根据不同的市场特征和客商特点，主办方会举行午（早或晚）餐会、茶话会等展会专题推介活动。与传统的推介会相比，这些活动的规模较小、正式性较弱，但是推介气氛轻松、重点突出，便于主办方与客商的交流，互动性较强。客商可自由提问，更深入地了解展会。午餐会及茶话会适合在传统市场推介展会，也即大多数目标受众对展会有一定了解，甚至已经参观过展会。

推介会的内容涉及方方面面，除了展会的基本情况外，主办方还可根据影响客商与会因素，进一步丰富推介内容，包括向受众推介展会举办城市和国家的交通、酒店、签证、政策和法规等，展览场馆的功能布局和服务设施、展会相关组织机构及团体的有关信息。目前，推介会是广交会境外招商常用的推介形式之一。通过广泛的客商邀请，包括了政府、工商界与媒体，将多个渠道实现招商效能最大化。一般在推介会活动上，我驻有关国大使或参赞都会应邀出席并协助推介宣传广交会，提升了活动的层次和影响力。在大型推介会议前，主办方一般安排与重要嘉宾的小范围礼节性会谈。另外，更有当地或我驻当地主流新闻媒体出席推介会并作现场报道及采访，有效扩大了对广交会的海外宣传。近年来，根据出访国商界习惯，广交会因地制宜，尝试了多种推介会的衍生形式，包括媒体见面会、客商座谈会、与合作伙伴举行的早餐会等，取得了良好效果。

案例：

第113届广交会推介会方案

一、主办方：中国驻××大使馆经商参处、中国对外贸易中心

二、承办方：当地重要工商会（待定）

三、参会人员邀请范围及人数

拟请我驻××经商参处牵头，由当地协办商（协）会具体负责邀请当地工商界知名人士、当地政府经贸主管部门、重要工商机构负责人、重要跨国采购集团以及新闻媒体记者等××人左右。

四、推介会内容

重点宣传和推介第113届广交会的最新情况，邀请更多工商界朋友、采购商到广交会采购或参展。

五、时间：2013年×月×日　10：00—11：30

六、地点：（待定）

七、会议的名称（中英文）

中文：中国进出口商品交易会推介会

英文：Promotion Conference for China Import and Export Fair

八、推介会程序（10：00am—11：30am，共1.5小时）

（招商小组和经商参处在推介会前讨论落实具体程序）

1.10：00—10：30　听众报到、宾主自由交谈（约30分钟）；

2.10：30—10：35　主持人（协办商会领导或经商处工作人员）介绍主席台成员（约5分钟）；

3.10：35—10：45　使馆经商处参赞致辞，介绍中方与××经贸情况（约10分钟）；

4.10：45—10：50　当地商协会负责人致辞（约5分钟）；

5.10：50—11：10　外贸中心领导致辞（约30分钟）；

6.11：10—11：20　播放广交会形象宣传片（10分钟）；

7.11：20—11：30　自由问答（有关广交会问题请外贸中心领导回答；有关双边经贸政策问题，请经商处参赞回答，约 10 分钟）；如无，可考虑取消该环节；

8.11：30　推介会结束，午宴开始。

九、会场布置

1.横额（或背景板）：Promotion Conference for China Import and Export Fair。

2.主席台摆放主宾名牌。

3.主席台排位：

从左至右：主持人、商会领导、中心领导、经商处参赞、翻译。

主席台中央和演讲台布置，并在主席台上插（悬挂）两国国旗。

4.根据与会人数，准备观众座椅和相应数量的备用椅。

5.设施：麦克风 4 个、无线麦克风两个（供听众提问）、投影仪一台、

广交会海外推介会活动现场

投影屏幕两张。准备好电源以及一个转换插座（供 DVD 机或笔记本电脑和投影仪使用）。

6.会场提供广交会宣传资料，放在观众座椅上。包括：广交会宣传册、参展商目录光盘、客商与会须知，新闻通稿中英文版（供记者取阅）。

7.在推介会场入口处摆放签到台，供客人签到，设英文"请赐名片"牌并需准备签到用品：签到本、签到笔、名片盘。

二、路演

路演源自英文 Roadshow，是国际上广泛采用的展会推广方式。一般性的路演是指通过现场演示和展示的方法，引起目标人群的关注，让他们产生兴趣，最终达成销售目的。展会路演是在相对集中的时间，通过一系列大型活动，持续不断的宣传和推广，产生联动效应，扩大展会的影响。路演有两种功能，一

是广泛宣传展会，让更多受众了解展会，二是现场促销，增加目标人群的预先登记的机会。以广交会为例，路演与传统的推介会相比具有以下优势：

（一）深入开拓重点客源区二、三线市场

如马来西亚的东马地区、以清迈为中心的泰国北部地区距离广交会合作伙伴所在的地区较远，经济发展水平差异较大，对广交会了解较少。但是从路演推介反馈来看，企业参会、参展热情较高，挖掘新客商的潜力较大，如采取路演的形式深入开拓类似重点客源国二、三线市场，收获较大。

（二）创新推介形式，扩大推介活动影响力

路演推介形式灵活，可以巧妙利用商会集会、纪念活动、新产品发布会等人气旺盛、关注度高的行业活动，通过活动冠名、礼品赞助、或在这些活动上发表演讲、投放广告等形式深入推介宣传广交会。与工商机构内部活动协同推介广交会，有助于提升广交会品牌的渗透力和公信力。

案例：

第 114 届广交会马来西亚、泰国路演介绍

马来西亚路演活动现场

2013 年 6 月 10 日至 17 日，第 114 届广交会在马来西亚、泰国举办路演活动，招商招展工作均取得较好成效。

一、基本情况

路演小组在马泰两国的 4 个城市（诗巫、吉隆坡、清迈、曼谷）组织了 7 场活动，形式包括新闻发布会、推介会、座谈会、拜会及考察。

本次推介会共吸引近 300 名客商出席。清迈府府尹（省长）Thanin Supasan 先生、时任中国驻古晋总领馆李树刚总领事、时任中国驻清迈总领馆梁林领事，以及马来西亚对外贸易发展局、马来西亚中国经济贸易总商会、诗巫中华工商总会、泰国对外贸易局、泰北十府四方经济项目联合委员会、清迈商会、泰国手工业联合会等机构等负责人分

别出席了相关推介会。WE TV 电视台、《Northern Business》杂志、《Whitepolice NEWS》报、星洲日报、联合日报、诗华日报等数十家当地主流媒体对推介活动进行了详细报道。路演小组还拜访了马来西亚中国经济贸易总商会、诗巫中华工商总会，接受了 WE TV 电视台专访，出席了砂拉越中国贸易进出口商会第 29 届理事会就职典礼。此外，还考察了曼谷 Impact 展馆，并与 World Fair 展览公司负责人就东南亚会展业发展的有关问题深入交换了意见。

二、主要特点

（一）驻外机构鼎力支持

本次路演准备时间不足一个月，但在我驻泰国经商处的积极配合下，在很短时间内获得了签证所需的邀请函，保证我方工作人员在出发前及时拿到了签证。

此外，时任我驻古晋张树刚总领事及何雁翎商务参赞专程从古晋赶赴诗巫参加活动；时任我驻清迈总领馆梁林领事亲自出席推介会，商务参赞积极为路演小组推荐商会和旅行社。

（二）当地商会及我合作机构大力协助

路演小组举办的推介活动也得到了当地有实力的商会和合作企业的大力协助。诗巫中华工商总会、马讯会展有限公司免费为推介会提供场地、设备和广告宣传，节省了大量费用。

除积极筹办推介会外，当地商会及合作机构还邀请了众多政商界有影响力的人物出席，如清迈商会邀请到清迈府府尹（相当于省长）出席，马讯会展有限公司邀请到马来西亚中华总商会黄汉良会长、前马来西亚妇女家庭及社会发展部副部长、大马华裔女企业家总会顾问拿督王赛芝女士等重要嘉宾。这些重量级嘉宾的出席，扩大了推介会的影响，提高了推介会档次。

（三）推介达到预期效果

推介活动到会宾客共计近 300 人，宾客会上提问踊跃，会下与我们积极接触和洽谈有关事宜，达到了预期效果。出席嘉宾有政府高级官员、工商界要员及当地主流媒体等。通过推介，他们对参加广交会，特别是组团参加进口展区表现出浓厚兴趣，一再表示需跟相关负责人进行接洽并落实具体参会细节。除自办推介会外，我们还积极利用商会就职典礼、晚宴等机会，大力推介广交会，取得良好效果。如在砂拉越中国贸易进出口商会第29届理事会就职典礼上，有一千多人聆听了路演小组代表就推动中马经贸交流与合作发表的致辞，大大提高了广交会在当地的知名度。

三、工作体会及建议

（一）继续深入开拓重点客源区二、三线市场

马来西亚的东马地区、泰国以清迈为中心的北部地区距离广交会合作伙伴所在地区较远，经济发展水平差异较大。当地客商对广交会了解较少，但企业参会、参展热情高，市场潜力较大，建议继续深入开拓这些地区市场。

（二）丰富推介形式，利用当地商界重要活动，扩大推介活动影响力

除传统的推介会、新闻发布会等活动外，可巧妙利用商会集会、纪念活动、新产品发布会等人气旺、关注度高的活动，通过活动冠名以及在这些活动上通过发表讲话、投放广告等形式推介宣传广交会。

（三）因地制宜，突出宣传进口展

在推介会中，有相当数量听众表达了参加进口展的强烈愿望，并提出了很多有关进口展的详细问题。建议可增加进口展的宣传，丰富宣传资料内容，细化有关进口展的问答内容。

（四）加强对东盟经济一体化的研究

随着2015年东盟经济共同体建成，东盟内部货物、劳务流动将更加便利。这势必影响我国对东盟地区劳动密集型产品的出口，从而对部分劳动密集型产业如纺织、日用消费品的东盟采购商与会带来影响；但另一方面，中国—东盟自贸区的建立也将带给中国企业以及广交会新的机遇。如何应对挑战、抓住机遇，是一个需要深入研究的课题。目前东盟尤其是泰国、马来西亚与我国的西南地区联系较密切，我们可以利用与政府部门的关系，加强与这些地区经贸部门在招商、宣传方面的合作。

三、媒体见面会

媒体见面会是指活动主办方通过邀请特定的媒体，对企业的产品、服务等进行宣传介绍，并回答现场提问。媒体见面会是一种新闻活动，同时又是一个观众促销的重要形式，利用媒体的渠道，扩大展会的宣传覆盖面，有针

对性推介展会，从而广泛吸引客商与会。

媒体见面会是一种间接促销形式，媒体对展会报道的角度和态度可能会直接影响客商与会的决定，展会主办方通过媒体见面会努力维护与媒体的关系，引导媒体对展会做出积极性的报道。在观众促销过程中，主办方通过预热、集中宣传和造势等媒体力量为展会开展立体式宣传推广，包括前期广告宣传、现场媒体专访、后续报道、主播直播专访、视频网站与网友互动等。近年来，不少展会主办方还通过与社交、网络等新媒体的合作创新宣传形式，提高宣传的时效性。

四、座谈会

座谈会指主办方通过组织邀请相关机构及新老客商，介绍最新情况，收集客商意见和建议。在座谈会上，与会者能随意地与主办方进行交流和互动，更有利于主办方解决与客商相关的实际问题，提高客商对展会的满意度。座谈会通常规模较小，主要针对老客商、长期合作伙伴和媒体，形式自由，是主办方加强与受众互动的有效手段。

吉隆坡媒体见面会

五、联谊会

联谊会就是指通过举办活动，加强联系，增进与客商的友谊。活动主办方选择特定时间和特点的地点，邀请相关机构、合作伙伴及忠诚客户等参加联谊活动，增进彼此了解，加深双方感情，并借机介绍展会和主办方的有关最新情况，达到维系客户关系的目的。联谊会是展会关系营销的一种重要形式，对于观众促销具有长远的促进作用。

俄罗斯座谈会

2009 年广交会中秋联谊会现场

每年广交会与省外办合作举办驻穗领馆官员联谊会，介绍广交会信息，增强与有关驻穗机构的友谊。

六、参展

主办方通过参加境内外同类型的展会，租用展位，并在展会现场或相关媒体刊登广告，在展位上派发宣传资料、播放视频、接受咨询、收集客商名片，从而达到提升自身展会在业界知名度、曝光率的目的，吸引并挖掘潜在新客户。主办方一方面可以选择参加同类竞争性的展会，另一方面可以选择与自身展会题材互补的上下游展会，通过参展方式开展观众促销活动效果明显，针对性强。推广人员可直接向潜在客商进行面对面的促销，但是，参展促销也受到越来越多竞争性展会的排斥。

案例：

拉斯维加斯服装展参展宣传

拉斯维加斯服装展参展宣传

拉斯维加斯服装展览会 MAGIC Marketplace 由美国 Advanstar Communications 集团旗下的 MAGIC 展览公司主办。该展每年分春、秋两季，仅向专业观众开放，面向北美服装市场，辐射整个美洲和欧洲地区，是世界著名的订货性服装博览会。展会期间还举办论坛及时装表演等活动。广交会派员参加拉斯维加斯服装展，现场设立展位，解答客商咨询，招揽新客商，同时还在展会现场和展会媒体上刊登广告，获得良好的观众促销效果。通过参展，广交会推广人员不仅能了解北美服装行业的发展趋势，还能直接接触专业客商，游说客商参加广交会。

第三节 关 系 促 销

通常意义上说，关系促销是指利用公共关系，把企业的经营目标、经营理念、政策措施等传递给社会公众，使公众对企业有充分了解；对内协调各部门的关系，对外密切企业与公众的关系，扩大企业的知名度、信誉度、美誉度。关系促销是指一个展会为改善与社会公众的关系，促进公众对展会的认识、理解及支持，达到树立良好的展会形象、促进展会整体营销的目的的一系列公共活动。①

对于观众促销而言，关系促销的主要内容是主办方有意识地、自觉地采取各种有效措施，与客商、媒体、合作伙伴等建立良好的关系，满足客商的实际需求，解决客商的实际困难，提高客商对展会的满意度和忠诚度，达到巩固老客商、发展新客商的目的。

一、关系促销的特征

展会观众的关系促销具有以下特征。

（一）情感性

关系促销强调展会与合作伙伴、客商、媒体等相关利益体之间的和谐关系，以赢得他们对展会的了解、信任、好感和合作。

（二）双向性

关系促销是展会主办方与合作伙伴、客商、媒体等相关利益体之间的双向沟通，而不是单向地向他们传播展会信息，是主体与公众之间的双向交流系统。

（三）广泛性

关系促销的广泛性包含两层意思：一层意思是关系促销存在于主办单位的任何行为和过程中，即关系促销无处不在、无时不在，贯穿于展会的整个

---

① http://baike.baidu.com/view/4225011.htm

生存和发展过程；另一层意思是指其受众的广泛性，关系促销的对象可以是展会的所有群体，不仅限于观众，因为任何一个群体对展会的认知和评价都可能影响到展会的声誉，影响客商实际与会率。

（四）整体性

建立和维护好与展会相关利益方，尤其是与客商的关系事关展会整体的营销和服务，客商对展会的忠诚度体现于对展会的整体评价和认识。因此，主办方在进行关系促销时应多层次、多渠道、多角度地提升与客商的关系。

（五）长期性

关系促销是一个经常性和计划性的观众促销手段，不是组织观众的"救火队"，而应是"常备军"，一项长期性和常态化的工作。

二、针对客商的关系促销

（一）会员制

由于会展业的特殊性，导致展会结束后主办方与客商很容易就此失去联系，而会员制恰好提供了一个主办方与客商保持不间断联系的机会，同时按会员级别为客商提供差异化的服务，为观众促销建立稳定的客户基础。会员制以"客商对企业的贡献"为管理基础。从展会角度考虑，"客商对展会的贡献"体现为客商的价值。会展业客商会员制是建立在客商重复与会的基础上的。

1. 会员制的关键因素

展会客商会员制的关键因素主要有：①客商的价值，包括客商与会次数、成交量、参与相关活动的次数等；②客商价值的时间特性，指客商与会次数、成交量以及为展会创造贡献的时间特征；③激励客商重复与会，一般按客商会员与会次数奖励会员重复与会，与会次数越多，会员级别越高，从主办方获得的服务就越多。

2. 会员划分标准

通常情况下，会员的价值用客商的会员等级来表示（非会员、星级会员、金卡会员、贵宾会员等），客商会员等级表示客户对企业的贡献大小。展会客商会员等级可通过与会次数计量客商对展会的贡献，当与会次数累积到符合展会会员制度定义的积分指标时，修改为相应的会员等级。当然，机构团组会员与客商个人会员在划分标准上有一定差别，如果机构组团与会的人数越多，机构会员的等级也会越高。总之，主办方既要衡量客商个体的贡献，又要衡量客商整体的贡献。

3. 会员相关服务

会员制关系促销的重点是利益返还，回报客商。一般来说，与会次数越多的客商，获得展会提供的尊贵服务就越多。但是，想要吸引更多的客商成为会员，仅靠利益返还、提供服务是远远不够的。主办方面需要不断地研究客商的与会需求，在应对策略上推陈出新，如增加贸易配对机会、安排考察工厂、安排虚拟展会的在线服务等。

随着展会规模不断扩大，客商会员数量也随之增加，主办方便可以利用会员制资源和优势进行立体营销，特别是针对展会相关产业链的营销包括会议、商旅、市场调研，媒体广告、电子商务等。会展业会员制也同其他行业会员制一样需要长期积累、投入、经营和管理，需要展会主办方与客商之间建立长期的信赖关系。

案例：

广交会贵宾俱乐部

为感谢采购商多年来对广交会的厚爱和支持，自第105届起，广交会设立"广交会境外贵宾俱乐部"，在广交会期间为尊崇的客商提供系列 VIP 服务。俱乐部会员根据其不同的与会记录，分为普通和高级两个级别，享受相应的 VIP 服务。

一、俱乐部普通会员专享服务

1. VIP 绿色通道提供的快捷报到办证服务

2. 免费的（中西）午餐券两张

3. 咖啡点心券 1 张，可在全馆咖啡点内享用一杯普通咖啡及一份点心

4. 免费享用 VIP Lounge 服务

5. 免费参加广交会组织的采购商贸易配对活动

二、俱乐部高级会员专享服务

1. VIP绿色通道提供的快捷报到办证服务

2. 免费的（中西）午餐券两张

3. 咖啡点心券1张，可在全馆咖啡点内享用一杯普通咖啡及一份点心

4. 免费享用VIP Lounge服务

5. 免费参加广交会组织的采购商贸易配对活动

6. 广交会外事办领导会见或宴请

7. 馆内专人陪同参观

8. 可参加感兴趣的研讨会

9. 可免费在广交会举办研讨会或采购会

广交会境外贵宾俱乐部

（二）贸易配对

为更好地发挥展会贸易撮合平台的作用，提高服务水平，展会主办方通常整合各类供采互动活动，组织系列贸易配对活动，为采购商和参展商提供更多与会增值服务，提高展会的成交效果；也为双方达成贸易合作提供有效途径和便捷平台。

案例：

广交会贸易配对服务

1. 广交会跨国采购服务

广交会作为"中国第一展"，近年来不断创新对采购企业的服务。从2003年春交会起，广交会创立了跨国公司采购服务（以下简称"跨采服务"），设立跨采服务区，为国际知名大采购企业搜集信息，接洽供应商提供专用的采购洽谈场地。截至目前，广交会跨采服务已连续举办了19届，并已

为法国家乐福集团、法国欧尚集团、美国家得宝公司和瑞典宜家家居公司等34家大型跨国采购企业提供了个性化的驻点采购服务，受到众多采购企业和参展商的一致好评，被誉为"促进供采双方相互了解和交流的钻石平台"。阵容强大的采购团队和多达上千种的采购产品，必将为广大参展商进军国际市场和扩大销售渠道提供难得的贸易良机。

展会开幕前，主办方主动征询采购企业参加当届跨采服务的意向并收集反馈。征询对象包括往届参加跨采服务的采购企业、曾经参加过跨采服务的采购企业、数据库中的知名跨国采购企业等。广交会跨采平台实行统一装搭和布置现场，包括跨采主题屏风框架、咨询前台、隔断、花草植物和地毯等。在开展前一个月，主办方通过电子邮件向当届参展商通报跨采的有关情况，收集参展商预约采购企业的书面反馈，汇总后将参展商名单转交采购企业。

为宣传广交会跨国采购服务，主办方制作专门的跨采宣传折页，定期更新跨采网站内容。在展会期间利用大会 LED 屏幕和现场广播宣传采购企业、公司简介和采购信息，邀请参展商登录跨采网站的供采配对平台，直接预约参加当届跨采服务的采购企业。

2. 第113届广交会"沃尔玛采购日"

沃尔玛公司是全球知名连锁零售企业。经过50多年的发展，沃尔玛公司已经成为世界最大的私人雇主和连锁零售商，多次荣登《财富》杂志世界500强榜首及当选最具价值品牌。2013年4月，沃尔玛公司派出大批买手参加第113届广交会进馆采购，并于4月26日下午14：30—16：30在A

广交会跨国企业采购服务

区五羊贵宾厅举办"沃尔玛采购日（Walmart Sourcing Day）"活动。

活动时间：4月26日下午14：30—16：30

活动地点：洽谈场地：广交会展馆A区五羊贵宾厅

轮候区：A区白云贵宾厅

采购产品类别：详见下表。

表 沃尔玛采购日采购产品类别

采购类别	产品子类别	对供应商资质要求
玩具及乐器	男女童玩具、人形玩偶；教育类玩具及乐器	ICTI 或 GSV 认证
消费品	消费品	
工艺品	工艺品，花卉制品，圣诞产品等	

洽谈形式：提前预约，现场按不同产品类别分不同时间段进场洽谈。

采购日活动区别于传统意义的贸易配对，适合品牌成熟、采购需求量大、采购品种多元化的客户。沃尔玛采购日活动自第 112 届广交会首次举办以来得到了该公司与供应商的一致好评。

（三）预先登记

网上预先登记是以客户为中心，用专业的服务达到营销的目的，是关系促销重要而有效的方式，也是展览会服务营销体系提升客户满意度的重要组成部分。展览会网上预先登记的比例是衡量展览会影响力与号召力的一个主要参考指标，在展览会中扮演着重要角色。展会主办机构通过网上预先登记可对展览会进行有效宣传，采集客户信息、调研客户需求，开展贸易配对，为目标客户提供各类专业化、个性化配套服务及增值服务，最终达到提升服务水平，打造品牌效应，创造更大效益的目的。

1. 预先登记目的

网上预先登记办证是利用互联网服务平台，让客商提前登录指定网站自行提交其信息资料，将现场服务的时空前移，通过网上预登记减少现场登记、填表、办证排队时间，简化办证手续，达到快速取证进馆。

通过预登记，主办方可以收集到与会客商更加详细、完整和准确的公司及个人资料信息，更有利于客商数据资料的采集、分析和调研。同时，还可以提高效率，优化服务，提升客户满意度。正因预登记服务有着方便、快捷、增值的特点，逐渐受到广大客商的喜爱，并为国内外众多知名展会所青睐。

2. 预先登记策划

（1）准备阶段

首先，开发预登记网站界面。展览会网站上预登记界面应符合以下要求：

a. 界面入口明显，容易找到；

b. 版面美观，指令清晰易懂，操作步骤简单易行；

c. 界面运行稳定，信息反馈及时，客商能在短时间内知道自己是否预登记成功；

d. 向客商介绍预登记的现场取证情况、要求以及其他有关注意事项；

e. 公布展会方咨询联系方式；

f. 完成预登记信息后，可向客商推荐展览会为其提供的其他关联服务项目；

g. 方便收集客商信息资料；

h. 数据信息条块设计科学合理，便于统计、分析和调研；

i. 后台信息处理可及时反馈给客商。

其次，建设与预登记相匹配的现场办证系统：

a. 确保预登记信息与现场办证系统匹配兼容，现场办证能快速调取客商已录入信息，无需再次录入，提高办证速度；

b. 现场预登记办证界面操作简便；

c. 办证系统稳定快速。

第三，加强宣传推广：

a. 在展会网站明显位置介绍预登记办证服务；

b. 利用展览会邀请函和其他对外宣传资料推介预登记办证服务；

c. 在与客商互动联系邮件中以及客服电话中介绍预登记办证服务；

d. 通过展馆的 LED 展示屏或其他载体宣传；

e. 现场招商等其他宣传途径。

第四，制定激励措施：

为鼓励客商使用预登记办证，展览会主办方需制定一系列激励措施，以吸引客商主动登记。如：

a. 进馆证免费或打折优惠；

b. 现场开设绿色通道服务，让在网上预登记的客商在现场享受"绿色通道"带来的便捷快速和特别服务，提高客商对预登记口口相传的宣传效果；

c. 其他优惠如礼品券、免费咖啡券等。

第五，现场专项服务：

a. 制作预登记导向指引；

b. 设置预登记专用服务柜台或快速取卡通道；

c. 专人接待等特殊服务。

（2）实施阶段

a. 专人维护预登记网站界面以及现场办证系统；

b. 专人审核预登记资料和答复咨询服务；

c. 做好各项宣传推广工作；

d. 落实现场接待以及各项优惠政策，兑现对客商服务承诺，提升客商满意度；

e. 通过网络或在现场收集客商对预登记工作的反馈信息；

f. 及时妥善处理预登记过程中客商反馈的问题。对客商上传的虚假资料或与信息不对称的情况，要做好客商的解释和引导工作。

（3）总结提高阶段

a. 持续改进和完善预登记网络服务和现场办证系统，确保服务更高效，信息更安全；

b. 完善现场服务流程，方便客商，为客商创造增值服务；

c. 通过加强调研分析，对客商提供更有针对性的个性化服务，引导客商主动使用预登记功能，提升服务品牌效应。

3. 具体操作办法

（1）客商登录展览会网站进行预登记。根据系统要求提交办证资料如个人信息、公司信息及其他调研信息等。

（2）审核预登记资料。展会工作人员对客商所提交的资料进行审核，审核通过后，客商可收到并在系统上自行打印"预登记回执单"；若未通过审核，客商可获悉预登记失败的原因，并提醒其重新按要求提交相关资料。

（3）赴会领取进馆证。客商与会报到时，可根据预登记回执单上的指引要求，到现场的观众报到处指定服务柜台领取进馆证件，并享受其他相关服务。

4.预先登记优点

（1）预登记办证利用网络为端口，以较低的成本就能接触到更多的客商，并提前收集客商信息；现场办证快捷，提高了办证服务水平，是展会服务营销的好举措，也是与客户建立联系和沟通的快速通道。

（2）预登记通过网络实现信息反馈及时，现场取证便捷，还可享受展览其他的配套优惠服务，是展览会赢得客户的关键环节。客户在亲自见证预登记服务后，往往会口口相传，在宣传预登记服务的同时，可提升展会的品牌形象，从而达到服务营销的目的。

（3）利用预登记服务，可实现线上和线下服务的无缝对接。通过对预登记客商提供的优惠配套服务，加上其他的宣传推广措施，可扩大展会的影响力，促进展会的健康发展。

案例

广交会采购商 IC 卡办证服务

为给参加广交会的境外采购商提供更加优质的服务，提高现场办证速度。近年来，主办方加大了网上预登记 IC 卡办证服务的推广与宣传，并整合了采购商邀请、信息采集和调研等相关工作，通过网上服务平台系统基本实现了客户服务一体化。不仅提高了采购商信息采集的准确性，而且减少了现场办证排队等候时间，让与会采购商享受预登记带来的便利和实惠，受到采购商的广泛赞同，取得了较好效果。

德国客商卢卡斯和他的妻子米娅计划参加 2014 年春季广交会，为了争取时间寻找优质的供应商，夫妻俩决定在开幕当天赴会。客商卢卡斯在制定行程时，在广交会官方网站上了解到 IC 卡进馆证网上预登记的服务，与会客商只需注册登录"采购商电子服务平台"后，便可申请首张免费并可多届使用的 IC 卡进馆证，而且在办证现场可享受绿色通道快捷取卡服务。他立即对此项服务产生了兴趣，随即登录采购商服务平台完成了资料提交，第二天便收到并打印了系统发出的《IC 卡网上预登记回执单》。

客商卢卡斯夫妻兴致勃勃地来到广交会，由于当天是广交会开幕首日，卢卡斯夫妇进入广交会报到大厅时，遇到了办证客流高峰。但是卢卡斯在境外采购商报到处门口即看到了网上预登记取卡绿色通道的指示牌，他们沿着红地毯进入报到处来到专柜办理证件。卢卡斯很快拿到了自己的 IC 卡进馆证。他估算了一下从开始出示预登记回执单到拿到他们的进馆证件还不到 2 分钟。此时办证工作人员认真叮嘱他说这张入馆证是可以多届使用，下届持卡可直接进馆，便捷省时，请妥善保管。他高兴地说："网上预登记这项服务真不错！谢谢你们！"

当天，卢卡斯接到了他英国朋友萨比的电话，了解到萨比也要来参加广交会，他立即向萨比推荐了 IC 卡网上预登记服务。"你一定要在网上预登记，它可以帮助你节约时间和精力。"

三、针对合作机构的关系促销

（一）机构拜会

机构拜会是指展会主办方有关领导及工作人员亲自拜会与展会相关的政府部门、工商机构、国际展览机构等。通过拜会，主办方可以直接与合作伙伴、工商机构进行面对面、一对一的沟通，能很好地与机构联络感情、倾听合作伙伴的心声。

以广交会为例，中国对外贸易中心领导在率团出访招商期间会特别安排拜会机构，进一步维护和增进双方的合作关系，以提升观众促销的效果。拜会通常针对与广交会有着长期合作关系的出访目标国（地区）政府部门、工商团体以及展览同行等，目标明确，对象集中，范围较小。机构拜访对展会的宣传和观众促销有很好的带动作用，通过小型的拜访与洽谈主办方可以更直接地了解市场动态、客商反馈，传递广交会的最新信息，同时也有助于建立更加紧密联系，促进务实合作。

中国对外贸易中心组织的第 114 届广交会德国、希腊、俄罗斯出访小组于 2013 年 6 月 19 日—21 日访问德国和希腊，期间参观了慕尼黑太阳能展，拜会了慕尼黑国际博览集团。在商务拜会活动中，中国对外贸易中心与慕尼黑国际博览集团就加强合作达成一致意见，双方将开展工作层面的沟通；会谈中，中方详细了解了慕尼黑展览集团在绿色布展、环保低碳和展馆建设等方面的先进做法；在参观全球最大的太阳能展的过程中，小组重点考察了该展的展位搭装、导向咨询及展会服务。

（二）机构服务

展会主办方与合作机构除了通过双方高层定期会面，共享展会信息，增进双方共识，促进客商与会以外，还会在展会举办期间为政府主管部门、工商机构、办展机构、外国驻华机构提供特别的专享服务，促进与机构的公共关系。

以广交会为例，外贸中心本着"优势互补、循序渐进、互利共赢、长期合作"的原则，已与全球超过 100 家工商机构建立了合作伙伴关系。为了达到预期的合作目的，双方在宣传、互访、展览、商旅、咨询服务等领域建立定期、稳定的合作关系。为体现广交会对海外合作伙伴的重视，外贸中心为组团与会的合作伙伴提供一揽子 VIP 待遇和合作机会，包括。

（1）邀请参加广交会和出席广交会举办的重大活动。

（2）提供贵宾休闲区供合作伙伴团组使用，并提供包括相关展会咨询、免费市内传真及电话、免费网络以及免费点心咖啡等商务休闲服务。

（3）为合作伙伴团组与会提供团体办证服务。

（4）协助安排团组高层领导与广交会领导的会见及相关外事活动。

（5）为在广交会举办专题研讨会并特邀为主讲嘉宾的工商机构负责人级别的高层提供 VIP 礼遇，如安排专人接待、协助安排食宿交通等。

（6）协助为合作伙伴团组安排所需语种翻译。

（7）协助合作伙伴在广交会举办专题研讨会、市场介绍会、供需见面会等活动，并协助安排会场及邀请中国企业参加合作伙伴主办的活动。

（8）为合作伙伴组织当地参展商及采购商参加广交会提供便利，定期提供广交会宣传资料和外贸中心主办的其他展会资料，供商会向当地企业进行宣传。

广交会境外合作伙伴服务中心

（9）在广交会期间发行的内部刊物上为合作伙伴提供免费广告服务。

（10）广交会网站与合作伙伴官方网站进行免费链接。

（11）每年年末综合评估合作伙伴工作，每两年开展一次合作伙伴合作情况评比，根据评估情况颁发"组团第一"等相应的荣誉证书，并在广交会网站上对外公布。

第四节 激励促销

一、概述

激励促销是指企业通过物质、货币、荣誉等各种形式的奖励激发经销商或者客户参与活动的积极性，从而为企业带来效益。展会观众激励是指主办方采取经济手段，激发采购商与会，或激励工商机构、公关公司、媒体组织采购商与会。

激励按性质划分，一般分为正激励与负激励两种；按方式划分，一般分为物质激励与精神激励两种；按形式划分，一般分为团队激励与个人激励两种；按周期划分，一般分为短期激励与长期激励两种等，形式多种多样。[①]主办机构应根据展会实际制定有效的观众激励政策。

除了展览机构以外，有些国家和地区为了引进国际展会入驻，吸引国际参展商和参展观众与会，也纷纷推出政府性的激励政策和措施。例如，中国观众赴泰国参加展览会或会议，就有望获得泰国会议展览局给予的特别奖励：酒店住宿两晚可免费赠住宿一晚；每带领一名买家并在泰国逗留三天两夜，可获奖金100美元。这是泰国政府为提升会展经济的带动效应、重振本国会

---

① 见《促销活动中激励机制如何设置》，http：//www.cnwinenews.com./html/201005/12/201005/2102131.htm。

展业而推出的一项重要措施。

香港雅式展览公司长期通过与相关政府机构、行业协会以及旅行社合作开展市场化招商，掌握当地行业及企业资源。据了解，意大利贸工部、奥地利驻广州总领馆商务处、土耳其塑料工业协会、瑞士商会、新加坡塑料工业协会、UbiFrance（法国驻华使馆指定商务机构）等都是雅式的合作伙伴，他们负责组织本国优质企业参展，组建国家馆，同时也协助雅式邀请本国客商与会。展会期间，该展举办凭宣传单换领纪念品、现场抽奖及广告设计评选等活动，让参展商及观众全面参与。此外，雅式还与海外旅行社合作，设立"海外最大参观团奖"（The Award of the Largest Overseas Delegation Group）与"首次组织参观团团体奖"（The Award for New Travel Agents），鼓励旅行社组织采购商参加展会。海外参观团评比活动有助于激励观众组织机构的积极性。

二、参展企业邀请采购商激励计划

"参展企业邀请采购商"活动是广交会扩大客商邀请的一项重要举措，有效地促进广交会的招商工作。发出邀请的数量靠前的参展企业可以免费享受广交会威斯汀酒店住宿与餐饮套券。广交会不仅是众多参展企业促成订单的重要平台，还是联系老客户的重要机会。早在广交会开幕前，"参展企业邀请采购商"活动已经开展，参展企业登录广交会官网的"易捷通"平台，可在"邀请客户"栏目中根据指引提交客户信息并发送邀请邮件。

参展企业普遍认为，"参展企业邀请采购商"活动好，认可度高，并建议持续开展。每届广交会人潮涌动的场景，有众多参展企业贡献的一份努力，主办单位期待更多企业参与到"参展企业邀请采购商"活动中。获奖企业认为，通过广交会平台向采购商发出的邀请信用好、层次高、影响大，给参展企业带来更多商机。

活动奖项及奖励如下（第113届）：

（1）给予第一、二、三期各期发出邀请邮件数量最多的参展企业（共三家）广交会威斯汀酒店（或同等级别酒店）标准双人间住房券各两张（每张为1晚住宿）。

（2）给予发送邀请邮件最多的 30 家参展企业广交会餐饮套券等若干奖励。

（3）在"参展企业邀请采购商"活动宣传网站上公布发出邀请邮件前 10 位参展企业名单。

三、老采购商邀请采购商激励计划

"老采购商邀请采购商"活动旨在发动老采购商邀请朋友共同与会。以广交会为例，老采购商登录"采购商服务平台"后，可在"邀请朋友"栏目中根据指引提交朋友信息并发送邀请邮件。每届广交会积极参与活动的老采购商将有机会获得广交会餐饮套券等丰富奖励。4 月（或 10 月）10 日前公布获奖名单，可留意网站信息。

活动奖项及奖励包括（第 113 届）：

（1）给予发送邀请邮件数量排前 10 位的老采购商企业广交会餐饮套券等若干奖励。

（2）在活动宣传网站上公布发出邀请邮件前 10 位老采购商名单。

四、组团激励计划

第 18 届广州国际照明展览会特别推出组团参观优惠活动，为展会观众提供更加便捷的展会服务。展会观众只需下载"组团申请登记表.doc"并及时填写，即可组建参观团。

1. 若参观团人数达 15 人及以上，可享受以下专项服务

（1）免费轻松获取参观证（参观门票 50 元/人），统一提前直接发证，节约等候时间，避免排队；免除一切证件办理费用，节省参观成本。

（2）专人展馆 VIP 服务，专人现场讲解，了解展馆功能及区域分布；专人提供观展行程安排，参观高效轻松。

（3）优惠及便利的商旅服务，专人提供全天候商旅服务协助，差旅更优惠，旅程更轻松；获赠含 20 元交通费的广州交通卡一张，广州地图一份。

（4）获赠精美礼品，获赠展会官方精美纪念品一份；免费获得专业摄影师拍摄团队纪念照，留下美好回忆。

2. 团长还将获得以下贵宾特权服务

（1）免费酒店住宿，参观期间可免费入住大会指定酒店，免除行程住宿困扰。

（2）大会荣誉证书，获得主办方"第 18 届广州国际照明展荣誉团长"精美证书一份。

（3）限量版 VIP 礼品，主办方赠予限量版展会 VIP 礼品一份。

（4）获赠展商名录，获赠总值 100 元的《第十八届广州国际照明展参展商名录》两本。

五、个体激励计划

为激励观众与会积极性，中国国际橡塑展（CHINAPLAS2013）在展会期间举行"精彩连环三重赏"活动，丰富内容包括：

1. 10 元现金代用券，限量餐饮优惠

观众凭宣传单张到现金代用券换领处，便可换领星巴克 10 元现金代用券一张，数量有限，送完即止。

2. 转出百业新动力，源源不断送好礼

大会将送出超过 10000 多份精美纪念品予现场观众，观众只要转出幸运轮上指定颜色可获赠纪念品一份，包括 USB 集线器、旅行餐具套装、精美活页夹等，每位观众最多可参与 4 次。

3. 两天足印抽巨奖，iPad 大奖等你赢

观众只要在任何两天到指定问询处收集当天的足印盖章，集齐 4 个盖章，即可参加 iPad 大抽奖。大会于第 2～4 天各抽出一位幸运儿，参观天数越多，获奖机会越大。

第五节　活动促销

为进一步扩大展会影响，吸引观众与会，提升展会人气，促进贸易成交，展会组织方通常在展会同期在展览场馆现场举办形式各异的主题活动。

一、主题活动功能

展会主题活动观众促销方面具有以下几大功能。

（一）刺激参会意愿

消费者对某种商品的消费有时并非是源于对该商品的需求，而是因为其赠品或可参加附带的抽奖活动。同样，在展会现场同期举办主题活动能够吸引许多具有非刚性需求的客商前来，增加展会人气，挖掘客商潜在需求。

（二）增加媒体关注度

现场主动活动往往包括新产品发表、名人或是独特体验等具有时效性及话题性的元素，这些都能够吸引大批媒体前来采访报道，增加展会的新闻点。主办方通常会在展会开幕前新闻发布会和新闻通稿上特别介绍主题活动内容，还会邀请新闻媒体参与主题活动，丰富展会的新闻素材，吸引观众眼球。

（三）丰富展会内涵

展会现场的活动尽管形式各异，但万变不离其宗，都是为展会的主题服务，丰富展会内涵。活动组织者无论是展会主办方、合作伙伴还是参展企业，成功的现场活动都能进一步丰富展会内容，提升展会内涵，进而提高展会价值。展会内涵越丰富，就越能吸引客商与会。

二、主题活动形式

常见的展会现场主题活动有评奖活动、会议论坛、表演活动、潮流趋势展示、名人活动等。

（一）评奖活动

评奖活动旨在通过参展产品的评比，提高参展企业的创新能力，提升展会的综合品质。评奖活动一般由展会主办方组织，邀请行业协会协办，鼓励参展及参会企业参加，评奖内容主要包括展品设计、广告创意等。展会开幕前，展会主办方通知参展企业，感兴趣的企业提前报名，并提供参赛作品及详细介绍资料，由公众或专家进行评审，参赛结果可在展会期间或闭幕后公布。成功的评奖活动可以说是一种展会事件营销，设计独特、风格别致的参展产品给展会带来更多看点和亮点，评比结果更是观众所期待的，因此，对于吸引观众与会有很好的促进作用。

案例：

举出口精品，聚设计之光
——2013年广交会出口产品设计奖评选活动

对于那些在中国制造业中摸爬滚打多年的人们来说，工业设计已经成为当前产业发展绕不开的重要命题。随着中国制造业的不断成熟，昔日规模庞大的贴牌代工开始逐渐淡出人们视野，而作为生产性服务业核心要素的工业设计，则在此时慢慢登上属于它的舞台。国家在"十二五"规划中提出要"把科技进步和创新作为加快转变经济发展方式的重要支撑。"诺贝尔物理奖得主杨振宁教授也曾说："21世纪是工业设计的世纪，一个不重视工业设计的国家将成为明日的落伍者。"这些都可被视为工业设计正式亮相的开端。

为了发掘更多更佳的设计创新产品，有"中国第一展"之称的广交会在今年创立了广交会出口产品设计奖——Canton Fair Design Awards（简称CF奖）。这是其继创办广交会产品设计与贸易促进中心后，又一次将目光投向"微笑曲线"上游。作为一个进出口商品贸易平台，广交会约背景对这个奖项有何影响？该奖项有何亮点和作用？它的出现对业界有何影响和意义？目前进展如何？带着这些疑问，记者特意走访了负责奖项运营的CF奖评选办公室。

一、响应国家战略，顺应业界潮流

据相关负责人介绍，广交会设立CF奖是响应国家发展战略、迎合国际市场需求的必然选择。从国家经济发展的宏观层面来看，广交会一直被誉为中国外贸发展的风向标和晴雨表，广交会上任何一项新的举措，在外贸行业都具有一定的引导和示范作用。创立CF奖的主要目的就是通过树立典型来引导中国企业重视创新，重视产品品质的提升，从而助力实施国家提出的创新驱动发展战略。从展览市场需求的角度而言，设立产品设计奖项评选是当前世界高端专业展会的通行做法。在"中国制造"逐步向"中国创造"转变的大背景下，广交会推出 CF 奖，将有助于优质的参展展品和展商脱颖而出，进一步提升优秀企业参展的积极性和参展质量，同时也有助于专业采购商迅速物色所需产品和合作伙伴，提升与会效率，拉动广交会向更高层次蜕变。

有业内人士指出，作为目前世界范围内绝无仅有的大型综合性展会，广交会本身就具有办展层次高、覆盖行业范围广、行业外贸导向性强等特点。CF 奖的出现将是对上述特点的一次升华，对整个制造业发展能起到积极的示范作用，可谓是画龙点睛之举。

二、敲定标识奖杯，立志展翅飞翔

为了寻找能形象传播 CF 奖创办宗旨的标识，CF 奖评选办公室从 2013 年 2 月底开始向海内外公开征集标识和奖杯设计方案，在接到 75 个应征方案后更就此征询了海内外约 20 名设计专家及 20 多位展览业内人士的意见，最终选定杭州飞鱼设计公司创作的"飞翔的翅膀"方案。CF 奖评选办公室负责人介绍，CF 奖立足中国、面向世界，并将逐步扩大影响力。目标是打造成为与 IF、红点、Gmark 等大奖齐名的国际知名设计奖项，"飞翔的翅膀"能很好地反映出 CF 奖的理念和愿景。

方案设计者黄强在接受记者采访时表示，创作标识时，主要以 CF 两个英文字母为切入点，结合广交会的建筑动势，将 F 变形为一双飞翔的翅膀。设计方案在构图造型上呈现出放射型，寓意中国产品向全球辐射，工业设计影响力也在不断扩大。设计方案还采用了简洁的符号元素，力求贴合目前国际设计简约、明了的趋势，以彰显奖项的国际性和时尚风格。

三、借鉴国际经验，契合广交会特色

CF 奖作为广交会的奖项，必须在充分借鉴国际知名奖项举办经验的同时，结合广交会以消费类产品为主、以满足海外市场需求为主的特色，突出功能性、国际性，这是有别于其他设计奖项的最大特点。记者了解到，为确保 CF 奖的专业质量，首次评选活动特意邀请中国工业设计协会作为合作单位，在评选标准、评委邀请、评选程序、后续推广等方面力求办出专有特色。一是评选标准方面，设立"创新性""功能性""品质""美感性"和"环保性"等5个当前通行的工业设计评审标准，并强调产品针对不同区域消费市场特点的独特创新设计。二是评委结构方面，邀请境内外设计界专家、商协会专家、品牌企业设计总监和境外采购商代表担任评委，以设计创造者和市场使用者两个角度来兼顾设计审美标准和市场认可度。中国工业设计协会副会长、湖南大学设计艺术学院院长何人可，意大利著名设计师 Stefano Giovannoni 等境内外著名设计专家已应邀担任评委。三是评选程序方面，分初评与终评两个环节，初评采取盲评，即评委看不到相关企业和品牌等信息，以保证对产品独立评选的公正性；终评采取看实物评分，来自各行各业的评委数量超过30多名，境内外比例基本达到1∶1，以保证评分的含金量。四是后续推广服务，获奖产品除了可获得常规的颁奖仪式、新闻宣传、实体展示、在线展示和刊物宣传等奖励外，还将作为广交会海外招商宣传的内容，打造为吸引全球买家关注"中国创造"的新亮点。

中国工业设计协会副会长兼秘书长、海尔集团前工业设计创新中心总监刘宁认为，CF奖依托于广交会这个庞大的会展推广平台，这是与其他设计奖最明显的不同之处，也是其不可复制的独特优势。每届广交会均有来自全球200多个国家和地区的约20万采购商与会，使得CF奖从一开始就与产品最亲密的销售者、使用者建立了联系。获得CF奖，意味着能借助广交会的全球推广网络，对产品和企业本身均有极大助益。

四、产品征集踊跃，明星企业频现

随着CF首轮网络初评环节的展开，评选活动可谓渐入佳境。数据显示，历经三个多月的征集，从2013年4月1日—7月20日，活动共征集到345家企业的547件产品。广东、浙江、福建、上海、江苏等地区的企业参与度最高。据CF奖评选办公室负责人介绍，由于CF奖今年首次创办，参评范围仅面向广交会50个展区中的31个，分五大类评选，分别为电子电器类、建材五金工具类、生活用品类、家居园林类、健康休闲类等，涵盖了当前具有较强工业设计元素的行业。应征参评的企业中，不乏美的、格力、奥克斯、爱普、惠达、纽威、树德、匹克等各行业的明星品牌，各地更是积极发动和推荐重视设计、不断研发创新产品的优秀企业参评。格力、纽威等企业在获悉CF奖项相关的消息后，精心准备申报的产品及资料，内部还专门召开专题会议讨论筛选，"为的就是要挑选最好的产品参评"。按照活动计划，CF奖初评于2013年8月13日结束，其后是初评结果公示、产品实物寄送等阶段。整个活动的高潮——终评、终评结果揭晓和颁奖典礼安排在2013年10月底举行。届时境内外众多设计大师莅临广交会，成为中国第一展与国际设计界的跨界合作盛事。

（二）会议论坛

在展会同期举办会议论坛是主办方常见的做法，目的是实现以会促展或以展促会，促进会议与展览相得益彰，协同发展。举办会议论坛也是展会观众促销的有效手段之一。会议论坛形式主要包括报告会、研讨会、交流会、说明会、讲座等，常见内容包括行业动态、行情交流、产品介绍、贸易配对等。成功的会议论坛可以吸引大批业内行家、企业高层或其他具有影响力的人士前来参与，甚至可以吸引到展会本身无法吸引到的观众群。一些技术性强的展览会借助高端论坛发布行业前沿技术和潮流趋势，提高展会的信息功能，并以此吸引外延更加广泛的观众群体。会议论坛还能吸引媒体的广泛关注，高端活动甚至可登上媒体头条，产生良好的公关效果。

第110届广交会开幕式
暨中国加入世贸组织10周年论坛现场

2011年10月，广交会迎来了第110届，恰逢中国加入世贸组织10周年。由商务部世贸司牵头举办的"入世十周年论坛"作为一大亮点活动，采取了与开幕式合并举办的方式，在开幕式后15分钟举行。商务部领导出席论坛，来自世贸组织、阿根廷、瑞典、美国等国家和地区的政要、商界代表、社会名流，现场将近1000人，中央电视台进行现场直播。

案例：

第 113 届广交会国际市场论坛

第 113 届广交会国际市场论坛得到了中国商务部外贸司、欧洲司、俄罗斯驻穗领事馆、黑龙江省商务厅的支持。邀请外贸司和欧洲司官员、采购商代表、市场调研专家等作为嘉宾发言。邀请广交会各进出口商协会、各交易团和参展企业代表参加，人数预计为 250 人。论坛围绕当前俄罗斯经济形势及中俄经贸关系展开讨论。

广交会（俄罗斯）国际市场论坛现场

（三）表演活动

表演活动主要适合一些体验式、趣味性、情境式的展会，如汽车展、体育博览会、动漫游戏展、影像展等。表演活动不仅可以活跃展会的气氛，丰富展会的文化，增加展会的亮点，而且可以提高展会的趣味性，激发观众的体验热情，促进现场人气高涨。表演活动可以是与展会主题密切相关的，如汽车展的试驾活动、体博会的攀岩表演、动漫游戏展的 Cosplay 等；也可以是无关的文娱、艺术表演。有些展会主办方不仅通过表演活动吸引目标观众，还出售活动门票，增加展会收入。在展会现场，表演活动容易引起人们驻足围观，吸引观众眼球，提高展会的关注度，伴随着现场互动会还会起到更好的宣传和推广效果。

案例：

中国国际数码互动娱乐展览会（China Joy）

中国国际数码互动娱乐展览会是由中华人民共和国新闻出版总署、中华人民共和国商务部、中华人民共和国科学技术部、中华人民共和国工业和信息化部、中华人民共和国教育部、国家广播电影电视总局、国家体育总局、中华人民共和国国家版权局、中国共产主义青年团中央委员会、中国关心下一代工作委员会、中国国际贸易促进委员会和上海市人民政府指导，中国出版工作者协会、游戏出版物工作委员会、中华人民共和国商务部外贸发展局、上海市新闻出版局和北京汉威信恒展览有限公司联合主办，上海市浦东新区人民政府协办的国际著名数码互动娱乐大展。中国国际数码互动娱乐展览会是继日本东京电玩展之后的又一同类型互动娱乐大展。

　　展览会每年都会吸引来自欧洲、美洲、日本、韩国、东南亚各国、中国内地、台湾、香港等国家和地区从事数码互动娱乐业的厂家汇聚在上海。第九届ChinaJoy展览会面积达到48000平方米，共计5117名记者到会对展会进行现场跟踪报道。展览会期间举办了中国国际数码互动娱乐产业高峰论坛、中国游戏商务大会、中国游戏开发者大会、中国游戏外包大会、ChinaJoy角色扮演嘉年华、竞技游戏大赛、Miss ChinaJoy青春风采大赛等诸多会议和大型活动，特别是角色扮演嘉年华、竞技游戏大赛、青春风采大赛吸引了成千上万的网友发烧友。

ChinaJoy 展会现场

一、ChinaJoy Cosplay

　　ChinaJoy动漫游戏角色扮演嘉年华作为具有群众广泛参与的大型公共性文化活动，充分利用上海浦东新区独特的国际化区位优势和丰富的文化资源品质，在浦东新区各级政府的大力支持和帮助下，已快速发展为我国最大规模、最优品质、最具民族文化特色的动漫游戏角色扮演文化活动，深受全国青少年的喜爱。在国际同业中，产生了广泛的具有我国浓郁文化特色的传播导向效应。

　　作为ChinaJoy配套的最大现场表演竞技文化活动，动漫游戏角色扮演嘉年华（ChinaJoy Cosplay）自2004年创立以来，已是第七届。从第三届开始在全国首次开设省（市）级分赛区，如今已发展至10个分赛区。

二、电子竞技

　　ChinaJoy竞技游戏大赛已成长为每年每位

电子竞技玩家最为关注的赛事之一，每年展会期间现场比赛直播的网络视频点击均突破千万。热情的观众、专业的赛事，火爆的氛围，ChinaJoy竞技游戏大赛吸引了众多世界电子竞技精英到场，兽王 Grubby，第五种族 Moon，人王 Sky 等众多高手纷纷在这里留下了骄人战绩，国内的顶级电子竞技团队"We 战队"更是该赛事的常客，使得众多游戏及电子竞技爱好者大呼过瘾。

三、Miss ChinaJoy

Miss ChinaJoy 青春风采大赛旨在展示中国游戏产业的蓬勃而散发青春活力的一面，ChinaJoy 展会期间 Miss ChinaJoy 的展台向来是广大现场观众所趋之若鹜的场所，闪光灯不断，青春活力所散发出的美丽渗透到展馆的每一个角落，而无论是展前还是展后，秀色所引发的热潮更是在网络中久聚不散，并由此产生众多网络红人，构成展会中一道靓丽的风景线。

（四）潮流趋势展示

潮流趋势展示适合于时尚性展会，如纺织服装展、家居时尚展、办公空间展、建材卫浴展等。时尚性展会本身就是一个展示潮流趋势的平台，但是如果在展会现场专门辟开一个区域，集中展示未来行业发展趋势，不仅让参展商能领略到行业在材料、新工艺、新设计的走向，而且吸引大批专业或普通的观众、媒体亲临展会现场，感受行业在个性化、功能化以及低碳环保方面的发展变化。潮流趋势展示可以是静态的，也可以是动态的，展出的既可以是实物，也可以是抽象的概念，形式与表演相似，有时还会更具创意，让客商和观众都有新鲜的体验。潮流趋势展示不一定全是单纯的产品展出，可以进行创意展示、知识产权合作、甚至展品零售，但要事先对展会活动的服务功能有一个清晰的定位。如果从观众促销的角度出发，潮流趋势展示的功能应该突出趋势发布和信息传播。米兰家具展同期举行的设计沙龙和卫星展被誉为全球家具设计的风向标，每年吸引全球数万名设计师、企业家、媒体、学生前来观看，为米兰家具展带来大批高素质的观众。

案例：

广交会 PDC

广交会产品设计与贸易促进中心（以下简称 PDC）是贯彻落实"转方式、调结构"政策精神的重要举措之一，对提高企业研发设计能力、促进外贸出口增长做出了贡献，受到参与各方的广泛好评。PDC 的活动包括设计论坛、设计对接、设计杂志、设计培训及其他各类主题活动，吸引全球多家知名设计公司踊跃参与；PDC 设计廊展出创意礼品、小型家电等新潮产品供观众参观，并可现场零售。

第 113 届广交会"设计促进贸易"系列活动，根据广交会不同展期产品类别，包括设计展示、设计对接、主题论坛等 25 场专题活动，吸引了来自法国、希腊、荷兰、意大利、西班牙、日本、韩国及中国内地、香港、台湾等 10 个国家和地区的 45 家设计公司/机构，160 余位工业设计师、品牌营销专才及流行趋势分析预测权威，近 1500 家企业、超过 1 万人次参与活动，达成合作意向 9000 多项，有力促进了工业制造与设计服务的对接合作。活动受到人民日报、光明日报、经济日报等中央主流报纸，澳门日报、广州日报、羊城晚报等地方主流报纸，中央电视台、广东卫视等主流媒体，新华网、中国网、凤凰网、新浪网、搜狐网、网易等主流网站，全球纺织网、中国棉花信息网、慧聪网、和讯网等专业网站争相报道。香港设计师协会前主席叶智荣表示，"广交会设立产品设计与贸易促进中心是个很好的平台，可以提高国内外贸企业 ODM 和 OBM 的实力，它能对中国制造业与产品设计研发资源的互动起到有效的驱动作用。在广交会这样一个超级贸易平台上设立 PDC 来推动'中国制造'向'中国智造'转变是非常明智和有效的办法"。

案例：

广州家具展办公环境主题馆空间·未来——ECO PLUS[+][①]办公生活

2010 年 3 月 27 日，由中国广州国际家具博览会（办公环境展）主办，

———————————

① Eco Plus[+]：震旦家具整合了高于国内标准的欧洲及日本环保标准。倡导"减、俭、简"的 3R（Reduce、Reuse、Recycle）环保理念。Eco Plus[+] 诠释了震旦减材环保及轻量化设计理念，倡导 Eco Office 环保办公，体验时尚办公生活。

中国对外贸易广州展览公司承办的"空间·未来"办公环境展主题馆在广州办公环境展亮相，并同步举办主题馆新闻发布会。广州办公环境展是亚洲地区唯一的以全面展示"大办公环境"为定位的专业展会，该主题馆旨在发挥行业和品牌影响力，引领办公新时代。

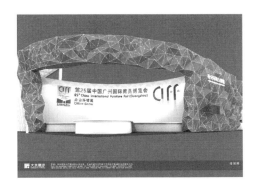

第 25 届广州国际家具博览会办公环境展效果图

一、展"空间"，秀"未来"新闻发布

本次新闻发布会，汇聚了家协重要领导，行业专家学者，知名设计师及主流媒体近百人。期间，中国家具行业协会朱长岭副理事长、中国对外贸易广州展览公司刘建军总经理做了精彩的开幕致辞；办公行业资深人士许照明先生与现场观众近距离分享本次办公主题馆的设计理念，震旦家具设计总监高日菖先生以"ECO Solution 绿色家具解决方案"为题，阐述震旦家具 ECO PLUS$^+$环保理念，并倡导大家共同参与由世界自然基金会发起的"地球一小时"活动，实践低碳生活，熄灯一小时。

会后，各位来宾参观了主题馆的各概念展区，包括办公环境演变区、经典办公案例区、办公环境体验区、环保办公观念区及办公流行色彩区等，并欣赏了由震旦家具创意呈现的 Mobile Office 移动办公室生活情景剧和环保 X Show。此外，展会期间，主题馆共有 9 场专业讲座共同探讨未来办公空间及生活形态。

二、主题馆展区简介

多元表演舞台区——Fashion 办公秀，演绎 Mobile Office 移动办公室生活情景剧与环保 X Show。Mobile Office 将人们从桌面办公解放出来，选择最佳的时间、地点和方式开展工作，体验"沟通无阻碍，协作无边界"的办公生活形态。时尚 X Show，模特们衣着与震旦新品 X 椅相应环保材质设计的别致服装，伴随着轻盈的音乐展现 X 椅绿色、透气、环保的设计理念。

3 月 27 日 20：30—21：30，全球同步熄灯一小时，震旦同日在多元表演舞台区打出了"今天全球熄灯一小时，你 ECO 了吗？"的口号，竭力推动全球低碳倡议。

办公环境演变区，以文字、图表、模型、影像来阐述这 200 年来办公环境、建筑、理念、设备、家具的演变过程，为参观者启蒙办公文化的思维和深层次的思考。

经典办公案例区——Office Environment 案例欣赏，震旦精心选取纽约时报、百度、华南理工大学建筑设计研究院、中国台湾地区高雄医学大学等国内外成功办公空间案例，让业者、设计师、参观者能充分体会从建筑、室内装潢到办公家具的办公空间整体规划方案。

办公环境体验区即震旦办公环境体验馆，由震旦家具精心规划。其结合了当今社会所倡导的时尚、低碳、环保的潮流，全方位让人体验何为 Eco Office（环保办公空间）。此体验馆分为几大内容板块，有 Aurora 品牌印象，Castle 个性工作站，Conjoin 创意分享，办公设备互动体验，Pro-mix 情境管理，以及"VIP 空中楼阁"与 Roygem 奢华会所等。

环保办公观念区，由环保观念、IT 设备、办公家具、环境、技术、信息 6 个层面分别描述达成环保办公室的基本做法，为绿色环保的办公室倡议尽一份力。

办公流行色彩区，办公空间的颜色对于长期置身于其中的人会产生心理影响。震旦通过对色彩趋势，色彩创意，色彩管理，色彩心理的解析，精选产商。针对未来的地毯、布料、皮革、防火板、木皮、涂料等相关的建材及家具材料的系统展出，表达办公环境的流行色彩。让色彩为办公空间插上创意的翅膀。

办公环境诊断区，表述办公环境的问题点和如何达成环保整合式信息化办公室设计要点，备用诊断表由参观者填写后，依实际情况答复诊断结果和治理。

办公信息平台区，与相关图书业者合作网罗全世界有关办公建筑、家具、室内环境相关书籍、杂志、刊物等信息提供参观者参考并接受订购服务。带给参观者最新、最潮流、最时尚的办公用具"一站式"展览盛宴。

三、诚邀同行，共襄盛举

第 25 届广州国际家具展云集了全行业的知名企业，包括作为世博参展企业的震旦有限公司在内，全都倍感荣幸，而震旦也愿意在本次展会中与家具行业的翘楚们共同分享参展世博盛会的荣耀和喜悦，并邀请同行共赴上海世博会参观震旦馆。

震旦馆不仅因"中华玉文化·城市新风格"的展示主题吸人眼球，更因为馆内处处皆可感受的现代高科技元素而受到关注。玉的五德"仁爱、义行、礼貌、智慧、信誉"被分为七大主题进行诠释。七大主题分别为红山玉人、C 型龙、女娲补天 3D 动画、全息演示各时代玉器、玉山子、2008 北京奥运金镶玉奖牌和震旦精心制作的世博纪念品等。

（五）名人活动

名人活动多集中在社会大众普遍关注度较高的行业展览会，如书展、艺术展、文博会、美容美发展、奢侈品展等。名人也是曝光率较高的话题人物或专家，可以来自文化、艺术、影视、经济等不同领域。名人活动一般由多位名人一同参与，围绕着共同的展会主题，举行讲座、见面会、名家论坛等活动，这类活动不仅吸引大批观众蜂拥而来，还容易吸引媒体的关注，扩大展会的宣传推广。

一年一度的广州南国书香节经过 20 年的发展，已成为了广大市民共同参与的文化盛宴。作为南国书香节的一大亮点，名人签书活动一直得到广大观众及媒体广泛关注。每年书香节都有多位名人作家前来举办见面会，分享创作心得，并与读者互动。名人的到来可以推涨人气，也可以为自己的

2013 年广州南国书香节活动现场

作品做宣传，是最为明显的双赢局面。2013年羊城书香节通过邀请著名作家莫言、余秋雨、易中天、金铁霖、李银河、邱毅、蒋方舟等名人到场，场面火爆，每场次参与人数均过千人。

（六）跨界活动

第116届广交会开幕前，推出"美国新客商尊享南航机票优惠活动"。2014年8月6日起，南航开通了广州—纽约的直飞航班。这是南航首条往返于中国与美国东部地区的国际航线。美国既是南航国际化战略的重点市场，也是广交会的传统优质客商市场。该条航线的开通，将为美国东部地区客商带来便利。经与南航协商，本届广交会拟继续推进与南航的合作，以南航开通纽约直飞广州航线为契机，以"纽约新航线、直达广交会"为主题在第116届广交会前开展广交会美国新客商尊享机票优惠活动。以南航市场公布运价为基础，头等舱、商务舱票价再减15%，高端经济舱、经济舱票价再减10%。

第116届广交会美国新客商尊享机票优惠宣传广告

第六章　展会新闻活动

展会新闻活动是现代展会营销的一种重要手段。通过邀请大众媒体、专业媒体前来采访报道，既能有效地提升该展会在大众群体或专业受众群体中的权威性与知名度，又能显著增强展会本身的曝光率，提高展会的美誉度，从而吸引更多的潜在目标参展商和参观商，为展会的招商推广营造良好的舆论氛围。

第一节　新闻活动类型

有价值的信息才有新闻价值。一方面，很多展会本身就能吸引新闻媒体的关注，就有新闻价值。展会开幕前，就会有媒体记者主动前来采访报道。另一方面，为了提高行业影响力，吸引媒体的广泛关注，很多展会主办方也会通过策划各种各样的新闻活动，邀请媒体采访报道，从而扩大展会宣传，提高展会品牌知名度，为展会的招商推广奠定良好的舆论基础。

展会只有灵活运用各种新闻活动，才能获得良好的传播效果。主办机构或展会新闻发言人不仅要细心甄别和考虑各种新闻活动的使用范围和实际操作效果，还要根据展会的自身特点（如政府型展会、商业性展会等）和即将发布的信息的特点（例如例行发布信息、突发性事件、重大活动等）选择适合的发布形式。

一、新闻发布会

展会新闻发布会又称记者招待会，是主办机构举行的向新闻媒体全面介绍展会最新情况、主要特点、发展趋势等展会信息的问答式会议。它为主办机构提供了一个通过媒体向公众传播信息和宣传展会的机会，是会展业行业常见的新闻活动之一。

新闻发布会可以体现展会主办机构的重视高度，便于主办机构与媒体直接双向交流，具有形式隆重、权威性高、公开面广、互动性强等特点。但是，准备程序相对复杂，发布要求较高。发布时间可长可短。只有当展会发布主题足够重要、内容足够丰富、对记者具备足够吸引力时，才适合举办新闻发布会。多年来，每届广交会均定期举办开幕前和闭幕前新闻发布会，对外发布到会客商人数和出口成交额，这一形式充分体现广交会在我国对外贸易工作中的重要性。

二、背景吹风会

背景吹风会是新闻发布会的一种辅助形式。它提供的信息更多是影响和引导媒体记者对某一事件的报道，而不作直接引用。吹风会是一种非正式的新闻发布，可被作为正式发布活动前奏，是一种特殊的新闻探测方式。

背景吹风会的特点：不定点，不定时，形式相对简单，气氛比较轻松，媒体范围较小，发布者对信息的掌控度较高。它很适合用于某些暂时不愿炒热，但又需在一定范围内传播的问题。背景吹风会的优点是，能说一些在正式场合无法说的话，从而建立与记者的友好关系。吹风会内容的报道可以有几种情况：一是可以报道和不可以报道，有的内容由于时机不成熟等原因，不适合即时报道，只供报道时作背景参考；二是可具名和不可具名报道，也就是说内容是可以报道的，但不能讲出消息来源。是否可以报道，是否可具名事先要声明。在会展行业，背景吹风会邀请的记者一般是小范围的，应邀者大多是一些具有代表性的媒体或与展会主办方关系融洽的记者。

三、集体采访或单独采访

集体采访或单独采访是指通过主动和应邀约见或安排独家或多家媒体的采访来发布新闻信息。对于一些小型展会或专业性特强展会，主办机构通常采用集体采访或单独采访的形式发布展会信息。

这一形式灵活机动、实效性好，有利于主办机构有选择地接触媒体，开展深入交流，提高主动性。与新闻发布会相比，集体采访或单独采访气氛比较轻松，问答比较详尽。一般来说，记者更青睐于单独采访的形式，因为可以获得更多独家新闻。有时展会主办机构先安排集体采访，结束后再安排某家媒体专访。作为行业标杆性的展会，如遇到一些敏感性的问题，主办机构通常会邀请两家或两家以上的记者进行采访，避免独家报道有失偏颇，给展会声誉造成不必要的损失。

四、网络直播活动

网上直播是一种新型的展会新闻活动，即邀请重点传媒直接驻会，现场设立演播间，邀请展会主办方、新闻发言人、参展商、业内专家学者等进行现场的采访报道，并同步在网络、电台、电视上进行传播。慧聪网、搜房网每年都在广州建博会现场搭建直播间式的展台，对展会进行全程的跟踪报道。

这一新闻活动即时发布、滚动发布，时效性强，传播成本低，易于全面及时地为大众接受，具有同步性和交互性。但是，网络直播随意性强，主办机构对传播信息较难控制，更多地取决于直播机构对展会的态度、观点和立场，因此，直播活动适合于时尚性、大众性的展会，如家居展、建材展、汽车展等。

随着信息技术的快速发展，新兴媒体不断涌现，展会新闻活动的形式日趋多样化。不同形式的新闻活动在正式性、灵活性、公开性和可操作性等方面各有不同，因此，主办机构应根据展会的实际和信息的时间空间环境选择合适的新闻活动。

案例：

第113届广交会开幕新闻发布会安排

1. 时间：2013年4月14日上午10：30—11：30。

2. 地点：广交会展馆B区C层2号会议室。

3. 议程：请广交会新闻发言人、外贸中心有关领导介绍第113届广交会筹备情况，答记者问。

4. 记者邀请及安排：拟邀请中外记者约130人参加。按惯例，会场供应茶水点心，向记者发放采访证件及有关参与资料。

5. 现场布置：主席台背景板设计拟采用国内广告投放图案。参照全国人大记者会的做法，从简布置现场环境和讲台。

6. 工作分工：

（1）大会新闻中心办负责草拟新闻发布稿及广交会热点问题问答参考口径，做好记者邀请和接待。

（2）大会外事办安排英文译员。

（3）客服中心负责现场音响、录音。

（4）广州交易会广告公司负责会场布置（包括背景板、导向牌设计、制作和装搭）。

第二节 新闻活动策划

展会新闻活动涉及范围广，传播快，实效性强，策划工作是一个系统工程，成功的新闻活动策划一般要处理好"谁说（Who）、什么时间说（When）、在哪里说（Where）、向谁说（Whom）、说什么（What）、说多少（How much）、怎么说（How）"等 7 个环节。

一、确定发布主题

新闻活动所要发布的主题要切合三个"点"，即"展会主办方要说的""媒体关心的""公众关心的"。如果发布的新闻主题不符合这三点，活动的吸引力就会减弱，传播面就变窄，效果就不好。主题要有新闻性，主要体现在所要发布的新闻是否具有以下几点新闻价值。

1. 重要性

所要发布的新闻事件是否对展会本身、当前国家和地区社会、经济、文化产生重大影响。影响越大，所要发布主题的新闻性越强。例如，从第 101 届广交会增设进口展区，并改名为中国进出口商品交易会，这一事件无论对展会本身还是中国外贸发展都具有重大影响，具有相当强的新闻性。

2. 时效性

所要发布的新闻事件是否是最近发生的？一般来说，发布时间离事件发生越短，所要发布的新闻性越强。例如，2013 年 7 月广州建博会主办方之间达成所有权转让协议，主办机构随即在展会期间（即 7 月 9 日）召开新闻发布会，确保新闻事件营销的时效性。

3. 显著性

展会作为行业的多功能平台往往引人注目，特别是行业标杆性的展会，如广交会——中国第一展、中国对外贸易的风向表和晴雨表，汉诺威工博会——世界工业领域的"奥斯卡"展会等。这些展会在行业的显著地位致使其动态备受媒体关注。

此外，新闻的价值还体现在新闻事件与媒体、公众是否存在的地缘和心理缘接近性，能否引起人们情感共鸣等。对于每个主题，主办机构都要精心包装以使得主题新闻性更强、传播效果更好。

二、确定发布人

新闻发布人通常是展会的新闻发言人或是最了解新闻事实的决策参与者。欧美著名展会往往设立首席新闻官，负责展会重大新闻的发布工作。新闻官具有很高的权威性，能够轻松自如应付意想不到的问题，权威性来源于其对展会的参与度以及对新闻事实的深入了解。广交会是我国目前为数不多的设立新闻发言人的大型展会，大多数商业性的专业展会没有建立专业的新闻发言人机制，通常由宣传推广部门负责向媒体发布展会的有关新闻。

展会新闻活动原则上只安排一位新闻发布人。特殊情况可以安排 2～3 人，最多不超过三人。一人为主，其他人作补充回答。

三、选择发布时机

展会主办机构选择举办新闻活动的时机应遵守以下几条主要的原则：

1. 要围绕展会的中心工作确定举办新闻活动的时机

展会在展前、展中、展后三个阶段均有重点工作，如果主办机构有意通过媒体报道展会在招展、招商、服务等方面的新举措和亮点，新闻活动则应在展会开幕的前夕召开。

2. 发布的时机要遵循时效性原则

对于突发性的重大新闻事件，越快越主动，千万不能拖沓观望。否则，不仅贻误了展会宣传的最佳时机，还会给展会造成负面影响，让展会主办机构处于被动。

3. 要考虑各类媒体的发稿时限和出版周期

例如，报纸的截稿时间、电视新闻节目的截稿时间及专业杂志出版时间等。如果预留的时间太短，媒体很难写出高质量的稿件；如果出版周期太长，展会新闻的时效性不强。

4. 避免与其他重大新闻在时间上冲突，造成新闻"撞车"的情况

当多个同类题材展会在一个地区同期举办时，新闻"撞车"的现象相当普遍。例如，每年3月在广东的广州、东莞、深圳、顺德同期举办家具展，全国性的家具专业媒体和广东的大众媒体都在集中时间、集中版面报道这4个展会的有关新闻，铺天盖地的报道常常让大众眼花缭乱。

四、选择发布地点

新闻活动通常在酒店或会议中心的正规会议室举行，设备齐全，运作方便，在准备阶段可以节省很多精力，同时可以体现展会的专业形象。为了突出新闻活动的现场感，提高媒体记者的感性认识，主办机构通常还在展会开幕期间在展览场馆安排新闻发布会、媒体吹风会、媒体采访等活动。现场举办新闻活动极具新闻性，有很强的吸引力和感染力，媒体记者可以顺便参观和考察展会，采访参展商、参观商以及相关行业组织，为新闻报道获取更多展会资讯。

五、确定发布受众

展会新闻发布的对象被称为发布受众。不同性质的展会所关注的受众不同，同一个展会不同主题活动的受众也不尽相同。因此，确定展会新闻发布受众非常重要。一是按主题选定核心受众群。展会新闻活动应根据发布的内容确定传播目的和范围。例如，在展会开幕前夕有关展会整体情况的新闻发布会，最为关心此话题的受众应该是展会的忠诚采购商及潜在的新采购商，

他们往往通过了解展会规模、参展企业以及相关活动的信息以确定是否参观展会，因此，在邀请媒体时应重点考虑采购商关注的媒介。二是根据目的选择不同媒体。根据新闻活动的目的，展会主办机构可以选择覆盖不同地区和人群的媒体。例如，广交会举办有关 PDC（产品设计与贸易促进中心）的新闻发布会不仅需要邀请综合性的经济和贸易媒体，还要邀请工业设计、潮流时尚等国内外专业媒体出席。总之，展会新闻活动媒体的邀请既要根据发布内容主题又要考虑新闻发布的目的。

六、选择表达形式

在新闻活动上，新闻发布人能否使用恰当的语言和表达手段向媒体记者介绍展会的重要信息也很重要。一是在新闻发布的时候，要牢记使用有"数"和有"料"的语言。"有数"就是发布要有口径、有底线、要准确，且简洁生动；"有料"就是发布内容要有新闻性，信息量大，避免呆板单调的空话和套话。例如，每届广交会闭幕前新闻发布会，大会新闻发言人引用大量的数据，通过同比和环比、整体与区域的比较，清晰准确地介绍了到会采购商和出口成交的情况。同时从政治、经济、文化等角度分析影响采购商人数和成交额变化的主要因素，新闻内容"有料"，语言"有数"，为记者撰稿提供高价值的新闻素材。二是根据不同媒体的特点，运用图片、图表、视频等手段，最大限度地传播展会新闻。图片、图表、视频的表达方式更直观有效，深受广大媒体的欢迎，有效地制造报道素材，加大新闻的报道量。展会是一个现场感很强的活动，反映展会现场采购商与参展商洽谈的图片能有效地唤起受众对展会的兴趣，提高展会宣传的直观效果。三是新闻发布人要掌握说话艺术，将宣传意图隐藏在新闻发布中。例如，对于某些需要充分说明和重点强调的展会新闻，发布人可以有意识地在问答环节中进一步阐述；在策划活动时，主办机构就要认真包装新闻主题，潜移默化地对外传播新闻意图，实现展会宣传效益最大化。

展会新闻活动策划环节众多、联系紧密，从提炼新闻主题、选择活动形式、活动地点、活动时间，到选择受众对象、表达方式，每一个环节的设计与安排既要考虑新闻传播的特点，又要结合会展行业的实际。从广义来说，展会本身就是一种媒介，举办一次展会就是举办一场新闻活动，开幕期间展会往往吸引众多媒体记者与会采访报道，因此，新闻活动的策划要紧紧依托展会这一平台，利用展会资源，做好与展会相关活动的衔接，提高活动的整体性。

第三节　新闻发布会的组织

目前，新闻发布会是展会最常见的新闻活动之一。举办一场新闻发布会涉及舆情分析、材料准备、会务准备、发布主持、效果评估等具体组织工作。每一项工作都具有很强的专业性，组织人员应熟练掌握关键的程序和技巧。

一、舆情分析

舆情分析是大型展览会组织召开新闻发布会之前最为重要的准备工作，其主要工作是对媒体相关报道的搜集、汇总、分析，找出舆论的走向和媒体关注的要点，供发言人作相应的准备。

（一）形成舆情报告

舆情分析方法主要是通过搜索相关报纸、杂志、互联网以及专业分析文章等方法，总结和归纳出媒体和公众在一段时期对展会相关问题的关注要点，并以书面报告的形式提交各新闻发言人。作为广交会承办机构，中国对外贸易中心建立了舆情监测机制，定期收集媒体对广交会和及机构本身的正面和负面报道，并对有关舆情提出相应的建议。

（二）预测媒体问题

通过舆情分析，主办机构能够掌握媒体对展会关注的主要问题，如参展规模、与会客商、成交效果、展会服务等。科学的舆情分析可以有效地帮助新闻发布人判断记者可能会问到的问题。要策划一份准确可靠的问题单，新闻活动的组织者不仅要深入了解展会新闻活动主题和认真分析舆情报告，还要具有相当扎实的媒体专业知识和经验，了解媒体记者发问的习惯和技巧。记者们可能从展会的背景材料、展会数据、宏观经济形势等角度引出一个又一个问题，促使新闻发布人给出他们想要的新闻素材。

一旦掌握了媒体关注的焦点和记者可能发问的问题，发布会组织者应及时向新闻发布人以及相关业务负责人（如被邀请参加）通气，做好沟通与协调，并形成统一的对外口径。

二、材料准备

新闻发布会召开前，组织者需要准备大量关于展会的书面、电子、图片及视频材料。一类是提供给媒体记者，主要包括展会的新闻通稿、背景介绍材料、图片影像资料、事实资料页、数据信息等，如邀请了外国记者，还要准备不同语种的新闻稿等。另一类是提供给新闻发布人及相关业务负责人发布和参阅的资料，包括现场发布稿、对外口径材料、发布要点提示等。

对于媒体来说，事实资料页（Fact sheet）通常是欧美展会新闻发布会必备的现场派发材料，内容包括展会的基本信息如展会的名称、时间、地点、组织机构、规模、产品范围、参展商及参展观众数量等。它不同于新闻通稿，其目的是运用简洁语言提示记者一些核心信息，起备忘参考的作用。背景材料也是一个不可或缺的材料，对于一些新培育的展会以及专业性很强的展会，背景材料有利于激发记者提出有针对性的问题、获取有价值的新闻素材。展会的背景材料可分为对比性、说明性、注释性三种常见的背景材料。例如，广交会与会客商和出口成交额同比和环比数据就是一种典型的对比性背景材料。为方便媒体获取展会图片和视频资料，国内外知名品牌展会还在官网上开设了自助下载的栏目，媒体记者只要简单地登记和注册就可以轻松下载。欧美展会通常为记者们准备了一系列展会宣传报道材料，内容丰富，外观精美，携带便捷，媒体把这一材料称作为Media kit。

从展会主办方发布新闻的实际需要来说，现场新闻发布稿、口径材料、新闻要点提示是三个必不可少的材料。对于新闻发布稿，首先，要突出新闻性。开场直截了当，不说套话，同时辅之讲话技巧。其次，要简短。现场发布展会新闻不能就展会历史、现状和未来长篇大论，只要向记者传播有价值的新闻热点即可。其三，要适合口头表达。拟定发布稿后，发布人可反复念上几遍，既可预测时间，又可修正语言。口径材料一般是针对现场媒体记者可能提问的比较重要的问题，往往是比较难以回答的、敏感的、棘手的问题，如广交会重大改革、采购商人数增长或下降、国际经济形势影响等问题。对于展会的新闻发布会，口径材料有两类，一是通过舆情分析了解到媒体关心的问题以及权威的回答，二是历届展会的有关数据，包括展会面积、参展商及采购商人数、成交额等。组织者提前拟定口径材料，新闻发布人临场发挥时就会更加从容，做到"有备无患、心中有数"。

三、媒体组织

媒体组织是新闻发布会的核心环节。在新闻活动策划这一节，我们提到展会新闻发布受众的选择技巧，一是要紧扣所发布的新闻主题，二是根据新闻活动的目的。因此，确定发布受众后，能否成功邀请和组织目标媒体记者与会是新闻发布会的关键所在。

国际专业展览机构通常拥有与其展会联系密切的媒体数据库，详细记录了媒体的名称、性质、所属行业、专业性、联系人、联系方式等主要信息。在日常的展会宣传推广中，主办机构还可能与部分媒体保持紧密的合作，定期向媒体发布即时新闻通讯，与对应的记者保持不间断的联系。专业性展会在开幕期间还特别邀请一些较有影响力的媒体实地考察展会并进行跟踪报道。总而言之，展会日常积累的媒体资源为新闻发布会邀请高素质的媒体记者提供重要的基础。

在实际的组织邀请过程中，主办机构应拟定正式的新闻发布会邀请函，以体现活动的专业性和权威性，采用电邮、传真、电话等多种方式发出邀请。对于某些重要的媒体，主办方还需采取非常规的邀请手段，甚至一些市场化激励措施。作为有经验的组织者，在邀请媒体同时，还会积极主动地与媒体沟通，介绍展会最新情况，了解媒体关注的问题，为新闻发布会做好舆情分析。为确保受众的规模和质量，在发布会召开前，主办方需要确认出席活动的媒体及记者名单和数量，提交新闻发布人参考。

四、现场安排

发布会现场布置主要包括会场布置、设备调试、人员安排等三项工作。

新闻发布会的会场布置的内容有背景板、发布台、灯光、记者座位、签到处、资料发放台等。会场布置细节很多，要提前考虑，合理安排，任何一个细节的失误都可能影响发布会的效果。例如，是否安排了固定的拍摄席位，如果摄影记者在会议现场来回走动，很可能干扰记者提问和发布人的回答。因此，精心布置和耐心检查对于新闻发布会是非常重要的。

设备调试通常需要会议室租赁方提供专业的技术支持，包括确认音响系统工作正常，现场影响分布均匀舒适；发布台、译员席和提问话筒工作正常。如需要投影设备或者放映幻灯片，需要提前确认设备工作正常，确保灯光与投影设备配合，保证放映时亮度适中。为了方便记者及时发稿或进行网上同步直播，现场还会提供有线或无线的网络支持。尽管设备调试往往属于场地方的事，但是发布会组织者应做好沟通和协调，准确了解设施需求，提前做好准备，在会议期间还需安排专业技术人员在场，确保声、光、电、网等设施达到最佳效果。

为确保活动现场井然有序，主办方要对工作人员明确分工，各司其职。一般来说，发布会现场应安排以下几类人员：①会场总负责，负责处理会场一切情况处理和人员调度；②媒体接待人员，负责媒体签到和资料发放，并与媒体保持会前沟通；③技术支持人员，确保音响、灯光、网络、空调、电力等工作正常，有情况及时处理；④翻译人员，一些国际性的展会新闻发布会需要提供翻译，甚至是多语种翻译；⑤速记人员，越来越多的展会主办方开始采用现场速录，必要时应聘请专业的速录人员；⑥台侧工作人员，随时观察新闻发言人和主持人，处理特殊情况，并维持前排摄影摄像记者的秩序。除了以上6类人员外，主办方通常会聘请礼仪小姐，负责现场嘉宾和记者的导向，给嘉宾佩戴礼花，协助签到处工作。专业展览公司还特别注重工作人员的形象，要求着装统一，佩戴胸卡，仪表正式而不随意，语言稳重谦和大方。

五、发布会主持

虽然新闻发言人是发布会的焦点，但是主持人是全场发布会的控制人。因此，主持人的角色非常重要，一要熟悉工作流程，二要了解角色要求。

一般来说，新闻发布会主持人的工作流程如下：

（1）会前向发言人简要介绍发布会现场情况、发布会环节和需要注意的主要问题；

（2）引领发言人进场；

（3）宣布发布会正式开始；

（4）介绍新闻发言人的姓名与职务；

（5）简要介绍发布主题和背景；

（6）请新闻发言人作主题发布；

（7）提示进入回答媒体提问环节并邀请记者提问；

（8）控制提问时间，在答问环节快结束时提醒记者注意；

（9）宣布发布会结束；

（10）引领发言人及有关嘉宾离场；

（11）会后与发言人对发布会作现场小结，特别是商讨有无需要采取补救措施；

（12）视需要安排独家专访，对重点媒体给予单独接触和采访发言人的机会。

以上是主持的标准流程和主要工作，不同主题的新闻发布会，主持的流程也不完全相同，有的商业性展会甚至不设置主持人，新闻发言人充当主持人的角色。

新闻发布会主持人的表现非常关键。形象上要求着装正式得体，形体动作上要求自然大方，语言上要求简洁、明了、直接。在主持过程中，应该反应敏捷，思维活跃，关键时候能及时提醒发言人，但应避免喧宾夺主。

六、现场控制

在发布会前，主办方需要做大量的准备工作。在发布会期间，一些细节问题也不容忽视。

1. 检查现场

一进入会场，工作人员应该各就各位，检查会场设施设备、背景板、座位安排、座签等会场布置妥当无误。

2. 统计到场媒体

做好到场媒体的统计工作，并提供新闻发言人参考。如有未到场媒体，应及时提醒。工作人员还应主动与媒体接触交流，建立良好的工作关系，为展会的宣传报道打好基础。

3. 宣布注意事项

由主持人或相关工作人在会前宣传发布会的有关"注意事项"。例如，将手机关机或调至静音模式，遵守会场秩序，提问前通报媒体名称等，目的是营造一个良好的发布环境。

4. 应急处理

随时处理突发或意外事件。侧台工作人员应随时注意主持人和发言人的动态，他们可能用眼神手势暗示或用字条明示场上需要注意或处理的情况。

5. 做好收尾工作

会后总是有一些记者"包围"新闻人发言人或展会负责人，通常新闻发言人会留出 5～10 分钟与这些记者作快速交流，这时应由工作人员维护秩序，避免记者争抢造成混乱，必要时要保护发言人"突围"，同时要快速默记记者提及的问题，便于舆情分析。

七、报道收集及评估

新闻发布会结束后，主办方还要开展大量的后续工作，确保达到宣传展会、扩大影响的预定目的。

1. 总结经验

会后主办方有关工作人员应撰写发布会总结，交流经验，查找漏洞，研究解决办法，提高工作水平。

2. 汇编报道

发布会一结束，主办方就应该通过网络检索和查阅报纸、杂志等方式搜集新闻发布会的相关报道，编辑成报道汇编存档。在收集过程中，应及时发现报道问题，如报道是否客观公正，报道量是否太少，是否存在负面报道等，如果报道超出预期，展会主办方应及时采取适当补救措施，尤其是在展会开幕前夕的报道，避免给客商与会造成影响。

3. 评估效果

展会主办机构要安排专门的力量从新闻发布的主题选择、时机选择、材料准备、发布人表现、翻译质量、媒体报道等方面进行评估，并形成具有一定价值和深度的评估报告，供展会宣传推广部门研究和决策参考。为了避免"只缘身在此山中"的偏差，开展客观和全面的评估，越来越多的展览机构聘请第三方研究机构进行媒体报道的效果评估。鉴于专业的第三方研究机构力量雄厚，客观准确，除了发布会效果评估外，很多时候展览机构还会委托其开展展会广告、客商邀请、公关活动等方面的效果评估工作。

案例：

中国进出口商品交易会媒体记者邀请办法

一、中国进出口商品交易会（下称广交会）欢迎媒体到会采访。广交会新闻中心是邀请、受理和审批媒体记者申请采访广交会的唯一机构。为确保正常的洽谈秩序，广交会期间境内媒体到会采访实行指定媒体、限定名额的邀请办法。

二、每届广交会开幕前一个月（即每年 3 月 15 日和 9 月 15 日前），广交会新闻中心根据上一届到会记者的采访报道情况确定当届邀请媒体名单及记者名额，寄发《广交会采访邀请》。

三、首次申请采访广交会的媒体，请提前两个月（即 2 月 15 日和 8 月 15 日前）提出并向广交会新闻中心提交如下申请材料：

（一）采访申请（加盖单位公章）；

（二）本单位简介以及样报（样刊）；

（三）拟到会采访记者本人身份证、国家新闻出版总署颁发的新闻记者证复印件。新闻中心将在开幕前一个月内给予答复。新闻中心不受理记者个人的到会采访申请。

四、受邀媒体未派记者到会或会后没有做任何报道的，将不被列入下一届的邀请计划。

五、各省、市、区交易团如有随团记者赴会，应由交易团直接向新闻中心申请，每团原则上不超过三人。

六、与会采访记者必须持有国家新闻出版总署核发的新闻记者证。

七、未按规定办理采访手续和未领取广交会记者证的记者在馆内没有采访权，不得进行任何形式的采访活动和使用采访器材。一经发现，没收证件，请出展馆，其在馆内活动发生纠纷而产生的不良后果，由其本人承担。

八、香港、澳门、台湾地区及外国记者赴广交会采访可通过以下途径申请，经审批同意后，由广交会新闻中心办理记者证。

（一）香港、澳门地区记者向中央人民政府驻港、驻澳联络办（简称"中联办"）申请（联系电话：00852-23087386）。

（二）台湾地区记者向广东省人民政府台湾事务办公室申请（联系电话：020-83321916）。

（三）临时来华采访广交会的外国记者，应提前向中国驻外使领馆或者广东省人民政府外事办公室申办临时来华记者入境签证（J-2签证）。获得签证后，须携带本人护照等有效证件向广交会新闻中心申领"广交会记者证"。外国常驻记者申请采访广交会，应持采访申请、中国外交部新闻司颁发的"外国常驻记者证"和本人护照等有效证件向广交会新闻中心申领"广交会记者证"。（广东省外事办联系电话：020-81218888转新闻处，广交会新闻中心联系电话：020-89061815/89138495）

九、广交会休会期间，相关工作或咨询请与中国对外贸易中心办公室新闻宣传事务联系（联系电话：020-89138495；传真：020-89138487）。

案例：

第 110 届广交会记者邀请和接待工作

一、记者邀请规模

由于第 110 届广交会重要庆祝活动较为集中，为保证记者采访安全有序，拟邀请比较熟悉情况的媒体，本届拟邀请境内外媒体约 100 家、记者 415 人左右。本届广交会，中央电视台（与广东电视台合作）拟现场直播开幕式庆祝活动盛况，估计将派出 100 人左右的直播队伍进馆（以央视实际派出人数为准）。

二、邀请工作

中央主流媒体、广州地区的主流媒体、各省市交易团随团、境外驻京驻穗媒体记者均列入邀请范围。邀请工作按照《广交会媒体记者邀请办法》执行，严格控制非邀请范围的记者进馆。9 月中旬，以广交会新闻中心名义向有关媒体发出邀请函。

三、接待工作

第 110 届广交会庆祝活动多，媒体记者采访踊跃，新闻中心将加强与中外记者、大会各办，特别是各交易团、商协会的沟通和联络，尽可能满足记者合理的采访要求。届时请有关领导、部门予以支持。

主办方拟向与会记者印发《记者手册》（含广交会简介、本届新闻宣传要点、采访须知和重要活动采访安排等资料），对采访报道工作提出要求和规范。

（一）场地安排

增设 B 区 A 层 10 号会议室为"记者发稿厅"，配置 5 台电脑；另外，为方便中央电视台现场直播各重要活动，经实地考察，并商相关部门，增设 A 区 A 层 2A 会议室为"央视现场直播工作室"。

（二）食宿安排

拟安排中央媒体记者与央视直播人员一起入住指定地点。选派工作人员驻地专职负责与记者的沟通与联络。

（三）记者证安排

记者采访必须持有广交会颁发的记者证，采访重大活动时，记者须佩戴特殊标志在指定区域进行采访。主办方尽量为新华社、中央电视台、商务部网站、《广交会通讯》等 4 家单位 5 名记者争取重要活动采访资格。现场直播人员统一办理直播证进馆，有效期为 10 月 5 日—19 日。需留下作后续报道的记者，改为佩戴本届记者证。

（四）交通接待安排

本届广交会前期（10 月 5 日—19 日），安排车辆接送央视直播人员和中央媒体记者，其中大巴 1 辆（45 座）、12 座 2 辆、9 座 1 辆、小车 1 辆，根据记者往返航班、车次动态安排接送。

第四节　展会新闻报道

为方便媒体记者对展会有全面客观的了解，扩大媒体对展会的报道，主办机构会在新闻活动之前为到会的各家媒体准备一套新闻材料，包括活动议程、新闻通稿、新闻发布稿、活动背景资料、公司及展会宣传册、有关图片、纪念品、展会新闻联络人名片、空白信笺及笔等。其中，展会新闻通稿的质量直接关系到媒体是否采用，以多大版面，用什么样的位置采用。要打造一份出彩的展会新闻稿件，新闻活动策划人不仅要具有深厚的新闻知识、写作能力、相关范畴知识，而且要对展会行业特点、展会本身情况、新闻活动主题、应邀媒体情况等方面全面了解。

一、展会新闻的要求

（一）真实

尽管新闻报道要结合主办方的目标和展会宣传的需要，但是真实仍是新闻最基本的要求。不能为了实现主办方的宣传目标而歪曲事实，编造展会数据，甚至虚构展会事实。因此，在撰写展会新闻报道时，新闻的六要素（即时间、地点、人物、事件、原因、结果）必须与展会的原始状况相符，在细节上，不得夸大缩小、添油加醋、移花接木。在引语上，必须援引参展商、采购商、嘉宾或媒体的原话，可以有合理的选择，但不能断章取义。

（二）精练

在当今信息爆炸时代，信息忌多求精，展会新闻报道要求短小精悍、言微精深，但是必须向受众提供足够的信息量，特别是综合性的述评报道，如开幕前介绍性报道和闭幕后总结性的报道。要写出精练的报道，通常的做法是提炼精华，一事一报，以小见大。"事"指的是报道主题，尽量避免一个报道含有多个主题，而是要集中提炼，浓缩精华，不枝不蔓。每届广交会在开幕前国际推广事务都会设计出向全世界广泛发布的软文报道主题，每一篇软文涵盖一个主题，每一个主题都可以从侧面反映当届广交会的特点和亮点。

（三）快速

新闻是易碎品，它的时效性很强。快速是新闻报道必不可少的特征。作为展会新闻，当然不可能像时政新闻报道那样快捷、迅速，因为展会举办频率可能是一年一届、两年一届，甚至三年一届，展会往往经历较长的筹备期。但是，面对展会竞争日益激烈，及时、快速地发布展会新闻，如重大经营策略的改革与调整等还是很重要。例如，展会组织机构、展位价格、展区设置、展会日期等方面的调整、招商模式和服务模式的创新、相关活动的策划等利好的消息及时对外发布，对于进一步提升展会的竞争优势，推进招展和招商工作都具有很大的促进作用。

（四）鲜活

新闻要鲜活，一是要快速反应。展会新闻素材采集要快，要"原汁原味"，必须亲临现场。只有在展会现场亲身体验和感受，与参展商、参展观众零距离地接触，宣传策划人员才能第一时间发现展会的亮点和新闻的闪光点。二是要创新主题。在策划展会新闻过程中，要善于选择新的角度，赋予新的主题，新闻的影响力才大，媒体记者才能趋之若鹜，报道热情才能高涨。三是趣味性。尽管新闻报道是以客观、简洁而著称，但是并不妨碍其趣味性。相对于社会新闻来说，展会新闻无趣乏味得多，如在标题、引语、内容、采访、图片等方面不加入一点"调味料"的话，更是乏人问津。因此，新闻策划人要充分利用展会的聚合效应和社会效应，注重细节的描写，特别是展会现场的描述，通过采访参展商与采购商等展会核心群体中的典型人物，写作上尽可能超越商业文体的局限性，写出"人情味"，使新闻报道如闻其声、如见其人、如睹其物。

案例：

第 112 届广交会海外新闻报道主题及时间安排

承办机构根据广交会的特点，精心设计主题，广泛收集素材，从境外客商的关注点出发，因地制宜，紧扣主题，重点突出，直接用英文撰写文稿，并以新闻报道的形式，向全球五大洲推介广交会。

1. 第一篇主题：世界经贸热点与广交会——欧美部分

（1）发布时间（展前）：3月（作为展会开始前的宣传、告知、激励作用）。

（2）主要内容：近年美国经济发展尚未明朗，欧洲经济危机动荡，在此背景下产生了一定的发展机遇，中小企业可抓紧时机发展，拓展新兴市场，提高竞争力，如直接采购中国商品或者开拓中国市场，而广交会是各国商人首选的最佳渠道（最终选题视乎当时热点话题）。

（3）使用素材：欧洲及美国地区客商及参展商采访例子。

2. 第一次视频发布：配合第一篇主题

（1）发布时间：3月。

（2）主要内容：通过第110届现场客商采访收集的视频素材，把客商对广交会的正面评价传播出去，配合原有宣传片素材进行宣传。

3. 第二篇主题：第111届情况报道

（1）发布时间（展后）：5月（当届展会结束后的综合报道）。

（2）主要内容：第111届到会统计、与会变化等，对第111届进行总结。

4. 第三篇主题：世界经贸热点与广交会——俄罗斯等新兴市场部分

（1）发布时间（展后）：6月（第111届延展）

（2）主要内容：新兴市场对全球经济具有重要影响，不少新兴市场的客商通过广交会平台取得了商业上的成功。结合第111届客商反映，通过客商的成功例子，介绍参加广交会的好处，并为第112届广交会做铺垫。（最终选题视乎当时热点话题）

（3）使用素材：俄罗斯、巴西等新兴市场客商采访例子。

5. 第四篇主题：世界经贸热点与广交会——亚洲、大洋洲等

（1）发布时间（展前）：9月（作为展会开始前的宣传、告知、激励作用）。

（2）主要内容：亚洲是未来全球经济发展的核心地区之一，欧美不少商界人士十分关注亚洲未来发展动向，同时亚洲及周边地区的商人也通过地区或跨地区的合作与开拓，取得成功。广交会是亚洲地区进出口贸易的最佳渠道（最终选题视乎当时热点话题）。

（3）使用素材：日本、马来西亚、澳大利亚客商采访例子。

6. 第二次视频发布：配合第四篇主题

（1）发布时间：9月。

（2）主要内容：通过第110届现场客商采访收集的视频素材，把客商对广交会的正面评价传播出去，配合原有宣传片素材进行宣传。

7. 第五篇主题：第112届情况报道

（1）发布时间：11月（展会结束后的总结报道）。

（2）主要内容：第112届到会统计、与会变化等，对第110届进行总结。

8. 第六篇主题：世界经贸热点与广交会——非洲部分

（1）发布时间（展后）：12月（112届延展）。

（2）主要内容：非洲大陆近年发展迅速，政治局势相对平稳发展过后，由于蕴含自然资源以及市场开发潜力，当中蕴含着无限的商机。非洲本地区有众多的商人通过参加广交会，取得巨大的成功，并为非洲大陆的发展以及人民生活的提高带来正面的影响。结合第112届客商的反映，通过客商的成功例子，介绍参加广交会的好处，并为第113届广交会作铺垫。（最终选题视乎当时热点话题）

（3）使用素材：非洲客商采访例子。

附：第110届现场采访客商部分素材

一、大型跨国采购公司　贸易配对活动采访

Frank. Robert Eriksen

Sourcing Director of Onninen Oy（Finland）

"It's my fourth time to go to the Canton Fair. Firstly, I want to say the services provided by the Canton Fair are so good and excellent. The Trade Matching service helps us a lot. I want to say that there are miscellaneous products exhibited in the Fair even a nuclear bomb can be found. Of course it's just a joke，but it's true that we can find everything we want inside the fair. "

二、中平台参展企业产品展示活动采访

浙江天玮雨具有限公司总经理潘伟

　　"我们公司最早参加广交会是在第105届，现在已经是第五次来广交会了。本次第110届广交会，我们公司在中平台这里举办活动，展示我们的产品，是对我们公司产品品牌的一个重要的宣传。我们既可以给老客户展示我们新的设计理念和思路，也可以吸引新客户。在经济形势愈加复杂、国外订单减少的情况下，广交会是我们发展客户的一个重要的平台。历届广交会的参与都给我们带来了不少的客户，比如之前的日本地震，我们受到的影响也不是很大，广交会使得我们公司得到稳固的发展。"

三、VIP lounge 采访

Ali Saleh

General Manager

Gem Stones & Jewellers Centre

（*All the staffs of the VIP lounge call him "Father" for he always says "You are my daughter, you are my son."*）

　　My first time to the Canton Fair is in 1978. I have witnessed a lot of improvement and development.

　　In the past years, especially after the adoption of the opening up policy, the number of the foreign visitors is larger and larger. To be honest, before, my friends and I were a little afraid of the security of China, but now we don't worry about it at all for the security is much more better. For example, everybody has to go through the security check and the CCTV cameras are everywhere to guarantee the security. Chinese people are ready to help you when you need.

I have also been to other fairs in Korea，Malaysia，Hong Kong and so on. I think that the services provided in the Canton Fair are the best. The people here are very friendly since I can see smiles everywhere. And the organizer of the fair put priority of the old buyers and gives us the perfect services such as the VIP lounge. The environment of the lounge is so comfortable and we can have a rest，surf the internet，enjoy the free drinks，cookies and even the massage chairs which make us feel like at home. The staffs here are like my daughters and sons and they are very professional and helpful.

Robert ZQB

President SPECTRA CINE，INC.（USA）

I have a long story with Canton Fair and the Canton Fair totally changed my life.

In 1994，I worked as a staff in Shenzhen and joined the 76th session of the Canton Fair as an exhibitor. And I was appreciated by the chairman of a big company in USA. Therefore，I changed my position and came to the Canton Fair each year as a buyer. We conducted big business in the Canton Fair and the total volume of the business is up to 50 million dollars each year just here. I can find a lot of products we need which helps me make a contribution to my company.

I was impressed by the 100th session of Canton Fair for I was interviewed by CCTV as a loyal fan of the fair. A lot of my friends saw me in TV which made me famous for a while.

The most important thing was I met my wife and fell in love with her in Canton Fair for she worked as an interpreter at that time. Now，we come here each year together.

Not only the Canton Fair made me a millionaire but also gave me a lovely wife.

After the host of the Asian Games，people in China are more professional and take a longer view which makes the quality of their organization improve and the fair can not be replaced.

The Canton Fair is an excellent platform for people all around the world to get together. In just 15 days, we can see the best products assembled in China which let us feel like just having a travel all around China. And the "Trade Matching"service will help people find the optimum business partners in the shortest time.

The Canton Fair is well organized and professional: Firstly, the fair was hosted by the Ministry of Commerce and People's Government of Guangdong Province, the value and level of which is much higher. The quality of the products in the fair is so high because it is guaranteed by the central government. It is the first try in the world. Secondly, the fair provides patent protection for the new inventions, and this shows the profession of the fair, I think it is so good. Thirdly, Guangzhou is the leading market of fashion, and Canton Fair plays a crucial role in promoting it. Fourthly, we were provided with 5 stars services here such as the VIP lounge. Chinese people are so broad-minded hosts and everything here is free.

I feel so lucky that I can make acquaintance with the Canton Fair for so many years. Canton Fair is the keyword of my life and I think I will continue my dating with her.

四、贸易匹配和网上广交会采访

Yannick Ducrot

FOT MANIA（France）

I have been to the Canton Fair for 5 times. Every time I will find different things here. Comparing to the fairs in HK, the Canton Fair is more professional and more active. Lots of improvements make me so excited such as the "Canton Fair Online" and the "trade matching", which help me to conduct business easier. What surprises me a lot is that all the services here are free!

Roger Buckle

Managing Director

RAPP Pty. Ltd.（Australia）

"Ha-ha! I am so happy to be the winner of the second prize. The services here are so perfect and the staffs are so kindly.

This is my second time to the Canton Fair. I always use the "Canton Fair Online" to find the suppliers in the fair because it is so convenient and what you have to do is just sit down and click the mouse! I love the Canton Fair; it is such a fantastic festival where people can get together from all around the world."

五、PDC 参展企业采访

英国松鑫特公司（设计）

"We are so happy to become an exhibitor from a normal buyer this year at the special 110th session. We have made an observation before and then we found that the western ideas and designs are urgently needed for many Chinese companies. The Canton Fair has a good location and it is famous all around the world. All kinds of products and excellent companies get together and create such a wonderful festival. It can promote our ideas very well. In order to expand the market in Asia，we will keep on because lots of domestic companies have come to us. For we are a company of design，we are not deeply drawn into the debt crisis，but I think the Europe have to wait for a while to walk out the crisis. We hope that the needs can meet with a reasonable price and we are looking forward to some big orders."

六、境外采购商采访

Willy Larsen

Chairman of PROVANT AS（Norway）

"I went to the Canton Fair in 1995. This is the second time I have been here. The fair changes a lot and there are so many improvements that surprise me，especially the logistics. Our procurement targets are paper，office supplies and packaging materials. There are complete varieties of products for us，which provide additional options. "

Suggestions：more room to rest，such as more coffee shops

David Topple

Senior Buyer of the Works Stores Ltd. （UK）

"It is my 50th time to come to the Canton Fair. I'm the senior buyer of our company and the Canton Fair is a place to go. I have also been to some fairs in Hong Kong but they are much smaller. The Canton Fair can give me plenty of choices；I can find the most reasonable price and the best products which are extremely important to the development of my company. I have witnessed the development and improvement of the Canton Fair which is easy to go and well organized. I also miss the old complex in Liuhua for I had a lot of my beautiful memories there. "

Himochkina Liudmila

Sales customer service assistant from MTA Express Kargo （Russia）

"I knew the Canton Fair through the Internet and then I am here for my first time. I want to buy gifts，ceramics and gardening. There're all kinds of products，many of which are low price and high quality，I should be hurry to find my target products!"

David Noon

Itsumo Fatinosl TD（UK）

"It is my seventh time to be here. Comparing to the fairs in Shanghai，I think the Canton Fair is much better. Good pricing，good parking and good services. When I came into the complex，so many new products flooded into my mind and new creations in the Canton Fair brought me so many new ideas. The Canton Fair gave me so many surprises and inspirations. That's so great! I will come back next time. "

二、展会新闻的特点

展会新闻报道通常可以分为及时性新闻报道和评述性新闻报道。

及时性新闻报道是指在展览会筹备过程中以及在展览会开幕期间的新闻报道。例如，为了吸引更多企业报名参展，扩大展会规模，主办机构在展会招展期间，往往会邀请专业媒体撰写并发布关于某知名企业决定参展的报道。在广交会开幕期间，广州日报、羊城晚报等广州主流媒体几乎每天都刊登关于企业出口成交、客商与会、产品创新、论坛活动等及时性展会动态报道。展会及时性报道有"短、专、快"的特点。一是篇幅比较短小，一般在300～500字左右，通常以展会快讯、简报、消息、新闻特写、图片新闻等形式发布；二是从展会的某一个专业角度进行报道，主题集中，追求深度，如针对展会规模、参展企业、采购商、现场活动等某一方面的特点和亮点进行报道；三是发布迅速。关于展会现场的报道，通常在开幕期间刊登于有关主流媒体，为展会营造良好的舆论氛围。

评述性新闻报道是指采用评论手法进行的新闻报道，具体形式包括新闻专访、述评、评论员文章等。与及时性新闻报道不同，评述性新闻报道篇幅较长，少则千余字，多则数千字。报道涵盖面较宽，往往是综合反映展览会的方方面面，而且在新闻叙述中有一定篇幅的评论，阐述作者对展会的观点和看法。其发布的时间有一定讲究，主办方通常在展览会开幕前或在结束后邀请媒体刊登述评性新闻报道。在展览会开幕时，主办机构会邀请媒体记者来现场报道展会，专门设立新闻中心接待记者，向记者提供展览会的新闻通稿。在召开新闻发布会时，主办方也会向媒体记者提供新闻通稿，旨在帮助媒体记者了解展览会的基本情况，以利于他们写稿报道。一般而言，新闻通稿都属于评述性新闻。

撰写及时性新闻报道相对容易，一般由主办方宣传推广专员根据展会筹备进展和宣传实际需要定期撰写，并向有关媒体发布。评述性新闻报道较为复杂，要求撰写人不仅具有过硬的新闻写作功底，较高的分析归纳能力，而且要全面了解展会的特点，掌握大量新闻素材，熟悉会展行业的趋势，评论要有独特的见解。

在展会的不同阶段，新闻报道也有不同侧重点。在展会筹备阶段，主办方会利用相关媒体采取"酝酿式"的造势报道。这一阶段的报道目的常常是"广而告之"，即将展会的有关情况以揭秘性报道或预告性报道的形式广泛地告诉业内人士，对展会前期宣传包括主题内容和相关服务信息的宣传造势，同时酝酿出公众对展会的高度期待。只有前期的宣传到位，会展期间才会出现"人山人海、万商云集"的盛景。在展会筹备中期，尤其是即将开幕前期，主办方会通过媒体推出"覆盖式"的详尽报道。这一阶段的报道角度密集而广泛，在可能范围之下追求"面面俱到"，并且要做到客观、真实。不仅要报道参展商、参展观众、相关活动、展会服务，还要善于从新颖的、独特的角度捕捉展会亮点，进行跟踪报道、集中报道、细节报道等。在展会结束阶段，主办机构会组织相关媒体对展会进行"总结式"的后续报道，对整个展会做一个概括性的综述和总结。后续报道讲究深度和广度，内容更加全面、完整。主办方在对展会的各项工作成效进行科学评估的基础上仔细分析当届展会的亮点和热点，邀请媒体记者进行拓展式的挖掘报道，提高受众对展会认识的全面性。后续报道既是对当届展会的总结，又是对下一届展会的预测，具有承上启下的传导功能。

三、展会新闻的撰写

展会新闻写作是一个长期磨炼的过程，随手写之易，写好则无止境。作为展会宣传推广专员，了解新闻语言要求，熟悉新闻报道载体，掌握展会新闻结构，对于提高展会新闻的写作水平很有帮助。

（一）新闻语言要求

新闻是一种独特的语体，是一个复合的语言，兼具表意功能、交际功能、表情功能于一体，是语言多功能的综合运用。展会新闻稿在语言运用上应体现三个特点：准确性、白描性、大众性。

准确性是指报道展会新闻的语言功能与展会的客观事实的高度吻合。具体体现在展会时间、空间、数量、程度、属性、形态等方面的报道语言准确，排除主观臆断和以偏概全，慎用可能产生歧义的词语。白描性是指只用线条勾勒，不用色彩，也不讲明暗层次，不修饰，不铺陈，呈现客观事实。展会新闻报道主要还是靠展会事实（如主办机构实力、展会规模、参展商、参观商、成交额、服务等）与形象（如展会在行业地位、品牌形象、品牌美誉度等）说话，感染读者，自然流畅，不事雕琢。展会新闻属于经济新闻，不同题材的展会其受众面不一样，受众的文化层次也不一样。广交会的受众由于地域、文化跨度大与家具展相对单一的受众在文化层次方面差异很大，因此，考虑到受众的个体差异性，撰写展会新闻时要少难词、多短句，通俗易懂，让不同文化层次的参展商和参观商轻松阅读，容易领会，这是展会新闻的大众性。

（二）展会新闻体裁

展会新闻是指新闻媒体传播的关于会展的各类新闻作品，具体说来有消息（包括简讯）、通讯、新闻特写、新闻专访、社论、述评、评论员文章、文字新闻、图片新闻等体裁。

（三）展会新闻结构

展会新闻用得最多的体裁是消息和通讯。展会消息是最常见的，也是新闻的基本体式。相对而言，消息的规范性较强，从外在结构上讲，它有标题、引题、导语、主体、背景、结尾。标题一言以蔽之，高度概括了新闻事实。例如："［第112届广交会］日企参会率降低，参展商忧贸易受挫"。引题起到提示新闻事实意义的作用。导语是以简短的篇幅，到出本文要旨，对主题进行解释。主体则是叙述主要新闻事实。结尾通常是立足当前，对新闻事实作展望。背景主要是指新闻背景，如新闻事实发生的政治背景、经济背景、历史背景等。

从内在结构来讲，包括倒金字塔结构、时间顺序结构、并列式结构。其中最为常见的是倒金字塔结构，即按照新闻事实的重要性来写的，也就是说，最关心的新闻越要靠前，而重要性越弱的越靠后。例如，展会开幕前报道，业内最关注的新闻是展会的规模和参展商的信息，因此，新闻的引题和导语通常开门见山就叙述展会规模和展商。一些展会新闻按时间顺序结构来写，即以时间为线索，发生在前表述在前，发生在后就表述在后。如在展会现场安排了采访，新闻报道也可以按照采访顺序来撰写。并列式结构在展会的综合新闻中采用较多，主要体现在主体上，层次与层次之间是平行的，不是时间顺序关系，也不是因果关系，更不是递进关系，在意义上也没有主次。每个层次是相对独立的，共同为主体思想而服务。这一结构常常用在展会结束后的总结式的新闻报道，报道内容涉及展会的方方面面，包括总体规模、参展商、参展观众、现场活动、展会服务、知识产权保护、下一届展望等，每一个内容相对独立，都是总结式报道必不可少的组成部分。

在展会新闻报道中，有人把消息比作"短枪"，而把通讯比作"长矛"。在内容上，消息更多是"面"上的描述，一事一报，不顾及细节。通讯篇幅更长，注重细节描写。时效上，消息满足了快的需要，通讯可以考虑谋篇布局、精雕细琢。形式上，消息程式化强，格式和套路清晰，通讯没有固定格式，语言运用更加自由。在整体风格上，消息朴实，通讯较有文采。尽管如此，在撰写展会通讯时，我们还是要遵循一定的原则，如以主题为中心，首尾圆合，脉络清晰，详略得当，结构安排力求新鲜巧妙，引人入胜。在实践中，展会的新闻特写、专访、述评、新闻稿都应该采用通讯的形式。

案例：

美通社关于企业内容传播的 7 个 "S"①

基于多年在全球新闻稿发布领域的经验、对客户需求的认知、对企业传播的理解以及对新媒体时代的思考，美通社提出了企业内容传播的 7 个 S 的理念（见图 6—1）：Story（故事）、Site（官网）、Syndication（发布）、Search（搜索）、Social（社会化）、Sustainable（持续）、Surveillance（监测）。

1. Story（故事）

策划、制作有价值的品牌信息和内容，并利用图片、视频等多媒体元素

---

① 美通社：http://www.prnasia.com/resources/content-marketing/

丰富新闻稿和其他诸如报告、白皮书等形式的内容，化枯燥为生动，增强阅读体验。

2. Site（官网）

官网是企业传播的起点和终点。自媒体是传播的基础，将社会化媒体的内容整合到自己官网，增加黏性。

3. Syndication（发布）

把你的内容发布到所有相关的渠道，利用传统媒体、互联网、手机等，将信息最大范围地扩散到目标受众。

4. Search（搜索）

用 SEO 帮助受众找到你，实现长尾效应。利用关键词、锚文本、调整文章结构、运用多媒体等，都会大大提升稿件的搜索引擎友好度。

5. Social（社会化）

利用社会化媒体实现病毒传播。稿件中添加分享按钮，或者开通官方微博都不失为好方法。

6. Sustainable（持续）

持续不断地沟通打造品牌忠诚度。据调查，企业最佳新闻稿发布频率为两篇/月。

7. Surveillance（监测）

及时监测传播效果，帮助企业预防公关危机，监测品牌舆情，调整传播战略。

图 6—1　内容传播的 7 个 "S"

美通社是通过其多渠道发布网络、受众情报、定向、评估及信息披露和投资者传播服务，帮助企业和组织与媒体、消费者、决策者及普通大众进行充分、及时地动态对话，从而为塑造品牌、打响知名度、影响公共政策、推动销售和筹集资本提供支持。美通社在 1954 年开通了企业新闻稿发布行业的先河，通过分布在世界 16 个国家和地区的办事处网络，借助与全球领先新闻机构之间的独特关系，用 40 多种语言将客户与 170 多个国家的受众联系起来。全球 4 万多家公司、组织和政府机构都在使用美通社的服务，其中包括 50％以上的财富 500 强企业。

案例：

第 113 届中国进出口商品交易会闭幕新闻发布稿

新闻界的朋友们，女士们，先生们：

下午好！欢迎前来参加第 113 届广交会闭幕新闻发布会。

第 113 届广交会将在今天下午闭幕。本届广交会是党的十八大胜利召开和新的中央领导集体产生后的首届广交会，具有特殊重大意义。虽然从第一季度海关统计数据看，我国外贸运行情况好于去年同期，但外需不足状况尚未根本改善，劳动力、土地等要素成本上升，融资难、融资贵、人民币升值等诸多困难仍然存在，贸易摩擦有加剧之势，外贸发展面临的压力没有根本缓解。面对内外压力，本届广交会认真贯彻落实十八大提出的创新驱动发展战略，以加快转变外贸发展方式为主线，以"稳增长、调结构、促平衡"为目标，按照稳中求进的工作总基调，创新业务发展模式，提升展览质量和效益，办展水平得到进一步提升。

在商务部党组的高度重视和统一领导下，在广东省、广州市人民政府以及各有关部门的大力支持下，经过全体与会人员的共同努力，本届广交会总体运行平稳，圆满完成各项任务，为促进我国外贸发展做出了新的贡献。

下面，我向大家介绍本届广交会的总体运行情况。

一、采购商与会人数呈恢复性增长

第 113 届广交会境外采购商与会 202766 人，来自 211 个国家和地区，比第 112 届同期增长 7.06％，比第 111 届同期减少 3.83％。

各大洲境外采购商与会人数按比例从高到低依次为：亚洲 109994 人，占 54.25％；欧洲 36435 人，占 17.97％；美洲 31709 人，占 15.64％；非洲 17427 人，占 8.59％；大洋洲 7201 人，占 3.55％。

与上届同期相比，非洲增长 28.96％，大洋洲增长 15.11％，美洲增长 11.41％，亚洲增长 7.51％，欧洲减少 6.21％。与第 111 届同期相比，非洲增长 2.54％，大洋洲减少 2.89％，亚洲减少 3.29％，欧洲减少 4.89％，美洲减少 7.78％。

与会人数排名前 20 的国家和地区与会 127882 人，占与会总人数的 63.07％，较上届减少 2.33 个百分点。与会人数前 10 位的国家和地区依次为：中国香港、美国、印度、俄罗斯、中国台湾、马来西亚、印度尼西亚、澳大利亚、泰国、韩国。

2012 年我国十大贸易伙伴国家和地区与会 123767 人，占与会总人数的 61.04％，比上届减少 5.26 个百分点。

共有 1603 家国际连锁企业与会，环比减少 1.66％，同比减少 8.14％；人数为 3682 人，环比减少 3.2％，同比减少 13.14％。在 2012 年最新公布的世界零售 250 强企业中有 66 家与会，排名在前 10 位的有 6 家，分别为沃尔玛、家乐福、特易购、好市多、沃尔格林和家得宝。

老采购商与会 146383 人，增长 5.4％，占 72.2％。其中，与会次数 10 次以上的客户有 48977 位，增长 5.5％；与会 15 次以上的有 30107 位，增长 5.3％。新采购商与会 56383 人，增长 11.59％，占 27.8％，提高 1.12 个百分点。

二、外需尚未根本好转，转方式调结构步伐加快

本届广交会累计出口成交 355.4 亿美元，环比增长 8.8％，同比下降 1.4％。

对欧盟、美国、日本成交环比分别增长 6.3％、9.9％和 38％，同比分别下降 4.9％、0.5％和 12.6％；对金砖国家（印度、巴西、俄罗斯、南非）成交环比增长 6.0％，同比增长 5.2％；对中东成交环比增长 10.0％，同比增长 3.8％；对东盟成交环比增长 1.5％，同比下降 6.5％。

民营企业成交 211.9 亿美元，环比增长 3.3％，同比下降 12.8％；外商投资企业成交 86.0 亿美元，环比和同比分别增长 24.6％和 36.5％；国有企业成交 57.5 亿美元，环比和同比分别增长 9.4％和 6.0％。

中短单占比居高不下，长单占比依然偏低。成交订单中，3 个月以内的短单占 48.6％，3～6 个月的中单占 35.1％，6 个月以上的长单占 16.3％。反映出受金融危机影响，采购商下单依然谨慎，国内企业担心原材料价格、汇率波动，不敢接长单。

品牌展区成交较好，企业更加注重培育竞争新优势。品牌展区成交 129.2 亿美元，环比增长 2.7％，同比下降 2.9％。拥有自主品牌、设计理念先进、技术不断创新的高附加值产品成交活跃。越来越多的企业认识到，加快培育以技术、品牌、质量、服务为核心的外贸竞争新优势是今后企业生存发展的必然选择。

进口展位需求旺盛，特色产品受欢迎。本届广交会进口展参展企业数量和质量有所提高，共有 38 个国家和地区的 562 家企业参展。境外参展企业为开拓中国市场，积极展出绿色环保、高新技术和本国特色产品，深受国内采购商欢迎。本届首次开设进口展区国内采购商联络专线，为国内采购商提供办证与咨询服务。

三、与会各方知识产权保护意识增强

本届投诉接待站共受理知识产权投诉 542 宗，664 家参展企业被投诉，最终认定 354 家被投诉企业构成涉嫌侵权。与上届同期相比，受理案件总数上升 12.22％，被投诉企业总数下降 0.90％，最终被认定涉嫌侵权企业总数上升 5.67％。共受理贸易纠纷投诉 45 宗，比上届同期下降 19.64％。企业的知识产权保护意识增强，有创新意识的企业增多，企业自我维权能力、投诉应对能力明显提高。本届广交会继续试行知识产权投诉中介代理证制度，共有 21 家代理机构办理了中介代理机构证件。松下电器产业株式会社、米其林、三丽鸥、东芝、戴森、欧莱雅、法国弓箭等跨国企业，都委托中介代理机构进入广交会依法维权。

四、广交会高端资讯服务广受欢迎

企业转型升级的积极性和主动性不断增强，积极参与广交会产品设计与

贸易促进中心（PDC）活动，努力培育竞争新优势。本届 PDC 设计展示面积达 895.5 平方米，比上届增长 73%，共吸引了来自 10 个国家和地区的 45 家境内外设计公司/机构，举办 4 场设计主题论坛和 16 场对接活动，得到企业的热烈响应。特别是与江苏、杭州、宁波、深圳、广州等交易团合作定向组织企业参与对接活动，对接效果显著提升。本届广交会举办会议论坛 134 场次，受到设计机构、参展企业的高度评价。其中广交会国际市场论坛以俄罗斯市场为主题，吸引了近 400 名企业代表参加。

五、广交会电子商务平台正式上线运营

第 113 届广交会，广交会电子商务平台（简称广电商平台）正式上线。广电商平台依托真实有效的采购商资源、全球推广渠道、线上线下互通、一站式外贸服务和诚信保障赔付五大优势，积极营造真实可信的贸易环境，打造国家级高可信度的国际贸易电子商务平台。这是打造智慧广交会的重要举措，必将推动广交会再次实现历史性跨越。

目前，广电商平台已成功上线运营 21 天。其所属的信息采集机和直通车（现场专刊匹配推荐服务）服务平台使用状况良好，其中直通车平台共服务了 11.8 万位现场采购商，为现场参展商匹配推荐次数逾 74 万次。

六、现场服务效率不断提高

本届大力推进低碳环保广交会建设。严格落实《关于推进广交会低碳环保发展的实施意见》，从布展、参展和撤展三方面推进建设，举办"低碳环保特装"评比，对获奖的参展企业和施工单位给予相应奖励，共有 45 个展位获得"绿色环保特装"荣誉称号。加强宣传教育，鼓励企业采用环保材料，把低碳环保建设落到实处，促进广交会办展模式的转型升级。

本届对外公布的服务承诺由 12 项增至 18 项，服务时效达标率为 89.2%，现场服务效率得到了提升。通过对服务过程进行全方位的监控，促进现场服务效率不断提高。按照"一人一证"思路继续优化证件服务，人员管理更加便利、高效，进出更加顺畅，同时展馆秩序明显改善，提高了安全系数。

广交会客户联络中心开通 30 个座席，提供中、英、西、法、俄五种语言的人工和自动语音应答全天候服务。热线 4000888999 累计接到来访电话 32937 宗，外拨回访客户电话 16105 宗，利用端到端的形式受理业务 1706

宗，回访显示客商满意率为 97.56%。

　　本届广交会得到了与会媒体的高度关注，境内外新闻媒体紧密围绕本届广交会的重点和亮点，深入采访参展企业、采购商和各地商务主管部门，对参展企业加强自主创新和品牌建设，推进外贸发展转型升级，努力开拓新兴市场的精神风貌进行了充分、客观和深入的报道。我谨代表广交会新闻中心，对大家的辛勤劳动和敬业精神表示衷心感谢！

　　谢谢大家！

第七章　招商推广管理

第一节　招商推广预算管理

预算管理是一个展会招商推广管理的重要手段，是一个展会整体规划和动态控制的管理方法。将预算管理引入招商推广工作是对展会整体宣传推广、观众邀请、新闻活动等一系列量化的计划安排，为招商推广部门确立了具体可行的努力目标，同时也建立了招商推广人员必须共同遵守的约束机制；也是展会对招商推广业绩评价的重要基础。在实际操作中，招商推广预算管理的过程就是招商推广目标分解、实施、控制和实现的过程。

一、预算内容

宣传推广预算是一个展会成本中心的重要组成部分。宣传推广与一个展会的到会观众和成交效果具有直接的联系。因此，宣传推广费用与展会的场地租赁费用、活动费用、合作分成、销售佣金等通常被列为直接成本。实行预算管理，首先必须明确界定宣传推广预算的具体内容和项目。对于展会主办方来说，凡是为吸引和组织观众到展会而产生的费用都可以划归宣传推广预算内容。具体包括：

1. 广告宣传费

主办方在国内外媒介投放的广告费用，包括报纸、杂志、户外、网络、电视、电台、软文等。

2. 资料印刷费

主办方为吸引和招揽观众而制作的印刷品费用，包括海报、宣传单张、观众邀请函、展讯等。在欧美展会中，招展函、会刊、展会参观指南不列入宣传推广的项目预算，但在一些小型展会，资料印刷费涵盖了展会所有印刷品。

3. 邮资费

展会为邀请观众进行直接邮寄、电子邮件邀请、电话邀请等产生的费用。

4. 市场推广费

展会举办推介会、采购商座谈会、路演以及在相关展会上进行推广产生的费用。

5. 公关关系活动费

展会为扩大宣传、提高影响力与政府部门、工商机构、媒体等建立、维护、巩固良好关系而产生的有关费用，包括新闻发布会、媒体通气会、采访等。

6. 招商代理费

代理机构为吸引和组织观众与会进行招商推广活动，并收取一定额度的管理和服务费用。

7. 市场激励费

展会为激励观众与会而支付合作机构或观众个人的有关费用，如住宿、交通、餐饮、礼品、赠品等。

8. 人员及行政费

招商推广人员差旅、办公，以及聘请和管理临时工作人员等有关费用。

招商推广预算项目繁多，内容复杂。不同类型展会可能采取不同的招商推广策略，同一展会在不同阶段、不同市场也可能采取不同的招商推广策略，因而，在编制预算时应全面分析、科学规划、深入研究展会的招商推广策略、渠道和手段。

表 7—1 某展会宣传推广总预算计划表

执行时间：2007 年 8 月 1 日至 2008 年 3 月 31 日　　　　　　　　　　　（单位：元）

编号	项目	2008 年预算费用	占总费用比例（%）	2007 年实际支出费用	增减费用	备注
1	展会新 VI 设计	280 000	5.45	0	280 000	
2	国内杂志	225 600	4.39	51 600	174 000	
3	国内大众媒体	516 000	10.04	207 015	308 985	
4	国内展览会	36 000	0.70			
5	国内资料投放及直接邮寄	128 000	2.49			

编号	项目	2008 年预算费用	占总费用比例（%）	2007 年实际支出费用	增减费用	备注
6	办事处招商	12 000	0.23	2 500	9 500	
7	国内协会/商会组团	300 000	5.84	0	300 000	
8	海外杂志	1 387 921	27.02	680 963	706 958	
9	海外展览会	546 518	10.64		546 518	
10	国外协会/商会组团及推广	234 000	4.55	0		
11	海外委托邮寄	117 111	2.28	70 751	46 360	
12	海外直接邮寄	365 000	7.10			
13	印刷品	674 175	13.12			
14	互联网推广	45 188	0.88	45 000	188	
15	拍摄记录	20 000	0.39	0	20 000	
16	群发邮件	0	0.00		0	
17	备用金	250 000	4.87	0	250 000	
总计		5 137 513	100.00			

二、预算编制办法

与欧美展览机构相比，我国会展企业编制预算的能力参差不齐，总体情况差强人意，有的预算编制简单粗糙、敷衍塞责，缺乏可操作性；有的则是脱离实际，凭想象胡乱编制，给展会的正常运营和管理带来了一定的难度。下面就几种常用的展会招商推广预算编制方法及其特点做简要分析。

（一）固定预算法

固定预算法也可称为静态预算，是指根据正常的、客观的某一业务量水平为唯一基础来编制预算的方法，是一种不考虑预算期内经营活动可能发生的变动而编制的预算。其主要特点是：预算编制后，在预算期内除特殊情况外，一般对预算不加修改或更正，具有相对固定性。

固定预算一般适用特大型的、成熟的、稳定的、非营利性或非商业性的、简单的展览和会议业务（如文化、历史、宣传教育等特定题材的展览会）。例如，每年商务部均在美国、伦敦、坦桑尼亚等国家和地区举办非商业性中国品牌商品展览会，展会以非营利性为目的，主要通过政府的补贴来维持展会的运营，因此，可采取固定预算法编制中国品牌商品展的宣传推广预算。

（二）弹性预算法

弹性预算法也可称为变动预算，是指以预算期间可能发生的多种业务量水平为基础，以展会收入、成本和利润之间的依存关系为依据，分别确定与之相应的费用数额而编制的、能适应多种业务量水平的费用预算。弹性预算是为克服固定预算方法的缺点而设计的。

与固定预算方法相比，弹性预算方法具有两个显著的优点。

1. 预算范围宽

弹性预算方法能够反映预算期内与一定范围内的可预见的多种业务量水平相对应的不同预算额，从而扩大了预算的适用范围，便于预算指标的调整。

2. 可比性强

在弹性预算方法下，如果预算的实际业务量与计划业务量不一致，可以将实际指标与实际业务量相应的预算额进行对比，从而能够使预算执行情况的评价与考核建立在更加客观和可比的基础上，同时帮助我们解释费用差异，更好地发挥预算的控制作用。

由于未来业务量的变动会影响到成本、费用、利润等各个方面，弹性预算从理论上适用于编制全面预算中所有与业务量有关的各种预算。但从实用角度看，主要用于编制弹性成本费用预算（展会成本、费用预算、直接人工预算等）和弹性利润预算（如销售预算、利润预算、现场运输、广告、装修、会务预算）。弹性预算是编制招商推广预算常用的方法，适用于新创办展会、培育性展会以及收入波动比较大的展览和会议。

（三）零基预算法

零基预算又称零底预算，是指不受过去预算实际执行情况的约束，而是一切从零开始，重新编制预算的方法。它是与调整预算对应的一种预算编制的方法，主要用于固定成本预算的编制。

零基预算对任何预算项目编制都是以零为起点，一切从实际需要和承受能力出发。它要求对展会的各个业务项目需要人力、物力和财力逐个重新进行估算，并说明其经济效果，在此基础上，根据各项业务活动的重要程度，依次决定其预算数额的多少。其优点：①所有预算从零开始，不受现行执行情况的约束，从而有助于压缩预算节约开支。②根据实际业务的需要和承受能力来确定费用的支出，这样就把展会经营活动与财务收支活动及现金流量活动有机地联系在一起，从而可以监督、控制各项财务收支和现金流量情况。其缺点是编制预算的工作量大。

对于从事展览业务的企业来说，当项目面临新的发展阶段时，应考虑使用这种方法（新展览场馆的启用、新的展会装修或新的运输方式启用）。另外，对于举办多届的展会也可以考虑采用零基预算法编制招商推广预算，对招商推广工作的人力、物力和财力等资源逐项重新进行估算，主要是为了避免不必要的浪费及适应新的市场变化。

（四）增量预算法

增量预算法，是指在上年度预算实际执行情况的基础上，考虑了预算期内各种因素的变动，相应增加或减少有关项目的预算数额，以确定未来一定期间收支的一种预算方法。如果在基期实际数基础上增加一定的比例，则叫"增量预算法"；反之，若是基期实际数基础上减少一定的比例，则叫"减量预算法"。

增量预算法的优点是预算编制方法简便、容易操作。缺点是以前期预算的实际执行结果为基础，不可避免地受到既成事实的影响，易使预算中的某些不合理因素得以长期沿袭，因而有一定的局限性。同时，也容易使基层预算单位养成资金使用上"等、靠、要"的思维习惯，滋长预算分配中的平均主义和简单化，不利于调动各部门增收节支的积极性。

采用增量预算方法编制招商推广预算须有以下假定：①现有的招商推广活动是展会所必需的，只有保留现有的每项招商推广工作，才能使展会的与会观众达到正常的水平；②原有的各项开始都是合理的，必须予以保留；

③未来预算的费用变动是在现有费用的基础上调整的结果。因此，增强预算方法也适用于成熟性的展会。

对于展会的招商推广预算来说，固定预算法、弹性预算法、零基预算法、增量预算法是最常见的 4 种方法。在一些欧美的展览机构中，滚动预算法也越来越常见，即按照"近细远粗"的原则，根据上一届展会或展会的前期阶段的预算完成情况，调整和具体编制下一届或下一阶段的预算，并将编制预算的时期逐期连续滚动向前推移，使预算总是保持一定的时间幅度，采用长计划短安排的方式进行，使预算不断地滚动下去。

三、预算管理

对招商推广工作进行预算管理就是利用预算这一管理思想和技术，对展会在开展市场推广、观众促销、观众邀请等各项具体活动及其结果进行计划、执行和控制。预算管理具有 4 个基本特征：

1. 预算管理是一项基础管理

招商推广预算管理必须要建立与之配套的财务信息系统、财务分析系统、财务预警系统、财务控制系统，从而确保预算的落实和目标的实现。宣传推广费用属于展会的固定成本或不变成本，也就是说在预算期间，在一定条件下，其总额在短期内不随展会规模、招展收入的变动而变动，是一次性支出或费用，因此，会展企业必须建立和健全财务基础管理系统。

2. 预算管理是一项目标管理

招商推广的预算具体表现为广告宣传、市场推广、资料印刷、邮寄、市场激励、招商代理、公共关系、数据库维护、调研分析、人员等单项预算组成的预算体系，从本质上看，是一个目标管理。它通过目标的提出，指导展会宣传推广、客商邀请、招商活动、品牌建设等具体工作的财务行为，并且通过目标分解，层层展开，加以落实。

3. 预算管理是一项战略管理

预算实际上是企业战略目标的具体体现，企业通过预算管理使其战略意图得到贯彻执行。招商推广预算是展会未来一定期间招商推广思想、目标、方针、策略等方面的财务目标系统化的表现。因此，预算管理的过程必须是围绕展会战略的制定、实施和控制，长期与短期预算有序衔接的过程。所以招商推广预算具有整体性、长期性和相对稳定性的特点。

4. 预算管理是一项目综合管理

招商推广预算包括预算编制、预算审批、预算协调、预算执行、预算反馈及控制、预算考核等环节内容，这就表明招商推广预算管理绝不只是财务部门和业务部门的事，而是展会一项综合性、全面性的管理工作。

预算执行是一种管理行动，是帮助招商推广管理人员进行有效管理和中期控制的重要手段。在实际工作中，管理人员应始终思考并致力解决以下问题。

（1）最近招商宣传发生了一些什么情况？它与预算有什么不同？为什么？

（2）如果不采取任何措施而听任这些情况进一步发展，是否将对本届展会结果的最新估计偏离预算？

（3）如果采取措施，情形会如何？

（4）所采取的行动（措施）将在多快的时间内产生效果？作用多大？是否有值得注意的副作用？

（5）在采取所有建议的措施后，对本届招商推广结果的最新估计会有什么样的结局？

即使招商推广预算全面细致，具有很强的可操作性，但是，影响展会招商推广的因素很多，特别是国际性展会，在执行预算方案的过程通常遇到一些不可预测的因素，如个别国家和地区政局动荡，招商活动被迫取消；一些市场经济环境突然恶化，广告投放也须做出调整。因此，欧美展览机构的项目经理通常在一段时期内对以前预算的执行情况做出最新的复查，在项目执行完毕后，还会做一个预算执行报告来比较早期制定的预算以及实际执行情况，分析其中差异以及导致这些差异的原因。这种控制与反馈对今后的项目操作具有十分重要的指导意义，特别是展后的预算执行报告也为下届展会的招商推广预算提供可靠依据。

以下为德国某展览机构展会预算样式表，可供实际工作参考。

Preliminary Budget Proposal

Last update:

Exhibition

Venue

Exhibition Date
Gross
Net

Exhibitor

Visitor

Income		US$
Exspenses		**US$**
Profit DBI	#DIV/0! %	**US$**

EXPENSES		US$
1	PROJECT MANAGEMENT	US$
2	TECHNICAL EXPENSES	US$
3	EXHIBITOR PROMOTION	US$
4	VISITOR PROMOTION	US$
5	PRESS	US$
6	OPERATION/ LOGISTICS	US$
7	CATALOGUE/DIRECTORY	US$
8	PROTOCOL	US$
9	CONFERENCE	US$
10	Tax	US$

Approved by   Submitted by

_____   _____

Managing Director   Project Director and Project Manager

Assumption

Participation fee: Raw Space: USD /sqm (min. 36sqm);Shell Scheme:USD /sqm (min. 12sqm),
1 local: USD /sqm (min. 36sqm);Shell Scheme:USD sqm (min. 12sqm)

2 Break Even   sqm.

3 Shell Scheme: Raw Space: ,   Int'l: ,local: sqm

4 Tax charged:

5 Exclude 6% tax of technical supply

6 Exchange Rate:

1 6-7100   PROJECT MANAGEMENT   US$

6-7110	Hall rental				US$
6-7120	Rental other Rooms				US$
6-7130	Representatives comissions / spა	1,500 qm	280 Price raw space		US$
6-7131	Representatives comissions / visitor@USD10				US$
6-7140	Association fees				US$
6-7145	Managment fee				US$
	Sales staff costs Messe Düsseldorf				US$
	Discount/handling fee				US$
6-7147	Entertainment				US$
6-7150	Insurances				US$
6-7160	Lawyer and legal-costs				US$
6-7161	Trademark costs				US$
6-7170	Travel expenses				US$
	6-7171	Team (MDC, NI)		US$	
	6-7172	Representatives		US$	
	6-7173	External		US$	
6-7180	Representation and Invitation (Entertainment)				US$
6-7190	other				US$

2 6-7200   TECHNICAL EXPENSES   US$

	Organizer stand construction				US$	
	6-7211	Organizer office	sqm	US$	0.00	
	6-7212	VIP Lounge	sqm	US$	0.00	
	6-7213	Exhibitor Lounge	sqm	US$	0.00	
6-7220	Technical services	% from Technical Income		US$		
6-7221	Temp Staff					
6-7230	Furniture & equipment					
6-7260	Air-conditioning				US$	
6-7265	Electricity/Water				US$	
6-7270	Stand construction				US$	
6-7275	Shell scheme		sqm	US$	US$	
6-7280	Gangway carpet		sqm	US$	US$	

3 6-7300　EXHIBITOR PROMOTION　　　　　　US$

6-7310	Purchase of addresses			US$
6-7320	Advertisement, Media, Publicity			US$
6-7330	Printed materials (incl. artwork, agency fees)			US$
	6-7331	Folder	US$	
	6-7332	Invitation to exhibitors	US$	
	6-7333	Newsletter	US$	
	6-7334	Poster	US$	
	6-7335	Stationary	US$	
	6-7336	Others	US$	
6-7340	Information booth			US$
6-7350	Promotional gifts			US$
6-7355	Entertainment			
6-7360	Postage/ Mailing expenses, DHL			US$
6-7370	Travel expenses			US$
6-7380	Presentations			US$
6-7390	Others			US$

4 6-7400　VISITOR PROMOTION　　　　　　US$

6-7405	Purchase of addresses				US$
6-7410	Advertisement, Media, Publicity				US$
6-7420	Printed materials				US$
	6-7421	Folder	US$	0.00	
	6-7422	Newsletter	US$	0.00	
	6-7423	Poster	US$	0.00	
	6-7424	Stationary	US$	0.00	
6-7430	Information booth				US$
6-7435	Advertising material (Distribution to all exhibitors)				US$
6-7440	Promotional gifts				US$
6-7445	Postage/ Mailing expenses, DHL				US$
6-7450	Travel expenses				US$
6-7455	Presentations				US$
6-7460	Others				US$

5 6-7500 PRESS   **US$**

6-7505	Press conferences (including travel expenses)			US$
6-7510	Invitation to journalists			US$
6-7515	Mailing costs			US$
6-7520	Printing materials			US$
6-7525	Exhibition newsletter			US$
6-7530	Press article (agency)			US$
6-7535	General press work			US$
6-7540	Press Center (Equipment)	sqm	US$	US$
6-7545	Gifts			US$
6-7550	Food and Beverages			US$
6-7555	Others			US$

6 6-7600 OPERATION/ LOGISTICS   **U$**

6-7605	Transportation (Shuttle bus)			US$
6-7610	Registration			US$
	6-7611	Temporary staff	US$	
	6-7612	Equipment	US$	
	6-7613	Construction	US$	
	6-7614	Entrance tickets (Registration Forms)	US$	
6-7620	Security (incl. entrance)			US$
6-7625	Cleaning (Halls, Restrooms u.a.)			US$
6-7630	Temporary staff			US$
	6-7631	Organizer´s office	US$	
	6-7632	VIP Lounge	US$	
	6-7633	First aid	US$	
	6-7634	Press room	US$	
	6-7635	Traffic organisation (Taxi, Bus, Car)	US$	
6-7640	Show management office			US$
	6-7641	Equipment (Telephone, Fax, Handys...)	US$	
	6-7643	Meals & Drinks		
6-7650	Services for visitors (Business Centre)			US$
6-7655	Signs			US$
6-7660	Hall/ Entrance decoration			US$
6-7665	Photographer (Protocol, press etc.)			US$
6-7670	Exhibitor/ Visitor survey			US$
6-7675	Others			US$

7 6-7700 **CATALOGUE/DIRECTORY** **U$**

6-7710	Artwork incl. print	US$
6-7720	Entry form	US$
6-7730	Printing costs	US$
6-7740	Postage expenses	US$
6-7750	Others	US$

8 6-7800 **PROTOCOL** **U$**

6-7810	Opening ceremony	US$
6-7820	Exhibitor evening	US$
6-7830	Comittee	US$
6-7840	Temporary staff	US$
6-7850	Gifts	US$
6-7855	Exhibitor loundge	
6-7860	Other events	US$
6-7870	Other (incl F & B VIP Lounge)	US$

9 6-7900 **CONFERENCE** **US$**

Tax

INCOME **US$**

4-4110	**Raw space**		sqm	price per sqm	US$	
4-4112	**Shell scheme**		sqm	price per sqm	US$	
5-2100	Discount given	space	dis.	price per sqm		
4-4210	**Visitor admission**				US$	
4-4600	**Technical supply**				US$	
4-4599	**Other income**				US$	

Remarks: This is only the preliminary budget plan which is subject to final confirmation.

Profit share with Chinese Partner

International	US$	0.00	0.00
Local	US$		
Management fee	US$		
	Total Income of MDC	0.00	

第二节　招商推广时间管理

一、时间管理的基本原则

时效性是展览会区别于其他市场营销媒介的关键因素之一。展览会常常是配合或形成特定的行业性的购买周期。那么，究竟何时才是向开始参展观众推广的适当时间呢？显然，因为展览会所针对的目标市场或行业的不同，对这个问题的回答也有所不同。

尽管如此，行业普遍认为，在确定招商推广时间之前，仍有必要考虑一些共同因素，包括已经形成的行业购买模式（特别是对于新型的展览会，更需要考虑这点）；观众响应时间，指预期参观者与再次参观者用于决定是否报名参观展览会的所需要的时间段；用于准备和实施推广策略所需要的时间段；推广活动在整个关键途径中所处的位置与配合关系。因为每一个展览会都有各自的特点，所以，决定招商推广时间的因素也是各不相同的，将取决于每个展览会的整体市场营销目标以及具体的参观客商推广目标。

要确保有效的招商推广时间管理，应坚持以下几个基本原则：

1. 会展宣传推广要符合会展招展招商的时间进度安排

会展宣传推广的中心任务之一就是为会展招展服务，促进会展招展。会展宣传推广的进度计划要根据会展招展工作的需要来制订，宣传推广的进度要考虑到会展招展进度的需要。展会的招商效果与招展效果既互相影响，又彼此促进。一方面，观众多了参展商自然更愿意来参展，招商的效果好也可以促进展会更顺利地招展；另一方面，参展企业多而且质量好，观众也自然愿意来参观，招展的效果好也可以促进展会更顺利地招商，反之，如果招商的效果不好展会的招展就会很困难，如果招展的效果不好，展会的招商也不会顺利。

鉴于会展宣传推广和会展招展与招商工作的密切关系，使会展宣传推广进度和工作安排不仅要符合会展招展的时间进度需要，也要符合会展招商的时间进度安排。因此，要圆满完成展会的招商任务，在安排展会的招商工作和制订展会的招商计划时就必须注意展会招商工作的时间性，使展会招商计划及工作安排符合招商时间性方面的要求。展会招商工作与招展一样，也要有统一的时间规划，并且，由于目标观众往往不对展会招商工作直接做出是否决定参观的回应，展会的招商效果往往很难把握准确数据。因此，展会的招商工作一定要符合时间性的要求，统一规划，分步实施，使招商活动的展开和招商信息的传播符合认识规律和信息传播规律，逐步加深目标观众对展会的了解，促使他们届时积极到会参观。

2. 会展宣传推广要从时间上考虑建立会展良好形象的需要

客户对会展的认知度、会展的知名度、客户对会展的忠诚度以及对会展品牌产权的形成都需要有一个时间过程，需要按品牌形象建立的时间规律而循序渐进。为此，会展宣传推广要从时间上考虑建立会展良好形象的需要，要为会展良好品牌形象的及早建立提供强有力的支持。

3. 要善于把握展会招商工作的"黄金时期"

与展会招展工作一样，展会的招商工作也有"黄金时期"。在这段"黄金时期"里，展会的招商活动最能对目标观众的参观决策产生影响，展会的招商活动对观众的影响最大，招商的效果也最好。展会招商的"黄金时期"一般在展会筹备工作的中后期，展会要努力抓住这一时期，尽量提高招商效果。由于这一时期临近展会开幕时间，如果展会招商工作没有把握好这一招商重点时期，展会的招商效果将再也没有时间来弥补了。

4. 要密切监控展会的招商进度

展会的招商工作一旦开始就不能停止，各项招商工作必须按计划展开，稳步推进。为保证招商工作按计划执行并取得良好的效果，负责展会招商工作的人员必须对招商进度进行密切监控，随时跟踪招商进度，分析新情况，发现新问题，及时调整招商策略，使招商效果达到最好。由于对展会招商进度进行监控比较重要，也比较复杂。

总之，展会的招商工作也具有较强的时间性。展会招商工作的这一特性要求办展机构对展会招商工作要密切监督。

二、宣传推广时间安排的考虑因素

（1）宣传推广的时间根据形式的不同也有不同的要求。广告的时效性比软文低，提前制订好投放计划后，按照时间进度开展即可；除非发生突发性事故，需对广告投放进行增补。软文的时效性比普通广告投放强，除提前安排发布频率及投放时间后，每次需根据行业最新形势进行内容的增补。专业媒体权威性高，展会广告的排期较紧密、竞争性大，须至少提前3~5个月甚至半年的时间落实排期，更能争取资源优势。而大众媒体相对而言同行广告排期的竞争较少，时间压力相对较小。

（2）宣传时间因地而异，国外的宣传推广基本需提前一年甚至更早做好计划，因为国外的工商机构团体基本在当年就做好下一年的境外参展计划及参展预算。

（3）宣传时间因展品不同而有所侧重。例如，纺织服装有一定的季节性，需在上市前算好加工运输的时间，对纺织服装展的宣传和推广则应相应提前做好时间规划。

表7—2　第113届广交会宣传推广时间安排表

工作项目		时间	工作内容
广告投放	投放计划	9月—10月	根据2012年广告调研，收集2013年广告媒体信息，制定各类媒体费用投放比例
		11月中旬前	完成2013年境外广告投放调研
		11月26日—30日	据2013年外宣重点市场，上报2013年境外广告投放计划
	广告设计	9月	广告设计中标通知发出后修改设计细化方案
		10月	上报2013年设计细化方案件
		11月	设计细化方案批复后签订合同并开始执行
	网络推广	9月17日	完成第六篇软文（亚洲、大洋洲为主题）的发布
		9月21日	完成第七篇软文（视频宣传）的发布
		9月28日	完成第八篇软文（与驻穗领馆中秋联谊为主题）的发布
		9月30日	第112届网络广告投放全部完毕
		9月	根据2012年工作情况及客商到会趋势，构思2013年软文发布的主题创新
		9月—10月	收集2013年网络广告及电子移动设备媒体的创新内容
		10月14日—11月4日	在广交会期间于展馆内外对客商进行采访（记录文字、拍摄图片及视频），为2013年软文发布、网络宣传进行素材收集

续表

工作项目		时间	工作内容
广告投放	网络推广	11月26日—30日	据2013年外宣重点市场，上报2013年境外广告投放计划（网络及软文部分）
		11月1日—12月10日	收集第112届境外网络广告投放截图与报告、软文发布统计的收集，及完成费用结算
	2013年参展方案	9月1日—10日	收集整理2013年参展计划筛选拟参加展会
		9月20日—30日	上报2013年参展方案
宣传资料制作	第113届宣传资料	9月15日	函请相关部门核稿
		9月22日前	与印刷公司拟定合同
		9月30日前	送第一版设计稿
		10月12日前	确定中英文样本，函请相关部门会签
		10月17日前	开始中英文印刷以及小语种翻译
		11月11日前	完成小语种翻译并开始印刷
		11月18日前	完成第113届广交会宣传品的制作及交货

三、观众邀请时间安排考虑因素

（一）因邀请对象而异

1. 普通观众与专业观众

根据展览会的性质，在明确观众定位和邀请形式后，便可进行邀请广告或函件的设计工作。发送邀请的时间因展览会性质不同而有所区别。普通观众参观的展览会，一般在展览会开幕前30天之内发送邀请，或通过媒体发布展览会信息，或针对特定人群发送门票。媒体发布展览会信息的频次，向特定人群发送门票的规模，既要根据需要，也要考虑成本的负担。专业观众参观的展览会，一般在展览会开幕前50～60天之内展开邀请工作。除通过媒体发布展览会信息外，向专业观众邮寄的邀请函集中于展览会开幕前20天左右时间发出，一般每隔一周发一次，需要发送2～3次。

2. 国内观众与国外观众

相对国内观众，国外观众的邀请时间更早，大约提前半年或甚至在当届展会结束后就向国外意向观众发送下一届展会的邀请函。

（二）因邀请手段而异

1. 直邮与电邮邀请

每次邮寄邀请函的内容应有所不同，如第一次可以是请柬式邀请函，第二次可以是告知展览会配套活动具体日程邀请函，第三次可以是附有展位平面图的邀请函。采用电子邮件方式邀请专业观众，一般需要安排三次以上的发送。

2. 短信与电话邀请

采用手机短信方式邀请专业观众，多安排在展览会开幕前一周和展览会期间发送。一般需要安排三次以上的发送。手机短信邀请的内容应简明，一般控制在 70 个字左右。每次短信邀请的内容应有所侧重，邀请语言多为提示性质，旨在提醒专业观众及时参观展览会。展览会组织机构采用电子邮件或手机短信方式邀请专业观众，应通过互联网建立或电信网络建立群发的平台。

表 7-3　第 113 届广交会客商邀请时间安排表

项目	工作内容	计划完成时间	完成时间段
直邮邀请	选择直邮邀请的范围，制订方案	12 月	开展前 4 个月
	设计制作邀请函及随函邮寄的宣传资料		
	邮局请帖名址批量打印、封装、邮寄	1 月	开展前 3 个月
	给网上申请纸质邀请函的客商邮寄邀请函	2 月—4 月	开展前 2 个月直到展会开幕
	根据与会情况评估邀请效果	5 月	展后一个月
电邮邀请	制定客商电子联络时间表，拟定各电子联络邮件	12 月	开展前 4 个月
	通过 BEST 平台及 263 许可邮系统进行电子邮件联络	12 月—次年 3 月	开展前 4 个月直到开展前一个月
	电子邮件联络效果评估	5 月	展后一个月
网站邀请	网站内容更新，更改系统设置	11 月	展会结束后一个月
	网站开放给客商进行用户注册及申请邀请函	12 月—次年 4 月	开展前 4 个月直到展会开幕
	电子邀请函网上打印功能开放	1 月—4 月	开展前 3 个月直到展会开幕
	邀请效果评估	5 月	展后一个月

注：第 112 届广交会于 11 月上旬结束，第 113 届广交会于次年 4 月中旬开始。

四、招商活动时间安排考虑因素

招展和招商是展会筹备工作的两翼，与展会招展一样，展会招商工作也具有很强的时间性。展会招商工作的时间性是由展会筹备工作的时间性决定的，展会招商工作必须确保展会开幕后能有足够数量并具有一定质量的观众到会参观，必须在展会开幕日期前完成招商任务。

（一）招商形式

就展会促销及服务营销的目的而言，招商形式更注重客商的兴趣点，如参展企业以及展会为客商提供的服务和受认可程度等。相应地，推广时间得紧扣招商招展时间并将二者有效结合。观众一般在知道有哪些企业参展后才决定是否来参观，如果展会招展还不见起色就启动招商工作，展会将很难回答"有哪些企业参展"这样的问题；招展有效果以后，展会就可以轻松地回答这样的问题，目标观众也更有理由要来参观。

（二）招商渠道

展会的招商渠道主要有自主招商与市场化招商两种形式。自主招商是由展会承办方组团赴目标市场进行推介活动。其中，远赴境外的招商活动涉及签证及食宿交通等安排，根据签证办理的难易程度一般需要提前3～4个月进行准备。市场化招商是指由展会承办机构委托目标市场有关机构在当地进行招商推介活动。虽然不涉及签证的办理，但活动承办方需要预定场地、发送邀请等前期筹备。市场化招商至少需要提前2～3个月与受委托机构进行方案的沟通与确认。

（三）招商地域

招商时间的安排需要考虑到地域因素。对于那些路程较远的观众，如美洲的客商，如果招商工作启动得太晚，他们要么是根本没有时间做出参观本展会的计划，要么就是已经决定参观其他展会了；如果招商工作启动得太早，由于时间太长，有些目标观众会把本展会早期的招商活动遗忘。招商工作启动得太早和太晚都不利于展会取得较好的招商效果。展会要注意把握招商工作的启动时间。

表 7—4　第 113 届广交会招商时间安排表

时间	工作项目	工作内容
4月和10月 （每届交易会 期间）	前期筹备	1. 发 MEMO 征询出访线路及国家建议并收集 2. 制订并完善出访工作方案 3. 上报出访工作机会及最终出访线路
5月和11月	拟文上报 征询意见	1. 按商务部地区司国别划分上报本届广交会出访招商请示 2. 上报本届致出访国使馆经商处意见的模板 3. 向所有出访国经商处或大使馆发送征询意见传真并进行意见回收 4. 将征询意见传真致广交会驻京办 5. 报中心关于出访人员安排的请示
5月—8月和 11月— 次年2月	出访 工作展开	各条线路根据实际安排开展出访工作
2月—3月和 8月—9月	出访后续 跟进工作	1. 发 MEMO 请各出访小组经办人落实出访后续数据录入及材料上交工作 2. 致各机构感谢函 3. 逐一落实各出访小组关于数据库录入，成果统计，出访报告及简报，图片报道，上交材料等方面的工作
3月和9月	出访总结	出访总结会

案例：

欧美展会推广时间安排

欧美展会推广活动的时间安排通常以某种形式的时间表来制定，这些时间表通常列明推广策略实施距离开幕日期的倒数时间、推广策略或推广活动的具体实施时间、相应的预算表和（或）任务分配表。美国纯贸易型展会和面向消费者展会推广时间安排如下。

一、纯贸易型展览会

1. 52 周

（1）在展览交易会的最后一天张贴海报公布下届展会的举办日期；

（2）在展览会网站主页和相关交换链接网站上登载展览会举办日期；

（3）在主要的行业赞助网站（如 EXPOWeb）上设置链接推荐介绍展览会。

2. 40 周

（1）在行业杂志上公布展览会日期，一直持续至展会开幕前 4 周；

（2）在主办城市的 CVB 网站主页上发布横幅广告（互动展示栏），吸引浏览者点击进入展览会主页。

3. 24—30 周

（1）举办媒体发布活动；

（2）开始在行业出版物上做付费广告，一直持续至展会开幕前 4 周。

4. 21 周

（1）向预期新参观客商发送首次直接邮寄广告；

（2）开始针对参观客商开展由参展商赞助的推广活动；

（3）对往届参观客商发送首次电子邮寄广告，并在电子邮件中设置通向展览会主页的链接。

5. 15 周

（1）发送第二次直接邮寄广告；

（2）向没有回复第一封电子邮件的往届参观客商发送第二封电子邮件，并设计奖励措施（由参展商赞助）来刺激报名；

（3）开展新一轮的媒体发布活动。

6. 10 周

（1）发送最后一次直接邮寄广告；

（2）开展第二轮由参展商赞助的推广活动，如"赠券"等；

（3）发送最后一次电子邮件广告。

7. 6 周

开展电话营销。

8. 4 周

（1）开展最后一轮赞助商赞助的推广活动；

（2）开始在适合的本地印刷媒体刊登广告。

9. 2—3 周

（1）开展介绍新产品或新技术等的软广告或媒体发布活动；

（2）在展览会网站上公布最新的报名情况、提供在线报名服务、展览场馆在线虚拟参观及链接等。

10. 1 周

安排媒体活动。

11. 开幕日

媒体招待、开幕式。

二、面向消费者的展览会

1. 12—16 周

(1) 开始在消费/贸易/本地杂志上开展宣传，举办新闻发布会；

(2) 公布企业赞助商；

(3) 在展览会网站主页和相关交换链接网站上登载展览会举办日期；

(4) 在主要的行业赞助网站（如 EXPOWeb）上设置链接推荐介绍展览会。

2. 8 周

(1) 在电视/电台播放对展览会主办方或赞助方的访谈节目；

(2) 针对特定范围发送直接邮寄广告；

(3) 开始企业赞助广告，一直持续至展览会开幕；

(4) 在相关网站（如介绍家具、园艺新产品等的网站）上发布横幅广告（互动展示栏），吸引浏览者点击进入展览会网站/主页。

3. 4 周

(1) 在报纸上做内容广告（软广告）；

(2) 向所有相关报纸的所有相关部门进行媒体发布。

4. 2—3 周

电子媒体广告。

5. 5 天

开始在报纸和电台上发布直接广告。

6. 2—3 天

在报纸/电台/电子媒体上发布直接广告。

7. 1 天

安排媒体活动，媒体招待。

8. 开幕日

开幕式，招待会，剪彩等。

第三节　采购商信息管理

采购商信息管理是采购商邀请工作的基石，没有一条条采购商信息的积累，邀请工作就像无源之水、无本之木。采购商信息管理过程始于展会主办方对采购商信息需求的分析，经过信息采集、信息组织、信息存储、信息维护、信息利用等环节，最终满足展会招商的信息需求。建立采购商数据库是采购商信息管理的核心，也是招商推广工作的基础。蒙哥马利展览集团终身主席蒙哥马利先生曾表示，要确保展会专业观众的质量就必须建立专业观众数据库。一般来说，采购商信息需求分析、数据的采集、加工、维护和应用是招商推广专员应熟悉和掌握的最重要环节。

一、信息需求分析

信息需求是展会信息采集的动力，采购商信息收集的第一步是明确需求，根据展会招商推广特点，确定目标采购商、采购商信息内容、采集的时间范围和空间分布、采购商信息收集量、收集环境和可获取性等环节的相关问题。对于新创办的展会，采购商信息需求分析往往与展会的立项分析协同进行，在可行性报告中就应该明确展会的目标采购商。对于成熟展会，采购商的需求随着展会的发展环境的变化而变化，因此，信息需求分析是主办方的一项常态化工作。

二、信息采集

采购商信息收集是指展会主办方根据展会特定的信息需求，采用适当的信息收集工具和方法，通过各种途径，对分散在不同时空、地域的相关信息有计划、有步骤地吸收和汇集的过程。

（一）采购商信息源

要想做好采购商信息采集工作，首先应对信息采集的对象即信息源有较为明晰的了解。采购商信息源是主办方获取采购商信息的重要来源，通常包括采购商个人（或公司）信息源、文献信息源、数据库信息源和组织机构信息源等。

1. 个人信息源

展会信息采集者应该牢记，展会最重要的信息源是人，就是采购商个人（或其代表的公司）。个人信息源的主要特点是及时性、新颖性、感知性、瞬时性。展会主办方最常见的做法是，在采购商报到处现场与采购商个人直接或间接接触和交流，或请采购商自行填写报到信息登记表，迅速获取采购商个人、公司及相关背景信息，及时得到反馈，而且信息鲜活，更新速度快，信息感知性强。随着网络信息技术的快速发展，通常主办方还鼓励采购商在展会官网上自行注册个人及公司信息，自行注册获取的信息准确、完整、详细，主观性更强，采购商往往可按自己的好恶对个人及公司信息进行填写，是主办方与采购商保持信息更新互动的有效方式。

2. 文献信息源

文献信息源是指储存在纸张、胶片、磁带、磁盘和光盘等物质载体上而形成的一种信息源。这些载体一方面存储大量信息，另一方面便于广泛传播信息。采购商文献信息源载体很多，如同类展会及大型同类题材会议的会刊、光盘、官网名录，行业组织发布的行业年鉴、企业名录，工商企业名录黄页等。与个人信息源相比，文献提供的采购商信息内容更加系统性、稳定性、易用性，管理和控制比较方便，但是采购商信息较为滞后，内容老化，甚至可能丧失使用价值。

3. 数据库信息源

所谓数据库就是在一定的计算机软硬件技术支持下，按照一定方式和结构组织起来，具有最小冗余度和较高独立性的大量相关数据的集合。例如，美国邓白氏公司是世界著名的商业信息服务机构，其全球商业数据库覆盖了超过1亿条企业信息，并通过其特有的 DUNSRight 流程，对每天收集的原始数据进行编辑及核实以保证其质量。客户可以通过邓白氏网络进入全世界最大、最优质的商业信息数据库。专业的数据库内容可靠、存储量大，实行动态管理，并且有技术依赖性，已成为当前展览主办方采集和扩充采购商数据的新型信息源。

4. 组织机构信息源

组织机构既是社会信息的大规模集散地，也是发布各种专业信息的主要来源。对于展会而言，行业协会、工商机构、外国使领馆、贸促机构、科研机构等均是采购商信息采集的重要机构对象。来自这些机构的采购商信息具有权威性、垄断性的特点，是一些专业性展会采购商数据来源必不可少的渠道。

（二）采集途径

采购商信息获取的途径是指获取信息的渠道。不同的展会经常利用不同的信息收集途径，不同类型的信息，其获取的渠道也有所不同。

1. 内部途径

内部途径主要是指主办方利用展会和组织内部的渠道获取采购商的信息。展会的主要途径包括客商报到现场采集和展前客商预先登记两种。

现场报到（见图7—1）可以在短时间内获取大量的新客商数据，是客商信息获取和更新的主要途径。主办方应建立一套科学、高效的现场报到系统和制度，加强现场报到管理和数据录入人员的培训、管理和监督，确保数据采集和录入的质量。目前，许多主办方聘请专业的客商报到服务机构，此举不仅有

图7—1　广交会采购商报到现场

利于提升客商服务水平，而且可以提高客商数据采集的质量和效率。

为提高展会对客商与会趋势的预测水平，主办方通常采取措施激励客商在展会开幕前申请邀请函和办理预先登记。展会官网和客服呼叫中心是展会与客商最常见的互动平台，也是客商信息采集的重要平台。因此，主办方应重视展会网站建设，建立一站式的网上综合服务平台系统，吸引客商登录和使用网上平台系统的相关功能，鼓励客商网上自行注册（见图7—2）。客商网上注册、完善个人信息是一个由易到难、循序渐进、长期激励的过程。建立先进的网上服务平台不仅可以提前为客商办理与会证件和相关手续，减轻现场客商报到压力，还可以有效地采集客商信息，提升客商服务水平。随着

忠诚客商人数增加，很多展会还建立展会 VIP 客商俱乐部，通过会员制的形式采集和扩充重要客商的信息，提高 VIP 客商信息的鲜活性。

图 7-2　广交会新采购商网上注册页面

主办方组织内部的途径主要指展会招商推广部门和招展部门，在日常展会推广和营销过程中，利用与客商直接或间接接触的渠道，收集目标采购商的信息。在日常工作，客商来邮、来函、来电信息；参展商、老客商及其他机构提供客商信息；在同类展会现场推广时，推广专员会获取对自身展会有兴趣的客商名片；在举办展会推介会时，推广专员会收集的大批潜在采购商资料，等等，都是展会组织内部的重要途径。与展会报道现场、展前预先注册相比，组织内部途径具有长期性、主动性和制度性的特点，需要主办方的长期积累和跨部门的协作，甚至形成内部客商信息收集制度，成为员工绩效考核的指标之一。

2. 外部途径

外部途径是指通过政府机关、行业组织、传播媒介、数据公司、合作伙伴等主办方和展会以外部门收集采购商信息的途径。展会可通过购买各类工商机构的会员名录、展会参展商或买家名录、海关名录等方式获取大量客商数据。

政府机构掌握着丰富的采购商信息，尤其展会题材所属行业的对口管理部门。政府出版物（如推荐企业名录、研究报告、统计资料等）以及对外公开的档案都可能是展览会采购商信息的重要来源。通过行业协会、工商机构等社团组织，主办方可以收集到某国家和地区本行业专业的客商信息。主办方还可根据自身需要，利用传播媒介开展定向、定时、定题采购商信息收集活动。正如传播媒介机构、一些国际数据公司也利用先进的资讯网络，积累了庞大的客商数据，通常会与展会主办方合作开展辅助性的数据营销。英美展览机构如励展、博闻等母公司就是一个实力雄厚的出版咨询集团，融合传播媒介、数据公司、展览机构于一体。在世界经济走向全球一体化和区域集团化的大趋势下，大型展会与其合作伙伴已经形成"一损俱损、一荣俱荣"的战略伙伴关系，主办方通常会吸收合作伙伴的资源，扩充展会采购商数据。

（三）信息采集的原则

找准客商信息源，知晓收集途径，是客商信息收集工作的前提。但是，科学、有序、规范的收集工作还应遵循一定的原则。

1. 针对性原则

客商信息收集的目的是为了让展会主办方更好地获取和利用客商信息。因此，信息收集要注意针对性，即根据展会特别是招商推广的实际需要，有目的、有重点、有选择地收集利用价值大的、适合当时当地环境条件的客商数据，做到有的放矢，以最小的代价最大限度的满足展会招商需求。例如，向数据公司或传播媒介机构购买客商数据时，目标数据所属行业必须符合展会所属行业，否则无法保证所购买的数据的适用性。

2. 及时性原则

及时性原则也称时效性原则，指所收集的客商信息能够代表和反映所属行业现状，以及能及时准确地反映客商个体和公司最新情况的信息。时效性是客商信息的重要属性，展会信息收集人员必须有强烈的时间观念，采取积极主动的工作态度，准确了解信息来源，及时发现、捕捉和获取客商的动态信息。在展会开幕期间，利用客商报道途径收集客商资料速度快、内容新、灵敏度高，是体现及时性原则的重要途径。

3. 可靠性原则

可靠性原则是指信息收集人员根据展会的需求，收集可靠的信息，具体体现在客商信息来源的可靠性和信息本身的可靠性。信息源必须权威，避免非正规的信息来源。客商的原始资料记录如客商名片、报到登记表、网上预先注册表等应该保留一定年限或一定展会届数，以备事后核查。国内外大型展会对于客商原始资料的保存、管理、销毁在时间和流程方面都有明确的规定。

4. 系统性原则

要卓有成效地收集客商信息，满足招商推广的需求，展会主办方要连续地、系统地收集和积累有关信息，尤其是重点信息源的收集，更应力求系统、连贯、完整，不可时断时续、支离破碎，不成系统，否则客商数据库的价值会降低，影响客商邀请的正常工作。客商本身是一个价值最高的信息源，展会客商现场报道则是一个采集客商信息最集中、最便捷、最经济的途径，因此，主办方都非常重视展会现场的信息收集，无论是新客商还是老客商，每次申请办理展会参观证时，都会要求以不同的形式提交个人的有关信息。主办方系统地采集客商信息将有利于提升客商数据质量，加强客商数据管理，提高客商邀请的针对性。

5. 长期性原则

采购商信息收集是一项长期性的管理工作，也是展会筹备工作的一个重要组成部分，因此，要求信息收集必须有目的、有组织和有计划。从展会立项到举办，从展会筹备、开幕到闭幕，信息收集的目标、任务、程序、手段及人员配备要提前规划、周密安排，统筹协调，特别是要多部门协同参与，并在收集过程中实施有效的检查和监控。所有主办方都很重视展会现场信息收集途径，在报到场地、登记流程、提交资料、证件管理、门禁系统以及相关设备设施等方面的安排上都会考虑到客商数据收集的实际需要和具体要求。其实，在展会客商信息收集的所有原则中，计划性是第一位的，其他原则的实现都是通过计划来完成。

6. 经济性原则

在客商信息收集工作必须坚持经济性原则，讲求效果。收集的客商资料在满足展会招商推广及其他相关服务需要的前提下必须限定在适当的时间、空间、行业、数量、内容等有关指标范围内。不能眉毛胡子一把抓，不管展会涉及题材、展会市场定位、参展商需求，只要是客商信息就盲目收集，不仅造成事倍功半，脱离实际，而且造成信息冗余，资源浪费。

以上原则或要求是开展客商信息收集工作时应遵循的基本原则。当然，还有其他原则和要求，如预见性原则、适度性原则等。

（四）采集内容

在客商信息需求分析阶段，主办方根据招商推广、市场营销、客商服务等方面的有关要求明确客商信息采集的具体内容。一般来说，采集内容分成两个部分：

一是客商的基本信息，如客商及其公司的名称、职务、地址、国别（地区）、联系方式（电话、传真、电邮等）、经营范围、经营规模等信息。基本信息是客商基础信息，是招商推广部门进行客商邀请特别是直邮邀请和电邮邀请的主要依据。随着通信和信息技术的快速发展，客商联络方式日新月异，新的联络手段层出不穷，准确获取最新的客商联系方式和途径是展会主办方向客商推广和营销展会的重要保证。

二是与采购商相关的与会信息，如前往展会的交通工具、入住酒店、与会次数、停留时间、参观展馆、是否参加会议、是否考察工厂等。这部分信息一方面为展会主办方对客商进行分级管理、实施精准营销提供信息基础，如按照与会次数可以将客商按忠诚度分成不同等级，采取不同的营销手段，另一方面可根据客商需求为提供个性化和增值性的服务。一些欧美国际性的展会在收集客商信息的同时会增加一些调研问题，增加信息采集的功能，融合调研于采集，资源共享，减少对客商的骚扰。

客商信息收集表也通常有两种，一种是登记表（或记录表）（定性），另一种是调查表（定量）。登记表是一种简单的记录方式，一般只记录客商的基本信息，是一种比较传统的方法，形式简单，但内容有限，不能记录网站上的评价和展览效果的评语以及获取工作的建议。记录表除了客商的基本信息外，还有公司情况（如：规模、成立年份、经营业务、经营性质、现有代理和市场区域等）、参观兴趣、参观要求、购买影响力等。记录表与登记表相比，内容上增加了参观者的背景、兴趣、要求、展览感受及建议等更为个性化的内容，对今后的招商推广策略分析有较大的价值。调查表也是客商信息收集的一种重要方式。内容：参观者姓名、公司名称、参观目的（收集信息、寻找代理、寻找新货源、订货、其他）、参观兴趣（全部产品、特定产品、新产品、零配件）、从何处了解到本展览会（广告、新闻、内部刊物、直接发函、其他）、展台吸引注意的原因（展台设计、产品、资料、其他）、有兴趣购买的产品是哪些/兴趣范围、你在公司购买过程中的作用（决定、参与、建议、不参与）、对展览的感受（时间/地点/宣传/设计）。你是否参加过其他同类展览会（请列明）、本展览会下一届将在某年某地举办，你是否将参加（是、否、未确定）、经常阅读的专业报刊。关注在电视、报纸、网络上刊登广告的相关厂商，这些属于潜在专业观众，应及时、全面地统计到数据库里。除此之外，可采取通过国际商业公司、信息咨询公司，公关公司等从事行销研究的公司获得专业观众名单。

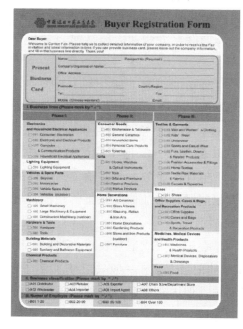

图7-3　采购商报到表（英文版）

客商信息内容通常以表格的形式，在展会现场客商报到处、官网预先注册期间要求客商填写，当然不同的采集途径信息内容的格式会有所不同。例如，从展会推介会、路演等自主营销渠道收集的客商信息与从外部途径购买的客商名录在格式上会差别很大。因此，主办方客商信息管理部门应从信息需求、数据库建设、加工处理、维护应用等一系列环节统筹规划。在信息大家庭里，客商信息种类多如牛毛，只有根据展会需求和展会特征确定收集的内容范围，并按统一的格式进行存储、管理、维护和应用，才有利于开展日常招商推广工作。

客商信息收集工作是一项综合性的、要求很高的思维活动，它对展会工作人员的素质要求很高，信息收集人员必须具有全面的知识、丰富的实践经验、敏锐的反应能力和立体式的信息分析能力。

三、数据处理与管理

客商信息采集是展会信息管理的前提。主办方从不同信息源通过不同途径获取大量客商信息可以说是一种原始的、不规则的信息，需要主办方信息管理部门或聘请专业数据公司对客商信息进行加工处理，包括校对、清洗和日常管理及维护。

（一）校对

校对是指主办方或客商信息外包服务商对众多客商数据录入的准确性、完整性进行核对。当前，随着展会信息化服务水平的提高，大多数主办方都能做到展会现场客商报到即时录入，但影响信息录入质量的因素很多，如信息质量、技术设备、录入流程、人员管理等。因此，展会期间，主办方在客商报到处现场安排资料录入督导人员，对数据录入员报到现场已录入的数据进行抽查，重点检查数据录入的准确性、完整性，对录入员的录入工作进行评价。通过一套完善的检查、评分、管理及奖惩机制，确保所有录入员严格按照要求录入客商数据信息，确保录入数据的质量。

（二）会后清洗

展会结束后，展会通常安排专门人员对当届与会客商数据进行数据清洗。数据清洗主要是指按照一定的规则将数据不完整、不准确、重复的数据查找出来，并进行相应的处理的过程。可通过发邮件给客商，让其自行更新、完善信息；也可通过致电或发邮件询问客商或查询客商公司网站，更新其公司及个人信息等。数据清洗的具体步骤如下：

（1）向当届所有到会客商通发电子邮件，感谢客商与会，告知当届展会的基本情况，同时请客商登录采购商综合服务平台自行更新、修改、确认个人及公司信息。

（2）通过技术手段，将数据库内可能存在问题的客商数据分类、分批显示。例如，公司名称或地址有效信息太少的数据，国家、城市不匹配的数据，电话、传真号码位数明显错误或缺失的数据等。

（3）通过电话外呼、邮件联络、网站查询等方式将有错误的数据更正、完善，已更新的信息需特别标注，对仍无法更新的信息，可再次通过邮件的方式提醒客商自行登录网上客商服务平台更新。

（三）数据管理

数据管理是一项专业的信息管理工作，对于展会招商推广来说，分类、分级管理和安全管理是客商信息管理的重要内容。

分类管理是指根据客商的地域、行业、类别、规模、数据来源等方式对客商数据进行分类管理。分级管理是根据客商的与会次数、对展会的贡献大小等对客商数据进行分级管理。对不同类别、等级的客商可采取针对性、差异化的招商、服务、营销策略。例如，广交会根据采购商的到会情况将客商分为忠诚客商、活跃客商和休眠客商。忠诚客商为到会次数15次以上的客商，活跃客商为近5届有到会的客商，休眠客商为近5届无与会的客商。活跃客商还可按其近5届的与会具体情况分为非常活跃（近5届到会3次以上）、比较活跃（近5届与会两次）和一次客商（近5届与会仅一次）。

为保证数据的安全使用，必须对数据的使用者进行安全管理。展会主办方可以通过建立分级双密码制管理制度、数据安全备份管理制度、系统使用日志管理制度、与主要工作人员签订安全保密协议等形式，加强对数据使用人员的管理，确保数据的安全。

采购商信息管理的采集、加工、维护和管理的最终目的是要建立一个采购商数据库，为采购商邀请和服务而服务。数据库的建立是一个长期的过程，无论软件还是硬件，对专业技术要求很高的工作，通常由公司IT部门或外包专业服务商负责建设。对于客商信息采集、加工、维护和管理等核心环节，公司招商推广专员应该熟练掌握，并能从招商推广业务的需求出发，全面主导这些环节的规划、组织实施和日常管理。

案例：

广交会采购商录入督导员工作指南

工作地点：各境外采购商报到处现场办公室

工作时间：广交会期间8∶30—18∶00（在保证当天工作量完成的情况下）

工作目标：

1. 提升客商资料录入质量，保证资料录入的完整性和准确性。

2. 考核每个办证小组的录入情况，为后期评优提供依据。

工作内容：

1. 岗前培训

与电脑录入员一起参加广交会前IC卡报到系统及客商资料录入要求的岗前培训。

2. 现场工作

（1）4月或10月13日上午8∶30前往各报到点报到，布置办公地点，确保办公照明和相关办公设备到位（每个报到点根据督导员总数配备办公台、电脑（每个督导员一台）、办公文具若干）。

（2）与各报到点办公室负责报到表回收的工作人员取得联系，并确保其掌握报表收集和管理规范。

（3）协助现场管理人员（助理、办公室人员）解答现场电脑录入员提出的疑问，确保其熟练掌握资料录入的要求及报表装订与管理的方法。

（4）及时向电脑录入员及现场助理反馈抽查资料录入情况时发现的问题。

3. 每日工作要点

（1）每日报到点开始办证前（8∶30—9∶00），将前一天发现的问题及时反馈给相关人员，如办公室人员、现场助理、小组长或电脑录入员。

（2）每天早上9点前各报到点督导小组组长将前一天的《每日录入情况汇总表》与出现的问题汇总更新到国联部的文档，大组长负责进行情况收集并填写《各报到点每日录入情况汇总表》。

（3）8∶30—17∶00，检查前一天办公室回收的报表，争取当天完成前一天的所有上交报表的检查工作。当日结束后，对各自当天的工作量和抽查情况进行记录，下班前将问题反馈给电脑录入员或者现场助理。将抽查完毕的报到表格按办证日期装箱。

（4）每日17：00开始督促办公室专员收集现场办证小组已上交的完成后台录入的报表，同时对国际联络部工作人员已检查完毕的报表进行封装。

（5）每天17：30后，各督导员填写《每日检查统计表》，各报到点督导小组组长负责汇总填写当日《每日录入情况汇总表》并将当日检查所发现的问题填写到国联文件中的"问题汇总"里。

4. 报表检查、登记、评分以及出错的处理办法

（1）每组每天的被抽查数量为该组上交报表数量的15%～20%，视该报到小组录入情况而定。督导员主要检查客商资料录入的完整性、准确性，发现资料录入的问题并及时向相关人员反馈，减少错误的发生。

（2）评分及出错的处理办法如下，以10张为例。

关于评分：录入资料没有错漏的为"优秀"，1处错漏为"合格"，2处及处以上错漏为"不合格"。

关于出错的处理办法：有1张不合格的，由督导员协助完成修改；有2～3张不合格的，发回电脑录入员，说明错误原因，由其完成修改后交回督导员；有4张以上不合格的，上报、批评教育，并发回电脑录入员全部重新检查录入后交回督导员。犯有原则性录入错误的，一律退回电脑录入员全部重新检查修改。

每期的第3～5天，由各报到点督导小组组长填写《＿＿区每期录入情况汇总表》并汇总到督导小组大组长处，大组长负责填写上交《各报到点每期录入情况汇总表》。

5. 评优

（1）关于现场电脑录入员：第三期倒数第二天，汇总、制定整个广交会期间各办证小组资料录入抽查情况评分表，并根据排名评出广交会优秀实习生。

（2）关于督导员：根据每个人的工作数量（检查的表单数量）以及质量（经国际联络部工作人员二次检查表单后是否出现误查、漏查等情况），工作表现以及出勤情况进行综合评分，选出广交会优秀实习生。

6. 工作总结

（1）广交会每期的最后一天，上交当期录入情况总结以及问题汇总。

（2）广交会结束前上交本届督导录入工作的总结，包括对本届的工作情况、现场的录入情况的总结，以及提出可行性建议。

（3）广交会结束前，上交个人总结。

参 考 文 献

1. Attendance Promotion，注册会展经理（CEM）培训讲义，内部资料，2003

2. 包小忠．会展营销．中山大学出版社，2012

3. 刘大可，王起静．会展活动概论．清华大学出版，2004

4. 刘大可．会展营销教程．高等教育出版社，2006

5. 刘俊毅．会展文案．格致出版社、上海人民出版社，2009

6. 刘松萍，梁文．会展市场营销，中国商务出版社，2004

7. 过聚荣．会展导论．上海交通大学出版社，2006

8. 胡平．会展营销．复旦大学出版社，2005

9. 华谦生．会展管理．广东经济出版社，2008

10. 金辉．会展概论．上海人民出版社，2011

11. 马琪．会展策划与管理．清华大学出版社、北京大学出版社，2011

12. ［美］桑德拉 L. 莫罗．会展艺术：展会管理实务．武邦涛等译．上海远东出版社，2005

13. 魏中龙，段炳德．我为会展狂——如何经营成功的会展．机械工业出版社，2002

14. 王晓敏．展览预算管理．注册会展经理（CEM）培训讲义，内部资料，2006

15. 许传宏．会展服务管理．北京大学出版社，2012

16. 杨劲祥．会展实务．东北财经大学出版社，2007

17. 杨顺勇，牛淑珍，施谊．会展风险管理．化学工业出版社，2007

18. 杨顺勇，曹扬．会展手册．化学工业出版社，2007

19. 易圣华．新闻公关，营销实战．机械工业出版社，2013

20. 庚为．会展营销．南开大学出版社，2011

21. 袁卫，庞皓，曾五一．统计学．高等教育出版社，2000

22. 赵伯庄，苏艳芳，吴玺梅．市场调查实务．科学出版社，2010

23. 赵捧未．信息管理概论．科学出版社，2013

24. 张恒龙，王方华．会展经济．上海人民出版社，2011

25. 国务院新闻办公室新闻局．政府新闻发布工作手册．五洲传播出版社，2007